学級担任のための国語資料集

短文・長文・PISA型の力がつく

まるごと読解力 文学作品

企画・編集　原田善造

小学３年

本書の特色

五社の教科書の文学作品をまるごと掲載

光村図書、東京書籍、教育出版、学校図書、大阪書籍の五社の教科書の文学作品を掲載しました。五社の教科書の作品がまるごと掲載されていて、たいへん充実した内容になっています。

読解力［思考力・表現力・活用力］の向上に最適のワークシート集　授業中の発問の例としても使える
教科書・全国学力テスト問題・ＯＥＣＤの学力調査（ＰＩＳＡ）やフィンランドの教育方法なども参考に作成

本書を執筆するにあたり、まず、光村図書、東京書籍、教育出版、学校図書、大阪書籍の五社の教科書の文学作品を研究しました。さらに、全国学力テストの活用問題やＯＥＣＤの学力調査（ＰＩＳＡ）の読解力問題・フィンランドの教育方法なども参考に、現場の先生方の知恵を借りながら、日本の子どもたちに適した発問例や問題例を掲載しました。

読み取る力や思考力を問う問いと、表現力・活用力を問う問いをバランスよく掲載していますので、本書の活用により、子どもたちに豊かな読解力［思考力・表現力・活用力］が身につきます。

限られた授業時間の中でがんばっておられる、忙しい現場の先生方に最適な読解力ワークシート

教科書の作品を全部教えるにも授業時間が足らないのが日本の教育現場の実情だといわれています。

本書は、教科書の作品に限って掲載しています。教科書以外の作品から問いを作っても、その作品を教えるのに、とても時間がかかってしまいます。また、教科書以外の作品では、その学年の児童の発達段階に適しているかどうかわかりません。

そこで、本書では何よりも教科書の作品をよく研究し、読解力［思考力・表現力・活用力］向上のための充実した問いを、短文・長文・全文の三部構成で掲載しました。

授業の中での活用はもちろん、短時間の朝勉強やテスト・宿題等、いろいろな場面で、いろいろな時間の長さで活用できるので、忙しい中でがんばっておられる先生方にはピッタリのワークシートです。

本書の使い方

短文読解のページ

日々の授業の発問や朝学習や宿題等に使えるよう、一つの文学作品を何ページかにわたって短く掲載しています。短時間でできますのでぜひご活用下さい。

読解力［思考力・表現力・活用力］を豊かに形成するためには、たくさんの作品に接することも大切ですので、学校で採択されていない他社の教科書の作品もぜひご活用下さい。

長文読解のページ

小学校であつかう一般的なテスト等と同じ長さの問題を掲載しています。授業の発問やテストや宿題等、いろいろな場面で活用して下さい。

思考力・表現力・活用力を高め、よりＰＩＳＡ型をめざした全文読解のページ

作品が長いときは何ページかにわたって全文が掲載されています。例えば、全文が２ページの作品の場合、はじめの一枚目のワークシートは、１ページ目の作品から出題されていますが、二枚目のワークシートは、１ページ・２ページの全文から出題されています。

また、作品は２ページ以上なのに一枚しかワークシートがない場合も、全文から出題されています。どの範囲から出題されているかは、ワークシートに書いてありますので、その範囲の作品のページをご使用下さい。

豊かなイラスト

子どもたちのイマジネーションをふくらませる、豊かなイラストが掲載されています。説明文のワークシートには、イラストと本文の関係を問う問題もありますので、是非、イラストにも着目させて下さい。

解答のページ

本書の解答例は、あくまで一つの解答例です。国語の教材は、子どもによってイメージの仕方や、問題の受け止め方が多様であり、これだけが正解ということは絶対にありません。子どもの表現が少々違っていても、文意が合っていれば必ず○をしてあげて下さい。「思ったこと」「考えたこと」などは様々なとらえ方がありますので、解答例を省略している場合があります。児童の思いをよく聞いて、あくまでも子どもの考えに寄りそった○つけをお願い致します。

短文読解力問題

長文読解力問題

思考力・表現力・活用力を高め、よりＰＩＳＡ型をめざした

全文読解力問題

解答

【光】…光村図書　【学】…学校図書
【東】…東京書籍　【大】…大阪書籍
【教】…教育出版
Ⓟ…思考力・表現力・活用力を高め、よりＰＩＳＡ型をめざした問題

・授業の発問事例
・読解練習
・朝学習
・宿題　等に使える

短文読解力問題

ちいちゃんのかげおくり(1)

名前［　　　　］

「かげおくり」って遊びをちいちゃんに教えてくれたのは、お父さんでした。

出征(せい)する前の日、お父さんは、ちいちゃん、お兄ちゃん、お母さんをつれて、先祖(ぞ)のはかまいりに行きました。その帰り道、青い空を見上げたお父さんが、つぶやきました。

「かげおくりのよくできそうな空だなあ。」

「えっ、かげおくり。」

と、お兄ちゃんがきき返しました。

「かげおくりって、なあに。」

と、ちいちゃんもたずねました。

「十(とお)、数える間、かげぼうしをじっと見つめるのさ。十、と言ったら、空を見上げる。すると、かげぼうしがそっくり空にうつって見える。」

と、お父さんがせつめいしました。

「父さんや母さんが子どものときに、よく遊んだものさ。」


（光村図書　国語　3年（下）あおぞら　あまん　きみこ）

上の文章を読んで、答えましょう。

(一) お父さんがちいちゃんに教えてくれた遊びは、何といいますか。

（　　　　）

(二) ① 出征する前の日、先祖のはかまいりに行ったのは、だれですか。

（　　）（　　）（　　）（　　）

② はかまいりに行ったとき、かげおくりを知っていた人は、だれですか。また、知らなかった人は、だれですか。

知っていた人（　　）

知らなかった人（　　）（　　）

(三) かげおくりって、どんな遊びですか。

（　　　　）

ちいちゃんのかげおくり(2)

名前［　　　　　　　　］

「ね。今、みんなでやってみましょうよ。」

と、お母さんが横から言いました。

ちいちゃんとお兄ちゃんを中にして、四人は手をつなぎました。そして、みんなで、かげぼうしに目を落としました。

「まばたきしちゃ、だめよ。」

と、お母さんが注意しました。

「まばたきしないよ。」

ちいちゃんとお兄ちゃんが、やくそくしました。

「ひとうつ、ふたあつ、みいっつ。」

と、お父さんが数えだしました。

「ようっつ、いつうつ、
むうっつ。」

と、お母さんの声も重なりました。


（光村図書　国語　3年（下）あおぞら　あまん　きみこ）

上の文章を読んで、答えましょう。

(一) ア みんなとは、だれのことですか。

（　　　　　　　　）

(二) イ 目を落としました。とは、どのようにすることですか。当てはまるものに○をしましょう。

（　）たいせつなものを見ること
（　）下を見ること
（　）めがねを落とすこと

(三) はじめに数えだしたのは、だれですか。

（　　　　　　　　）

(四) つぎに数えたのは、だれですか。

（　　　　　　　　）

ちいちゃんのかげおくり(3)

名前［　　　　　　　　　　　　］

「ななあつ、やあっつ、ここのうつ。」

ちいちゃんとお兄ちゃんも、いっしょに数えだしました。

「とお。」

目の動きといっしょに、白い四つのかげぼうしが、すうっと空に上がりました。

「すごうい。」

と、お兄ちゃんが言いました。

「すごうい。」

と、ちいちゃんも言いました。

「今日の記念（ねん）写真だなあ。」

と、お父さんが言いました。

「大きな記念写真だこと。」

と、お母さんが言いました。


（光村図書　国語　3年（下）あおぞら　あまん　きみこ）

上の文章を読んで、答えましょう。

（一）すうっと空に上がったのは何ですか。

（　　　　　　　）

（二）お兄ちゃんやちいちゃんは、それを見て、何と言いましたか。

（　　　　　　　）

（三）お父さんは、何と言いましたか。

（　　　　　　　）

（四）お母さんは、何と言いましたか。

（　　　　　　　）

（五）何が記念写真なのですか。

（　　　　　　　）

ちいちゃんのかげおくり(4)

名前［　　　　］

次の日、お父さんは、白いたすきをかたからななめにかけ、日の丸のはたに送られて、列車に乗りました。

ア「体の弱いお父さんまで、いくさに行かなければならないなんて。」

お母さんがぽつんと言ったのが、ちいちゃんの耳には聞こえました。

ちいちゃんとお兄ちゃんは、かげおくりをして遊ぶようになりました。

ばんざいをしたかげおくり。かた手をあげたかげおくり。足を開いたかげおくり。いろいろなかげを空に送りました。

けれど、いくさがはげしくなって、かげおくりなどできなくなりました。この町の空にも、しょういだんやばくだんをつんだひこうきが、とんでくるようになりました。そうです。広い空は、楽しい所ではなく、とてもこわい所にかわりました。

（光村図書　国語　3年（下）あおぞら　あまん　きみこ）

上の文章を読んで、答えましょう。

(一) 次の日、お父さんは、何のために列車に乗りましたか。

（　　　　）

(二) ア「体の弱いお父さんまで、いくさに行かなければならないなんて。」というのは、どんな意味を表していますか。当てはまるものに○をしましょう。

（　）体の弱いお父さんが、いくさに行って体をじょうぶにするということ。

（　）体の強い人はもちろん、体の弱いお父さんもみんないくさに行くということ。

（　）体の弱いお父さんたちだけ、いくさに行くということ。

(三) いくさがはげしくなって、町の空は、どのようにかわりましたか。

かげおくりをして遊べる空 ⇩ （　　　　）

楽しい所 ⇩ （　　　　）

ちいちゃんのかげおくり(5)

名前[　　　　]

夏のはじめのある夜、くうしゅうけいほうのサイレンで、ちいちゃんたちは目がさめました。

「さあ、いそいで。」

お母さんの声。

外に出ると、もう、赤い火が、あちこちに上がっていました。

お母さんは、ちいちゃんとお兄ちゃんを両手につないで、走りました。

風の強い日でした。

「こっちに火が回るぞ。」

「川の方ににげるんだ。」

だれかがさけんでいます。

ア風があつくなってきました。ほのおのうずが追いかけてきます。お母さんは、ちいちゃんをだき上げて走りました。

「お兄ちゃん、はぐれちゃだめよ。」

イお兄ちゃんが転びました。足から血が出ています。ひどいけがです。お母さんは、お兄ちゃんをおんぶしました。

「さあ、ちいちゃん、母さんとしっかり走るのよ。」


（光村図書　国語　3年（下）あおぞら　あまん　きみこ）

上の文章を読んで、答えましょう。

(一) はじめにお母さんは、ちいちゃんとお兄ちゃんと、どのようにして走りましたか。

（　　　　）

(二) ア風があつくなってきました。ほのおのうずが追いかけてきます。のときについて答えましょう。

① お母さんは、どのようにして走りましたか。

（　　　　）

② お母さんは、何と言いましたか。

（　　　　）

(三) イお兄ちゃんが転びました。足から血が出ています。ひどいけがです。のときについて答えましょう。

① お母さんは、どのようにして走りましたか。

（　　　　）

② お母さんは、何と言いましたか。

（　　　　）

ちいちゃんのかげおくり(6)

名前［　　　　　　　　］

けれど、たくさんの人に追いぬかれたり、ぶつかったり――、ちいちゃんは、お母さんとはぐれました。

「お母ちゃん、お母ちゃん。」

ちいちゃんはさけびました。

そのとき、知らないおじさんが言いました。

「お母ちゃんは、後から来るよ。」

そのおじさんは、ちいちゃんをだいて走ってくれました。

暗い橋の下に、たくさんの人が集まっていました。ちいちゃんの目に、お母さんらしい人が見えました。

「お母ちゃん。」

と、ちいちゃんがさけぶと、おじさんは、

「見つかったかい、よかった、よかった。」

と下ろしてくれました。

でも、その人は、お母さんではありませんでした。

ちいちゃんは、ひとりぼっちになりました。ちいちゃんは、たくさんの人たちの中でねむりました。


（光村図書　国語　3年（下）あおぞら　あまん　きみこ）

上の文章を読んで、答えましょう。

(一) ちいちゃんは、どうしてお母さんとはぐれてしまったのでしょう。

（　　　　　　　　）

(二) 「お母ちゃんは、後から来るよ。」と言ったのは、だれですか。

（　　　　　　　　）

(三) たくさんの人が集まっていたのは、どこですか。

（　　　　　　　　）

(四) ちいちゃんは、どうして、ひとりぼっちになりましたか。

（　　　　　　　　）

ちいちゃんのかげおくり(7)

名前［　　　　］

朝になりました。町の様子は、すっかりかわっています。あちこち、けむりがのこっています。ア どこがうちなのか――。

「ちいちゃんじゃないの。」

という声。ふり向くと、はす向かいのうちのおばさんが立っています。

「お母ちゃんは。お兄ちゃんは。」

と、おばさんがたずねました。ちいちゃんは、なくのをやっとこらえて言いました。

「おうちのとこ。」

「そう、おうちにもどっているのね。おばちゃん、今から帰るところよ。いっしょに行きましょうか。」

おばさんは、ちいちゃんの手をつないでくれました。二人は歩きだしました。

家は、やけ落ちてなくなっていました。

（光村図書　国語　3年（下）あおぞら　あまん　きみこ）

上の文章を読んで、答えましょう。

(一) 朝、町の様子は、どうなっていましたか。

（　　　　）

(二) ア どこがうちなのか――。につづきを書いて、文にしましょう。

（　　　　）

(三) ちいちゃんに声をかけてくれたのは、どこのだれですか。

（　　　　）

(四) ちいちゃんの家は、どうなっていましたか。

（　　　　）

ちいちゃんのかげおくり(8)

名前［　　　　　　　　　　］

「ここがお兄ちゃんとあたしの部屋。」

ちいちゃんがしゃがんでいると、おばさんがやって来て言いました。

「お母ちゃんたち、ここに帰ってくるの。」

ちいちゃんは、深くうなずきました。

「じゃあ、だいじょうぶね。あのね、おばちゃんは、今から、おばちゃんのお父さんのうちに行くからね。」

ちいちゃんは、(ア)また深くうなずきました。


その夜、ちいちゃんは、ざつのうの中に入れてあるほしいいを、少し食べました。そして、こわれかかった暗いぼうくうごうの中で、ねむりました。

「お母ちゃんとお兄ちゃんは、きっと帰ってくるよ。」

くもった朝が来て、昼がすぎ、また、暗い夜が来ました。ちいちゃんは、ざつのうの中のほしいいを、また少しかじりました。そして、こわれかかったぼうくうごうの中でねむりました。


（光村図書　国語　3年（下）あおぞら　あまん　きみこ）

上の文章を読んで、答えましょう。

(一) 「お母ちゃんたち、ここに帰ってくるの。」と聞いてくれたのは、だれですか。

（　　　　　　）

(二) (ア)また深くうなずきました。とありますが、ちいちゃんの気持ちは、つぎのどれですか。当てはまるものに○をしましょう。

（　）お母ちゃんたちがだいじょうぶか、とても心配で、声も出ない。

（　）きっとお母ちゃんたちはここに帰ってくる、としんじている。

（　）できればおばさんのそばにいたい。

(三) ざつのうの中には、何が入っていましたか。

（　　　　　　）

(四) ちいちゃんは夜になると、どんなところでねむりましたか。

（　　　　　　）

ちいちゃんのかげおくり(9)

名前［　　　　］

明るい光が顔に当たって、目がさめました。
「まぶしいな。」
ちいちゃんは、暑いような寒いような気がしました。ひどくのどがかわいています。いつの間にか、太陽は、高く上がっていました。
そのとき、
「かげおくりのよくできそうな空だなあ。」
というお父さんの声が、青い空から［ア］ふってきました。
「ね。今、みんなでやってみましょうよ。」
というお母さんの声も、青い空から［イ］ふってきました。

（光村図書　国語　3年（下）あおぞら　あまん　きみこ）

上の文章を読んで、答えましょう。

㈠　ちいちゃんは、目がさめたとき、どんな気がしましたか。

（　　　　）

㈡　①　目がさめたのは、いつですか。○をしましょう。

（　）朝早く　（　）昼間　（　）夕方

②　①のことがわかる文を、上の文からぬき書きしましょう。

（　　　　）

㈢　ア・イの青い空からふってきました。というのは、どういうことでしょう。

（　　　　）

ちいちゃんのかげおくり(10)

名前［　　　］

ちいちゃんは、ふらふらする足をふみしめて立ち上がると、たった一つのかげぼうしを見つめながら、数えだしました。

「ひとうつ、ふたあつ、みいっつ。」

いつの間にか、お父さんのひくい声が、重なって聞こえだしました。(ア)

「ようっつ、いつうつ、むうっつ。」

お母さんの高い声も、それに重なって聞こえだしました。

「ななあつ、やあっつ、

ここのうつ。」

お兄ちゃんのわらいそうな声も、重なってきました。

(光村図書　国語　3年(下)あおぞら　あまん　きみこ)

上の文章を読んで、答えましょう。

(一)　ちいちゃんが立ち上がって、見つめていたのは、何ですか。

（　　　）

(二)　ア重なって聞こえだしました。とありますが、何に、何が、重なって聞こえだしたのですか。

（　　　）

(三)　「ようっつ、いつうつ、むうっつ。」は、だれの声ですか。

（　　　）

ちいちゃんのかげおくり(11)

名前［　　　　］

「とお。」

ちいちゃんが空を見上げると、青い空に、くっきりと白いかげが四つ。

「お父ちゃん。」

ちいちゃんはよびました。

「お母ちゃん、お兄ちゃん。」

そのとき、ア体がすうっとすきとおって、空にすいこまれていくのが分かりました。

（光村図書　国語　3年（下）あおぞら　あまん　きみこ）

上の文章を読んで、答えましょう。

(一) ちいちゃんは、何と言って、空を見上げましたか。

（　　　　）

(二) 青い空に見えたものは、どんなものですか。

（　　　　）

(三) ちいちゃんがよんだのは、だれですか。

「　　」「　　」「　　」

(四) ア体がすうっとすきとおって、空にすいこまれていくのが分かりました。から、どんなことがわかりますか。

（　　　　）

ちいちゃんのかげおくり(12)

名前［　　　　］

　一面の空の色。ちいちゃんは、空色の花畑の中に立っていました。見回しても、見回しても、花畑。

「きっと、ここ、空の上よ。」

と、ちいちゃんは思いました。

「ああ、あたし、おなかがすいて軽くなったから、ういたのね。」

　そのとき、向こうから、お父さんとお母さんとお兄ちゃんが、わらいながら歩いてくるのが見えました。

「なあんだ。みんな、こんな所にいたから、来なかったのね。」

ちいちゃんは、きらきらわらいだしました。わらいながら、花畑の中を走りだしました。


（光村図書　国語　3年（下）あおぞら　あまん　きみこ）

上の文章を読んで、答えましょう。

（一）①ちいちゃんは、どこに立っていましたか。

（　　　　）

②ちいちゃんは、そこをどこだと思いましたか。

（　　　　）

（二）向こうから歩いてきたのは、だれですか。

（　　）（　　）（　　）

（三）ちいちゃんが、わらいながら、花畑の中を走りだしたのは、なぜですか。

（　　　　）

ちいちゃんのかげおくり(13)

名前［　　　　］

夏のはじめのある朝、こうして、小さな女の子の命が、空にきえました。(ア)

それから何十年。町には、前よりもいっぱい家がたっています。ちいちゃんが一人でかげおくりをした所は、小さな公園になっています。

青い空の下、今日も、お兄ちゃんやちいちゃんぐらいの子どもたちが、きらきらわらい声を上げて、遊んでいます。

（光村図書　国語　3年（下）あおぞら　あまん　きみこ）

上の文章を読んで、答えましょう。

(一) 小さな女の子は、だれのことですか。

（　　　　）

(二) ア命が、空にきえました。とは、どういうことですか。

（　　　　）

(三) それから何十年たって、ちいちゃんが一人でかげおくりをした所は、どうなっていますか。

（　　　　）

(四) (三)の所で遊んでいる子どもたちのようすがわかる文をぬき出して書きましょう。

（　　　　）

モチモチの木(1)

名前［　　　　］

おくびょう豆太(まめた)

まったく、豆太ほどおくびょうなやつはない。もう五つにもなったんだから、夜中に、一人でせっちん*ぐらいに行けたっていい。

ところが、豆太は、せっちんは表にあるし、表には大きなモチモチの木がつっ立っていて、空いっぱいのかみの毛をバサバサとふるって、両手を「わあっ。」とあげるからって、夜中には、じさまについてってもらわないと、一人じゃしょうべんもできないのだ。

*せっちん　べんじょのこと。

（光村図書　国語　3年（下）あおぞら　斎藤(さいとう)　隆介(りゅうすけ)）

上の文章を読んで、答えましょう。

(一) 豆太のとしは、いくつですか。

（　　　　）

(二) 豆太は、なぜおくびょうと言われましたか。

（　　　　）

(三) 豆太が一人じゃしょうべんもできないのは、モチモチの木が、夜中にどのようになるからですか。

（　　　　）

※「モチモチの木」の教材は、学校図書の十七年度版3年生国語教科書にも掲載されています。

モチモチの木(2)

名前［　　　　　　　　　　　　］

　じさまは、ぐっすりねむっている真夜中に、豆太が「じさまぁ。」って、どんなに小さい声で言っても、「しょんべんか。」と、すぐ目をさましてくれる。いっしょにねている一まいしかないふとんを、ぬらされちまうよりいいからなぁ。
　それに、とうげのりょうし小屋に、自分とたった二人でくらしている豆太が、かわいそうで、かわいかったからだろう。
　けれど、豆太のおとうだって、くまと組みうちして、頭をぶっさかれて死んだほどのきもすけ*だったし、じさまだって、六十四の今、まだ青じし*を追っかけて、きもをひやすような岩から岩へのとびうつりだって、見事にやってのける。
　それなのに、どうして豆太だけが、こんなにおくびょうなんだろうか――。

*きもすけ　どきょうのある人のこと。
*青じし　かもしかのこと。

（光村図書　国語　3年（下）あおぞら　斎藤隆介）

上の文章を読んで、答えましょう。

（一）真夜中に、じさまがすぐ目をさましてくれるのは、なぜですか。

（　　　　　　　　　　）

（二）じさまと豆太がくらしているのは、どこですか。

（　　　　　　　　　　）

（三）豆太のおとうは、どんな人でしたか。上の文からぬき出して書きましょう。

（　　　　　　　　　　）

（四）六十四才になったじさまが、今でも見事にやってのけることは、どんなことですか。

（　　　　　　　　　　）

モチモチの木(3)

名前［　　　　　　　　　　　　　　］

やい、木ぃ

モチモチの木ってのはな、豆太（まめた）がつけた名前だ。小屋のすぐ前に立っている、でっかいでっかい木だ。

秋になると、茶色いぴかぴか光った実を、いっぱいふり落としてくれる。その実を、じさまが、木うすでついて、石うすでひいてこなにする。こなにしたやつをもちにこねあげて、ふかして食べると、ほっぺたが落っこちるほどうまいんだ。

（光村図書　国語　3年（下）　あおぞら　斎藤（さいとう）　隆介（りゅうすけ））

上の文章を読んで、答えましょう。

(一)「モチモチの木」について答えましょう。

・名前はだれがつけましたか。

（　　　　　　）

・立っているのはどこですか。

（　　　　　　）

(二) モチモチの木の実について答えましょう。

① どうやって食べますか。

（　　　　　　）

② ふかして食べるとうまいということを、どのように表していますか。

（　　　　　　）

モチモチの木(4)

名前[　　　　]

「やい、木ぃ、モチモチの木ぃ、実ぃ落とせぇ。」

なんて、昼間は木の下に立って、かた足で足ぶみして、いばってさいそくしたりするくせに、夜になると、豆太(まめた)はもうだめなんだ。木がおこって、両手で、「お化けぇ。」って、上からおどかすんだ。夜のモチモチの木は、そっちを見ただけで、もう、しょんべんなんか出なくなっちまう。

じさまが、しゃがんだひざの中に豆太をかかえて、

「ああ、いい夜だ。星に手がとどきそうだ。おく山じゃぁ、しかやくまめらが、鼻ぢょうちん出して、ねっこけて(ねむりこけて)やがるべ。それ、シイーッ。」

って言ってくれなきゃ、とっても出やしない。しないでねると、あしたの朝、とこの中がこう水になっちまうもんだから、じさまは、かならずそうしてくれるんだ。五つになって「シー」なんて、みっともないやなぁ。

でも、豆太は、そうしなくっちゃだめなんだ。

(光村図書　国語　3年(下)　あおぞら　斎藤(さいとう)　隆介(りゅうすけ))

上の文章を読んで、答えましょう。

(一)　豆太は、木に何と言って、さいそくするのですか。その言葉をぬき出して書きましょう。

「　　　　」

(二)　何が、夜中になると「お化けぇ。」っておどかすのですか。

(　　　　)

(三)　夜のモチモチの木は、そっちを見ただけで、もう、しょんべんなんか出なくなっちまうわけは、つぎのうちどれですか。当てはまるものに○をしましょう。

(　)星に手がとどきそうないい夜で、うっとりするから。

(　)モチモチの木が、上からおどかすお化けに見えて、こわいから。

(　)昼間に豆太がいばって、さいそくしたりするから。

モチモチの木(5)

名前［　　　　　　］

霜月二十日のばん

　そのモチモチの木に、ア今夜は、灯がともるばんなんだそうだ。じさまが言った。

「霜月*の二十日のうしみつ*にゃぁ、モチモチの木に灯がともる。起きてて見てみろ。そりゃぁ、きれいだ。おらも、子どものころに見たことがある。死んだおまえのおとうも見たそうだ。山の神様のお祭りなんだ。それは、一人の子どもしか、見ることはできねえ。それも、勇気のある子どもだけだ。」

「――それじゃぁ、おらは、とってもだめだ――。」

　豆太は、ちっちゃい声で、なきそうに言った。だって、じさまもおとうも見たんなら、自分も見たかったけど、こんな冬の真夜中に、モチモチの木を、それも、たった一人で見に出るなんて、イとんでもねえ話だ。ぶるぶるだ。

*霜月　十一月の古いよび名。
*うしみつ　真夜中のこと。

（光村図書　国語　3年（下）あおぞら　斎藤隆介）

上の文章を読んで、答えましょう。

（一）ア今夜というのは、いつのことですか。

（　　　　　　　　）

（二）モチモチの木に灯がともることを、じさまは何だと言っていますか。

（　　　　　　　　）

（三）豆太が「――それじゃぁ、おらは、とってもだめだ――。」と言ったのは、じさまが何と言ったからですか。上の文からぬき出して書きましょう。

（　　　　　　　　）

（四）イとんでもねえ話だ。ぶるぶるだ。は、どういうことですか。当てはまるものに○をしましょう。

（　）ぶるぶるふるえるくらい寒いので、ぜったいいやだ。

（　）ぜったいできない。ぶるぶるふるえるくらい、こわい。

モチモチの木(6)

名前［　　　　］

木のえだえだの細かいところにまで、みんな灯がともって、木が明るくぼうっとかがやいて、まるでそれは、ゆめみてえにきれいなんだそうだが、そして、豆太(まめた)は、「昼間だったら、見てえなぁ――。」と、そっと思ったんだが、ぶるぶる、夜なんて考えただけでも、おしっこをもらしちまいそうだ――。

豆太は、はじめっからあきらめて、ふとんにもぐりこむと、じさまのたばこくさいむね中に鼻をおしつけて、＊よいの口からねてしまった。

＊よいの口
日がくれてから、まだあまり時間がたたないころ。

（光村図書　国語　3年（下）あおぞら　斎藤(さいとう)　隆介(りゅうすけ)）

上の文章を読んで、答えましょう。

（一）明るくぼうっとかがやいている木は、まるで何のようにきれいですか。

（　　　　）

（二）豆太は、何をはじめっからあきらめているのですか。

（　　　　）

（三）豆太はどうしておしっこをもらしちまいそうなのですか。当てはまるものに○をしましょう。

（　）じさまが、おこしてくれないから。
（　）夜はモチモチの木がこわいから。
（　）モチモチの木がとてもきれいだから。

モチモチの木(7)

名前［　　　　　　　　　　］

豆太は見た

　豆太は、真夜中に、ひょっと目をさました。頭の上で、くまのうなり声が聞こえたからだ。

「じさまぁっ。」

　むちゅうでじさまにしがみつこうとしたが、じさまはいない。

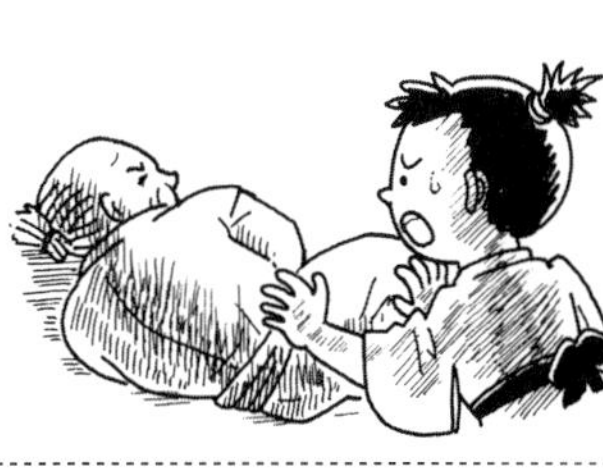

「ま、豆太、心配すんな。じさまは、じさまは、ちょっとはらがいてえだけだ。」

　まくら元で、くまみたいに体を丸めてうなっていたのは、じさまだった。

「じさまっ。」

　こわくて、びっくらして、豆太はじさまにとびついた。けれども、じさまは、ころりとたたみに転げると、歯を食いしばって、ますますすごくうなるだけだ。

（光村図書　国語　3年（下）あおぞら　斎藤隆介）

上の文章を読んで、答えましょう。

(一)　豆太が真夜中に目をさましたのは、どうしてですか。

（　　　　　　　　　　）

(二)　① くまみたいにうなっていたのは、だれですか。

（　　　　　　　　　　）

② どうしてうなっていたのですか。

（　　　　　　　　　　）

(三)　じさまが苦しんでいるのを見た豆太は、どんな気持ちで、何をしましたか。そのことがわかる文をぬき出して書きましょう。

（　　　　　　　　　　）

モチモチの木(8)

名前［　　　　　　　　］

「医者様をよばなくっちゃ。」

豆太は、小犬みたいに体を丸めて、表戸を体でふっとばして走りだした。

ねまきのまんま。はだしで。半道もあるふもとの村まで——。

外はすごい星で、月も出ていた。とうげの下りの坂道は、一面の真っ白い霜で、雪みたいだった。霜が足にかみついた。足からは血が出た。豆太は、なきなき走った。いたくて、寒くて、こわかったからなぁ。

でも、大すきなじさまの死んじまうほうが、もっとこわかったから、なきなきふもとの医者様へ走った。

これも、年よりじさまの医者様は、豆太からわけを聞くと、

「おう、おう——。」

と言って、ねんねこばんてんに薬箱と豆太をおぶうと、真夜中のとうげ道を、えっちら、おっちら、じさまの小屋へ上ってきた。

＊半道　やく二キロメートル。
＊ねんねこばんてん　赤ちゃんをせおうときに、赤ちゃんをつつむように着る、わた入りのはんてん。

（光村図書　国語　3年（下）　あおぞら　斎藤　隆介）

上の文章を読んで、答えましょう。

(一) 豆太が、小犬みたいに体を丸めて、表戸を体でふっとばして走りだしたのは、何をするためですか。

（　　　　　　）

(二) 豆太がなきなき走ったのは、どうしてですか。

（　　　　　　）

(三) 豆太にとって、何がいちばんこわかったのでしょうか。

（　　　　　　）

(四) じさまの小屋へ上ってきた医者様が、ねんねこばんてんにおぶっていたものは何ですか。

（　　　　　　）と（　　　　　　）

モチモチの木(9)

名前［　　　　］

とちゅうで、月が出てるのに、雪がふり始めた。この冬はじめての雪だ。豆太(まめた)は、そいつをねんねこの中から見た。

そして、医者様のこしを、足でドンドンけとばした。じさまが、なんだか死んじまいそうな気がしたからな。

豆太は、小屋へ入るとき、もう一つ㋐ふしぎなものを見た。

「モチモチの木に、灯(ひ)がついている。」

けれど、医者様は、

「あ、ほんとだ。まるで、灯がついたようだ。だども、あれは、とちの木の後ろにちょうど月が出てきて、えだの間に星が光ってるんだ。そこに雪がふってるから、明かりがついたように見えるんだべ。」

と言って、小屋の中へ入ってしまった。だから、豆太は、その後は知らない。医者様のてつだいをして、かまどにまきをくべたり、湯をわかしたりなんだり(などして)、いそがしかったからな。

（光村図書　国語　3年（下）あおぞら　斎藤(さいとう)隆介(りゅうすけ)）

上の文章を読んで、答えましょう。

(一) 豆太がねんねこの中から見たものは、何ですか。

（　　　　）

(二) 豆太が、医者様のこしを、足でドンドンけとばしたのは、どうしてですか。

（　　　　）

(三) ㋐ふしぎなものを見た。とありますが、豆太が見たふしぎなものを書きましょう。

（　　　　）

(四) 豆太は、医者様のてつだいで、どんなことをしましたか。二つ書きましょう。

（　　　　）

（　　　　）

モチモチの木（10）

名前［　　　　　　］

弱虫でも、やさしけりゃ

でも、次の朝、はらいたがなおって元気になったじさまは、医者様の帰った後で、こう言った。

「おまえは、山の神様の祭りを見たんだ。モチモチの木には、灯がついたんだ。おまえは、一人で、夜道を医者様よびに行けるほど、勇気のある子どもだったんだからな。自分で自分を弱虫だなんて思うな。人間、やさしささえあれば、やらなきゃならねえことは、きっとやるもんだ。それを見て、他人がびっくらするわけよ。は、は、は。」

――それでも、豆太は、じさまが元気になると、そのばんから、

「じさまぁ。」

と、しょんべんにじさまを起こしたとさ。

（光村図書　国語　3年（下）あおぞら　斎藤　隆介）

上の文章を読んで、答えましょう。

（一）じさまは、豆太が見たものは何だと言っていますか。

（　　　　　）

（二）じさまは、豆太のことを、どんな子どもだったと言っていますか。

（　　　　　）

（三）じさまは、豆太に、人間には何がいちばんだいじだと言いたいのですか。

（　　　　　）

名前［　　　　］

木かげにごろり（1）

山をこえ、七つの山をこえた山里に、それはのどかな村がありました。おひゃくしょうたちははたらき者で、みんな助け合いながらなかよくくらしていました。

□、一つだけこまったことがありました。おひゃくしょうたちに土地をかしている地主が、とてもよくばりで、お米や麦などをどっさりと横取りすることです。そのうえ、地主はひまさえあれば家の前の木かげにすわって、おひゃくしょうたちがしっかりはたらくように見はっていたのです。

（東京書籍　新編新しい国語　3年（下）　金森襄作）

上の文章を読んで、答えましょう。

（一）のどかな村は、どのようなところにありましたか。

（　　　　）

（二）□の中に当てはまる言葉を、次の中からえらんで○をしましょう。

（　）だから　（　）それから　（　）でも

（三）よくばりな地主は、どのようなことをしますか。

（　　　　）

（四）地主が、ひまさえあればしていたことは、何ですか。

（　　　　）

木かげにごろり (2)

名前［　　　］

ある夏の日のことです。ここちよいそよ風に、地主はうとうとねむりはじめました。

あせびっしょりのおひゃくしょうが、ひと休みしようと木かげに入りかけたとたん、ねむっていたはずの地主が、目をさましてどなりつけました。

「こりゃあ、だれのゆるしをえて、わしの木かげに入ろうとする。」

「地主様、ここはみんなが使う広場でございます。」

「広場はそうでも、この木はちがう。これはわしのじい様が植えたものだから、この木かげもわしのものじゃ。入りたければ、木かげを買い取ってから入れ。」

しかたなくおひゃくしょうたちは、たくさんのお米やかぼちゃ、ぶたやにわとりなどを、村じゅうから集めて、木かげを買い取りました。

（東京書籍　新編新しい国語　3年（下）　金森（かなもり）襄作（しょうさく））

上の文章を読んで、答えましょう。

（一）地主が、うとうとねむりはじめたのは、なぜですか。

（　　　）

（二）いつ、地主は目をさましましたか。

（　　　）

（三）地主が「木かげもわしのものじゃ。」と、言ったのは、どうしてですか。

（　　　）

（四）おひゃくしょうたちは、木かげを買い取るために、何を集めましたか。

（　　　）

木かげにごろり(3)

名前［　　　　］

それから一月ほどたった夕方のことです。地主が外から帰ってくると、一人のおひゃくしょうが、門の前でねっころがっていました。

「こりゃあ、だれのゆるしをえて、わしの門の前でねておる。」

「地主様、木かげがどこまでのびているか、しっかり見てくだされ。木かげはまちがいなくわたしたちが買ったものでございます。」

たしかに、木かげはきっちりと門までのびていたので、地主はだまって家の中に入っていきました。

（東京書籍　新編新しい国語　3年（下）　金森（かなもり）襄作（しょうさく））

上の文章を読んで、答えましょう。

(一)　地主が外から帰ってきた時、門の前でねっころがっていたのは、だれですか。

（　　　　）

(二)　ねっころがっているのを見て、地主は何と言いましたか。

「　　　　」

(三)　地主がだまって家の中に入っていったのはどうしてですか。理由を二つ書きましょう。

（　　　　）

（　　　　）

木かげにごろり(4)

名前

また一月ほどたった夕方のことです。地主が外から帰ってくると、今度は中庭で、三人のおひゃくしょうがねっころがっていました。

「こりゃあ、だれのゆるしをえて、わしの中庭でねておる。」

「地主様、木かげがどこまでのびているか、しっかり見てくだされ。木かげはまちがいなく、わたしたちが買ったものでございます。」

たしかに、木かげはくっきりと中庭までのびていたので、また、地主はだまって家の中に入っていきました。

（東京書籍　新編新しい国語　3年（下）　金森（かなもり）　襄作（しょうさく））

上の文章を読んで、答えましょう。

(一)　三人のおひゃくしょうが、ねっころがっていたのはどこですか。

（　　　）

(二)　ねっころがっている三人を見て、地主は何と言いましたか。

「　　　」

(三)　おひゃくしょうが、地主にしっかり見てほしかったのは何ですか。

（　　　）

(四)　地主がだまって家の中に入っていったのはどうしてですか。

（　　　）

木かげにごろり(5)

名前［　　　　］

秋風がふきはじめたころのことです。地主の家では、ご先ぞ様をくようする「お祭り」をすることになりました。

肉に魚、おもちに、につけ、ともかくたくさんのおそなえものを作らなければなりません。親せきの人たちもやってきて、じゅんびに大いそがしです。ところが、夕方になると中庭におひゃくしょうたちが入りこんできて、

一人がごろり
二人がごろり
三人がごろり

と、ねっころがりました。

そのうち、木かげが板の間までのびていくと、おひゃくしょうたちはそれをまっていたかのように、ひょいと板の間に上がりこんで、

一人がごろり
二人がごろり
三人がごろり

と、ねっころがりはじめたのです。

（東京書籍　新編新しい国語　3年（下）　金森（かなもり）襄作（しょうさく））

上の文章を読んで、答えましょう。

(一)　秋風がふきはじめたころ、地主の家では何をすることになりましたか。

（　　　　）

(二)　そのために何を作りますか。

（　　　　）

(三)　夕方になって、おひゃくしょうたちが入りこんできたのはどこですか。

（　　　　）

(四)　つぎに、おひゃくしょうたちが上がりこんで、ねっころがったのはどこですか。

（　　　　）

木かげにごろり(6)

名前［　　　　］

おどろいた地主がとんできて、

「こりゃあ、だれのゆるしをえて、わしの板の間でねておる。」

「地主様、木かげがどこまでのびているか、しっかり見てくだされ。」

「なに、木かげじゃと。」

たしかに木かげがのびています。

あわてて地主がふり返ると、中庭いっぱいに、
ごろりん
ごろりん
おひゃくしょうたちが、ねっころがっていたのです。

ア もう、こうなっては「お祭り」どころではありません。

「ひええ、とんでもないものを売ってしまった。」

地主は頭をかかえて、そのまま地べたにへたりこんでしまいました。


（東京書籍　新編新しい国語　3年（下）　金森襄作）

上の文章を読んで、答えましょう。

(一) おひゃくしょうたちは、おどろいた地主に何を見てほしいと、言いましたか。

（　　　　）

(二) 中庭いっぱいにねっころがっていたのは、だれですか。

（　　　　）

(三) ア「もう、こうなっては「お祭り」どころではありません。」の意味にふさわしいものをえらんで、○をしましょう。

（　）こうなったので「お祭り」をするところをかえよう。

（　）「お祭り」ができなくなってしまった。

（　）こうなっては、いつもよりもにぎやかな「お祭り」にしないといけない。

(四) 地主がこまっている様子がわかる文を、ぬき出して書きましょう。

（　　　　）

木かげにごろり（7）

名前［　　　　　　］

よろこんだのはおひゃくしょうたちです。

「やったぞ、やった。そうれ、そら。」

みんな手をふり、足を上げ、歌に合わせておどりはじめました。

親せきの人たちはあきれ返って、みんな自分の家に帰ってしまいました。

そうしている間に、木かげがごちそうの上までのびていきました。

「あっ、おれたちの木かげにごちそうが入った。」

そう言って、おひゃくしょうたちは、ごちそうを全部平らげてしまいました。

さて、地主のほうは真夜中になって、このままではご先ぞ様に申しわけないと、ごちそうを絵にかいてそなえたということです。

（東京書籍　新編新しい国語　3年（下）　金森（かなもり）襄作（しょうさく））

上の文章を読んで、答えましょう。

（一）よろこんだおひゃくしょうたちがしたことを、ぬき出して書きましょう。

（　　　　）

（二）おひゃくしょうたちは、なぜごちそうを全部平らげることができたのですか。

（　　　　）

（三）なぜ、地主は真夜中にごちそうを絵にかいてそなえたのでしょう。

（　　　　）

おにたのぼうし(1)

名前［　　　　］

節分(せつ)の夜のことです。
まこと君が、元気に豆まきを始めました。

ぱら　ぱら　ぱら　ぱら

まこと君は、いりたての豆を、力いっぱい投げました。

「福はあ内。おにはあ外。」

茶の間も、客間も、子ども部屋も、台所も、げんかんも、手あらいも、ていねいにまきました。そこで、まこと君は、

「そうだ、物おき小屋にも、まかなくっちゃ。」

と言いました。

その物おき小屋の天じょうに、去年の春から、小さな黒おにの子どもが住んでいました。

「おにた」という名前でした。

（教育出版　ひろがる言葉　小学国語　3年（下）　あまん　きみこ）

※「おにたのぼうし」の教材は、大阪書籍の十七年度版3年生国語教科書にも掲載されています。

上の文章を読んで、答えましょう。

(一) まこと君が豆まきをしたのは、いつのことですか。

（　　　　）

(二) まこと君が、ていねいに豆まきをしたのはどこですか。六つ書きましょう。

（　　）（　　）（　　）
（　　）（　　）（　　）

(三) ① 黒おにの子どもは、どこに住んでいますか。

（　　　　）

② 名前は何といいますか。

（　　　　）

おにたのぼうし(2)

名前

おにたは、気のいいおにでした。きのうも、まこと君に、なくしたビー玉を、こっそり拾ってきてやりました。この前は、にわか雨の時、ほし物を、茶の間に投げこんでおきました。お父さんのくつを、ぴかぴかに光らせておいたこともあります。

でも、だれも、おにたがしたとは気がつきません。はずかしがり屋のおにたは、見えないように、とても用心していたからです。

豆まきの音を聞きながら、おにたは思いました。

「人間っておかしいな。おには悪いって、決めているんだから。おににも、いろいろあるのにな。」

そして、古い麦わらぼうしをかぶりました。角かくしのぼうしです。

こうして、カサッとも音をたてないで、おにたは、物おき小屋を出ていきました。

（教育出版　ひろがる言葉　小学国語　3年(下)　あまん　きみこ）

上の文章を読んで、答えましょう。

(一) おにたが気のいいおにであることがわかるところを、三つ書きましょう。

(　　　　)

(　　　　)

(　　　　)

(二) だれも、おにたがしたとは気がつかないのは、どうしてですか。

(　　　　)

(三) おにたは、人間のことをどう思っていますか。

(　　　　)

おにたのぼうし(3)

名前［　　　　］

こな雪がふっていました。道路も、屋根も、野原も、もう真っ白です。

おにたのはだしの小さな足が、つめたい雪の中に、ときどき、すぽっと入ります。

「いいうちが、ないかなあ。」

でも、今夜は、どのうちも、ひいらぎの葉をかざっているので、入ることができません。ひいらぎは、おにの目をさすからです。

小さな橋をわたった所に、トタン屋根の家を見つけました。ア おにたのひくい鼻がうごめきました。

「こりゃあ、豆のにおいがしないぞ。しめた。ひいらぎもかざっていない。」


（教育出版　ひろがる言葉　小学国語　3年(下)　あまん　きみこ）

上の文章を読んで、答えましょう。

(一) 道路も、屋根も、野原も、もう真っ白なことから、どんなことがわかりますか。

（　　　　）

(二) つめたい雪の中に、ときどき、何がすぽっと入るのでしょう。

（　　　　）

(三) おにたが、どのうちにも入ることができないのは、どうしてですか。

（　　　　）

(四) ア おにたのひくい鼻がうごめきました。とありますが、なぜ鼻がうごめいたのですか。

（　　　　）

おにたのぼうし(4)

名前［　　　　］

どこから入ろうかと、きょろきょろ見回していると、入り口のドアが開きました。おにたは、すばやく、家の横にかくれました。

女の子が出てきました。その子は、でこぼこしたせん面きの中に、雪をすくって入れました。それから、赤くなった小さな指を口に当てて、ハーッと、白い息をふきかけています。

「今のうちだ。」

そう思ったおにたは、ドアから、そろりとうちの中に入りました。

そして、天じょうのはりの上に、ねずみのようにかくれました。

部屋のまん中に、うすいふとんがしいてあります。ねているのは、女の子のお母さんでした。

（教育出版　ひろがる言葉　小学国語　3年（下）　あまん　きみこ）

上の文章を読んで、答えましょう。

(一) おにたがきょろきょろ見回しながら考えていたことは、どんなことですか。

（　　　　）

(二) ドアが開いたとき、おにたがかくれたところは、どこですか。

（　　　　）

(三) 女の子が、でこぼこしたせん面きの中に入れたのは何ですか。

（　　　　）

(四) ドアからうちの中に入って、かくれたところは、どこですか。

（　　　　）

(五) 天じょうのはりの上から、おにたが見たことを書きましょう。

（　　　　）

おにたのぼうし(5)

名前［　　　　］

女の子は、新しい雪でひやしたタオルを、お母さんのひたいにのせました。すると、お母さんが、ねつでうるんだ目をうっすらと開けて言いました。

「おなかがすいたでしょう?」

ア女の子は、はっとしたようにくちびるをかみました。でも、けん命に顔を横にふりました。そして、

「いいえ、すいてないわ。」

と答えました。

「あたし、さっき、食べたの。あのねえ……、あのねえ……、お母さんがねむっている時。」

と話しだしました。

「知らない男の子が、持ってきてくれたの。あったかい赤ごはんと、うぐいす豆よ。今日は節(せつ)分でしょう。だから、ごちそうがあまったって。」

お母さんは、ほっとしたようにうなずいて、また、とろとろねむってしまいました。すると、女の子が、フーッと長いため息をつきました。

（教育出版　ひろがる言葉　小学国語　3年(下)　あまん　きみこ）

上の文章を読んで、答えましょう。

(一) お母さんのひたいにのせたタオルは、どんなタオルですか。

（　　　　）

(二) お母さんが言った言葉を、文中からぬき出して書きましょう。

「　　　　」

(三) ア女の子は、はっとしたようにくちびるをかみました。でも、けん命に顔を横にふりました。とありますが、どうしてですか。当てはまるものに○をしましょう。

（　）本当は、おなかがすいていたけれど、お母さんに心配させたくなかったから。

（　）知らない男の子に、ごちそうをもらったことが知られたから。

（　）おなかはすいていたけれど、あとでごちそうを食べたらいいと思ったから。

おにたのぼうし(6)

名前［　　　　］

おにたは、なぜか、せなかがむずむずするようで、じっとしていられなくなりました。それで、こっそりはりをつたって、台所に行ってみました。

「ははあん――。」

台所は、かんからかんにかわいています。米つぶ一つありません。大根一切れありません。

「あのちび、何も食べちゃいないんだ。」

おにたは、もうむちゅうで、台所のまどのやぶれた所から、寒い外へとび出していきました。

（教育出版　ひろがる言葉　小学国語　3年（下）　あまん　きみこ）

上の文章を読んで、答えましょう。

(一) じっとしていられなくなったおにたは、どこへ行きましたか。

（　　　　）

(二) おにたが、「あのちび、何も食べちゃいないんだ。」と気づいたのは、台所のどんな様子からですか。

（　　　　）

(三) むちゅうで寒い外へとび出していったおにたの気持ちに当てはまるものに○をしましょう。

（　）こんな家には、おれないぞ。

（　）女の子がかわいそう。なんとかしなくっちゃ。

（　）女の子の話は本当だ。

おにたのぼうし(7)

名前［　　　　　　］

それからしばらくして、入り口をトントンとたたく音がします。

「今ごろ、だれかしら?」

女の子が出ていくと、雪まみれの麦わらぼうしを深くかぶった男の子が立っていました。そして、ふきんをかけたおぼんのような物をさし出したのです。

「節分(せつ)だから、ごちそうがあまったんだ。」

おにたは、一生けん命、さっき女の子が言ったとおりに言いました。

女の子はびっくりして、もじもじしました。

「あたしにくれるの?」

そっとふきんを取ると、温かそうな赤ごはんと、うぐいす色のに豆が、湯気をたてています。

女の子の顔が、ぱっと赤くなりました。

そして、にこっとわらいました。

（教育出版　ひろがる言葉　小学国語　3年（下）　あまん　きみこ）

上の文章を読んで、答えましょう。

(一) 入り口に立っていたのは、どのような人ですか。

（　　　　　　）

(二) おにたが言った言葉をぬき出して書きましょう。

「　　　　　　」

(三) おにたがさし出した物の中には、何が入っていましたか。

（　　　　　　）

(四) 女の子の顔が、ぱっと赤くなったのは、なぜでしょう。あてはまるものに○をしましょう。

（　）ごはんやに豆が温かかったから。

（　）さっき自分がお母さんに言ったとおりになってびっくりしたけど、うれしかったから。

（　）男の子がかわいかったから。

おにたのぼうし(8)

名前［　　　　］

女の子がはしを持ったまま、ふっと何か考えこんでいます。

「どうしたの？」

おにたが心配になってきくと、

「もう、みんな、豆まきすんだかな、と思ったの。」

と答えました。

「あたしも、豆まき、したいなあ。」

「なんだって？」

おにたはとび上がりました。

「だって、おにが来れば、きっと、お母さんの病気が悪くなるわ。」

おにたは、手をだらんと下げて、ふるふるっと、悲しそうに身ぶるいして言いました。

「おにだって、いろいろあるのに。おにだって……。」


（教育出版　ひろがる言葉　小学国語　3年(下)　あまん　きみこ）

上の文章を読んで、答えましょう。

(一) 女の子は、はしを持ったまま、何を考えこんでいたのでしょう。

（　　　　）

(二) 女の子はなぜ、「あたしも、豆まき、したいなあ。」と言ったのでしょう。

（　　　　）

(三) 「おにだって、いろいろあるのに。おにだって……。」と言った時の、おにたの様子を書きましょう。

（　　　　）

おにたのぼうし(9)

名前［　　　　］

氷がとけたように、急におにたがいなくなりました。あとには、あの麦わらぼうしだけが、ぽつんとのこっています。

「へんねえ。」

女の子は、立ち上がって、あちこちさがしました。そして、

「このぼうし、わすれたわ。」

それを、ひょいと持ち上げました。

「まあ、黒い豆！　まだあったかい……。」

お母さんが目をさまさないように、女の子は、そっと、豆をまきました。

「福はあ内。おにはあ外。」

麦わらぼうしから、黒い豆をまきながら、女の子は、

「さっきの子は、きっと神様だわ。そうよ、神様よ……。」

と考えました。

「だから、お母さんだって、もうすぐよくなるわ。」

ぱら　ぱら　ぱら　ぱら

ぱら　ぱら　ぱら　ぱら

とてもしずかな豆まきでした。

（教育出版　ひろがる言葉　小学国語　3年（下）　あまん　きみこ）

上の文章を読んで、答えましょう。

(一) 急におにたがいなくなったことを、女の子はどのように言っていますか。

（　　　　）

(二) おにたがのこしていった麦わらぼうしを持ち上げると、何を見つけましたか。

（　　　　）

(三) 女の子がそっと豆まきをしたのは、どうしてですか。

（　　　　）

(四) 女の子は、麦わらぼうしをわすれた子のことを、どのように考えましたか。

（　　　　）

・授業の発問事例
・テスト
・宿題　等に使える

長文読解力問題

きつつきの商売 (1)

名前

一

きつつきが、お店を開きました。

それはもう、きつつきにぴったりのお店です。

きつつきは、森じゅうの木の中から、えりすぐりの木を見つけてきて、かんばんをこしらえました。

かんばんにきざんだお店の名前は、こうです。

おとや

それだけでは、なんだか分かりにくいので、きつつきは、^{ア}その後に、^{イ}こう書きました。

「できたての音、すてきないい音、お聞かせします。四分音ぷ一こにつき、どれでも百リル。」

「へええ。どれでも百リル。どんな音があるのかしら。」

^{ウ}そう言って、真っ先にやって来たのは、茶色い耳をぴんと立てた野うさぎでした。

野うさぎは、きつつきのさし出したメニューをじっくりながめて、メニューのいちばんはじっこをゆびさしながら、

「これにするわ。」

と言いました。ぶなの音です。

「四分音ぷ分、ちょうだい。」

「しょうちしました。では、どうぞこちらへ。」

きつつきは、野うさぎをつれて、ぶなの森にやって来ました。

（光村図書　国語　3年（上）わかば　林原玉枝）

上の文章を読んで、答えましょう。

(一) きつつきがえりすぐりの木を見つけてきてこしらえたものは、何ですか。 (10)

（　　　）

(二) きつつきのお店の名前は、何といいますか。 (10)

（　　　）

(三) どんなことをするお店ですか。 (10)

（　　　）

(四) 四分音ぷ一こにつき、「いくら」ですか。 (10)

（　　　）

(五) 真っ先にお店にやって来たのは、だれですか。くわしく書きましょう。 (10)

（　　　）

(六) はじめてのおきゃくさんは、何の音を、どれだけちゅうもんしましたか。 (10)

（　　　）

(七) きつつきがおきゃくさんをつれていったのは、どこですか。 (10)

（　　　）

(八) ア〜ウの言葉はそれぞれ何をさしていますか。 (10×3)

アその（　　　）

イこう（　　　）

ウそう（　　　）

きつつきの商売 (2)

名前

それから、野うさぎを、大きなぶなの木の下に立たせると、自分は、木のてっぺん近くのみきに止まりました。

「さあ、いきますよ。いいですか。」

きつつきは、木の上から声をかけました。野うさぎは、きつつきを見上げて、こっくりうなずきました。

「では。」

きつつきは、ぶなの木のみきを、くちばしで力いっぱいたたきました。

コーン。

ぶなの木の音が、ぶなの森にこだましました。

野うさぎは、きつつきを見上げたまま、だまって聞いていました。きつつきも、うっとり聞いていました。

四分音ぷ分よりも、アうんと長い時間がすぎてゆきました。

（光村図書　国語　3年（上）わかば　林原　玉枝）

上の文章を読んで、答えましょう。

(一) きつつきが野うさぎを立たせたところは、どこですか。(10)

（　　　　）

(二) きつつきの止まったところは、どこですか。(10)

（　　　　）

(三) 「さあ、いきますよ。いいですか。」と、声をかけたのは、だれですか。(10)

（　　　　）

(四) こっくりうなずいたのは、だれですか。(10)

（　　　　）

(五) ① きつつきは、何を力いっぱいたたきましたか。（　　　　）(10×2)

② どこを使って、力いっぱいたたきましたか。

（　　　　）

(六) ① こだました音は、どんな音ですか。(10×2)

（　　　　）

② 音は、どこにこだましましたか。

（　　　　）

(七) アうんと長い時間がすぎてゆきました。のあいだ、野うさぎときつつきはどうしていたか、書きましょう。(10×2)

野うさぎ（　　　　）

きつつき（　　　　）

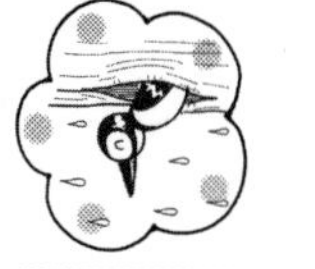

きつつきの商売 (3)

名前

2

ぶなの森に、雨がふりはじめます。

きつつきは、新しいメニューを思いつきました。

ぶなの木のうろから顔を出して、空を見上げていると、

「おはよう。きつつきさん。」

「何してるんですか。きつつきさん。」

木の下で、声がしました。

見下ろすと、ぶなの木のねもとに、野ねずみのかぞくが、みんなできつつきを見上げています。

たちつぼすみれの葉っぱのかさをかたにかついで、上を見上げているので、みんな、顔じゅうびしょぬれでした。

「おとやの新しいメニューができたんですよ。」

きつつきは、ぬれた頭をぶるんとふって、言いました。

㋐「へえ。」

「今朝、できたばかりの、できたてです。」

「へえ。」

㋑「でもね、もしかしたら、あしたはできないかもしれないから、メニューに書こうか書くまいか、考えてたんですよ。」

㋒「へえ。じゃあ、とくべつメニューってわけ。」

「そうです。とくとく、とくべつメニュー。」

「そいつはいいなあ。ぼくたちは、うんがいいぞ。それで、その、とくとく、とくべつメニューも、百リル。」

㋓「いいえ。今日のは、ただです。」

（光村図書　国語　3年（上）わかば　林原　玉枝）

上の文章を読んで、答えましょう。

（一）きつつきは、何を思いつきましたか。(10)

（　　　　　　）

（二）ぶなの木のうろから顔を出して、空を見上げているのは、だれですか。(10)

（　　　　　　）

（三）① ぶなの木のねもとにいたのは、だれですか。(10×3)

（　　　　　　）

② ①は、何をかたにかついでいますか。

（　　　　　　）

③ ①が、顔じゅうびしょぬれなのは、どうしてですか。

（　　　　　　）

（四）㋐㋑㋒㋓はだれが言っているのですか。(5×4)

㋐（　　　）　㋑（　　　）

㋒（　　　）　㋓（　　　）

（五）新しいメニューについて答えましょう。(10×3)

① メニューに書こうか書くまいか、きつつきが考えていたのは、どうしてですか。

（　　　　　　）

② 新しいメニューのことを、きつつきは何と言っていますか。

（　　　　　　）

③ そのメニューは、いくらですか。

（　　　　　　）

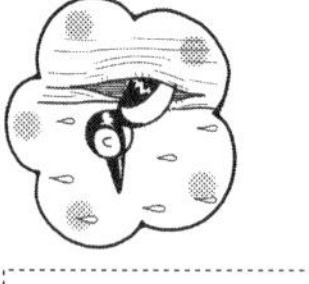

きつつきの商売 (4)

名前

「よかった。ますますうんがいいぞ。ここに、おとやが開店して、すてきないい音を聞かせてもらえるってことは、もうずいぶん前から聞いてたんだけどね。今日やっと、はじめてみんなで来てみたんですよ。」

「朝からの雨で、おせんたくができないものですから。」

母さんねずみが言うと、

「おにわのおそうじも。」

「草の実あつめも。」

「草がぬれてて、
おすもうもできないよ。」

「かたつむりたちは、できるけど。」

「かたつむりじゃなくて、あまがえるだってば。」

「どっちもだよ。」

子どもたちも、口々に言いました。

「だから、ひとつ、聞かせてください。」

野ねずみのかぞくは、そろって、うれしそうに言いました。

「しょうちしました。」

きつつきは、木のうろから出て、野ねずみたちのいる場所にとび下りました。

「さあさあ、しずかにしなさい。おとやさんの、とくとく、とくべつメニューなんだから。」

野ねずみは、野ねずみのおくさんと二人で、ぺちゃくちゃ言ってる子どもたちを、どうにかだまらせてから、きつつきをふりかえって言いました。

「さあ、おねがいいたします。」

「かしこまりました。」

(光村図書 国語 3年(上) わかば 林原玉枝)

上の文章を読んで、答えましょう。

(一) 店に来たおきゃくさんについて答えましょう。(10×6)

① おきゃくさんは、おとやがどんなお店だと聞いていたのですか。

(　　　　)

② おきゃくさんが、雨でできないと言っていることを、四つ書きましょう。

(　　　　)

(　　　　)

(　　　　)

(　　　　)

③ 店に来たおきゃくさんは、だれですか。

(　　　　)

(二) おきゃくさんが来たとき、きつつきはどこにいましたか。(10)

(　　　　)

(三) 今日聞かせてもらう音のことを、何とよんでいますか。(10)

(　　　　)

(四) 「さあ、おねがいいたします。」と言っているのは、だれですか。(10)

(　　　　)

(五) 「かしこまりました。」は、どういう意味ですか。当てはまるものに○をしましょう。(10)

(　) ひきうけることを、ていねいに言っている。

(　) きんちょうして、こまってしまっている。

きつつきの商売 (5)

名前

葉っぱのかさをさした十ぴきの子ねずみたちは、きらきらしたきれいな目を、そろってきつつきにむけました。

「さあ、いいですか。今日だけのとくべつな音です。お口をとじて、目をとじて、聞いてください。」

みんなは、しいんとだまって、目をとじました。

目をとじると、そこらじゅうのいろんな音が、いちどに聞こえてきました。

ぶなの葉っぱの、
シャバシャバシャバ。
じめんからの、
パシパシピチピチ。
葉っぱのかさの、
パリパリパリ。
そして、ぶなの森の、
ずうっとおくふかくから、
ドウドウドウ。
ザワザワザワワ。

「ああ、聞こえる、雨の音だ。」
「ほんとだ。聞こえる。」
「雨の音だ。」
「へえ。」
「うふふ。」

野ねずみたちは、みんな、にこにこうなずいて、それから、目を開けたりとじたりしながら、ずうっとずうっと、とくべつメニューの雨の音につつまれていたのでした。

(光村図書　国語　3年（上）わかば　林原（はやしばら）玉枝（たまえ）)

上の文章を読んで、答えましょう。

(一) きらきらしたきれいな目をしているのは、だれですか。 (10)

(　　　　)

(二) ① きつつきは、今日の音のことを何と言っていますか。 (10×2)

(　　　　)

② どのようにして聞くように言いましたか。

(　　　　)

(三) 聞こえてきた音を、文中から書き出しましょう。 (7×4)

ぶなの葉っぱ (　　　　)

じめん (　　　　)

葉っぱのかさ (　　　　)

ぶなの森のおくふかくから

(　　　　)

(四) 「パシパシピチピチ。」は、何が何にあたる音ですか。 (10)

(　　　　)

(五) 「パリパリパリ。」は、何が何にあたる音ですか。 (10)

(　　　　)

(六) 聞こえてきたのは、何の音ですか。 (10)

(　　　　)

(七) 野ねずみたちは、その音をどのようにして聞いていましたか。 (12)

(　　　　)

三年とうげ　(1)

名前

　ある所に、三年とうげとよばれるとうげがありました。

　あまり高くない、なだらかなとうげでした。

　春には、すみれ、たんぽぽ、ふでりんどう。とうげからふもとまでさきみだれました。れんげつつじのさくころは、だれだってため息の出るほど、よいながめでした。

　秋には、かえで、がまずみ、ぬるでの葉。とうげからふもとまで美しく色づきました。白いすすきの光るころは、だれだってため息の出るほど、よいながめでした。

　三年とうげには、昔から、こんな言いつたえがありました。

「三年とうげで　転ぶでない。
　三年とうげで　転んだならば、
　三年きりしか　生きられぬ。
　長生きしたけりゃ、
　転ぶでないぞ。
　三年とうげで　転んだならば、
　長生きしたくも　生きられぬ。」

　ですから、三年とうげをこえるときは、みんな、転ばないように、おそるおそる歩きました。

（光村図書　国語　3年（上）　わかば　李　錦玉）

上の文章を読んで、答えましょう。

(一)　上の文に書かれているとうげは、何とよばれていましたか。（10）

（　　　）

(二)　どんなとうげですか。（10）

（　　　）

(三)　春、とうげからふもとまでさきみだれる花は何ですか。三つ書きましょう。（5×3）

（　　　）（　　　）（　　　）

(四)　秋、とうげからふもとまで美しく色づく葉は何ですか。三つ書きましょう。（5×3）

（　　　）（　　　）（　　　）

(五)　だれだってため息の出るほど、よいながめになるのは、何がどうなるころですか。（10×2）

春…（　　　）

秋…（　　　）

(六)　言いつたえでは、三年とうげで転ぶとどうなるのでしょう。二つ書きましょう。（10×2）

（　　　）

（　　　）

(七)　みんな、三年とうげをこえるときは、なぜ転ばないように、おそるおそる歩いたのですか。（10）

（　　　）

三年とうげ

(2)

名前

ある秋の日のことでした。一人のおじいさんが、となり村へ、反物(たん)を売りに行きました。そして、帰り道、三年とうげにさしかかりました。白いすすきの光るころでした。おじいさんは、こしを下ろしてひと息入れながら、美しいながめにうっとりしていました。しばらくして、

「こうしちゃおれぬ。日がくれる。」

おじいさんは、あわてて立ち上がると、

「三年とうげで　転ぶでないぞ。
三年とうげで　転んだならば、
三年きりしか　生きられぬ。」

と、ア足を急がせました。

お日さまが西にかたむき、夕やけ空がだんだん暗くなりました。

ところがたいへん。あんなに気をつけて歩いていたのに、おじいさんは、石につまずいて転んでしまいました。おじいさんは真っ青になり、がたがたふるえました。

家にすっとんでいき、おばあさんにしがみつき、おいおいなきました。

「ああ、どうしよう、どうしよう。わしのじゅみょうは、あと三年じゃ。三年しか生きられぬのじゃあ。」

（光村図書　国語　3年（上）わかば　李錦玉(リ クムオギ)）

上の文章を読んで、答えましょう。

(一) ① 上の文に書かれているきせつはいつですか。(10×2)

（　　　　）

② そのきせつのことを、ちがう言い方でどんなころと言っていますか。

（　　　　）

(二) おじいさんは、どこへ何をしに行きましたか。(10×2)

どこへ（　　　　）へ　何をしに（　　　　）に

(三) ア足を急がせました。とは、どういう様子ですか。当てはまる文に○をしましょう。(10)

（　）転ばないように、足に気をつけました。

（　）早足で歩きました。

（　）あわてて足をバタバタさせました。

(四) 日がくれてきた様子が書いてある文を、文中からぬき出して書きましょう。(10)

（　　　　）

(五) おじいさんは、なぜ転んでしまったのですか。(10)

（　　　　）

(六) ① 転んでしまったおじいさんは、どうなりましたか。(10×2)

（　　　　）

② それからおじいさんは、どうしましたか。

（　　　　）

(七) どうしておじいさんは、おいおいないたのですか。(10)

（　　　　）

三年とうげ

(3)

名前

その日から、おじいさんは、ごはんも食べずに、ふとんにもぐりこみ、［①］病気になってしまいました。お医者をよぶやら、薬を飲ませるやら、おばあさんはつきっきりで看病しました。［②］、おじいさんの病気はどんどん重くなるばかり。村の人たちもみんな心配しました。

そんなある日のこと、水車屋のトルトリが、みまいに来ました。

「ア おいらの言うとおりにすれば、イ おじいさんの病気はきっとなおるよ。」

「どうすればなおるんじゃ。」

おじいさんは、ふとんから顔を出しました。

「なおるとも。三年とうげで、もう一度転ぶんだよ。」

「ばかな。わしに、もっと早く死ねと言うのか。」

「そうじゃないんだよ。一度転ぶと、三年生きるんだろ。二度転べば六年、三度転べば九年、四度転べば十二年。このように、何度も転べば、ううんと長生きできるはずだよ。」

おじいさんは、［③］考えていましたが、うなずきました。

「うん、なるほど、なるほど。」

［④］、ふとんからはね起きると、三年とうげに行き、わざとひっくりかえり、転びました。

（光村図書　国語　3年（上）　わかば　李錦玉）

上の文章を読んで、答えましょう。

(一) おじいさんが病気になりました。おばあさんはどうしましたか。 (15)

(　　　　)

(二) ①～④の［　］の中に入る言葉を、［　］からえらんで書きましょう。 (5×4)

①(　　　)　②(　　　)

③(　　　)　④(　　　)

しばらく　けれども　とうとう　そして

(三) みまいに来たのは、だれですか。 (10)

(　　　　)

(四) ふとんから顔を出したときのおじいさんは、トルトリに何と言いましたか。 (10)

(　　　　)

(五) アおいらの言うとおりにすれば、とありますが、何をすればよいのでしょう。 (15)

(　　　　)

(六) イおじいさんの病気はきっとなおるよ。とありますが、どうしてきっとなおるのですか。 (15)

(　　　　)

(七) ふとんからはね起きたおじいさんは、どうしたのでしょうか。 (15)

(　　　　)

三年とうげ

(4)

名前

　このときです。ぬるでの木のかげから、おもしろい歌が聞こえてきました。

「えいやら　えいやら　えいやらや。
　一ぺん転べば　三年で、
　十ぺん転べば　三十年、
　百ぺん転べば　三百年。
　ア こけて　転んで　ひざついて、
　しりもちついて　でんぐりがえり、
　長生きするとは、こりゃ　めでたい。」

　おじいさんは、すっかりうれしくなりました。

　ころりん、ころりん、すってんころり、ぺったんころりん、ひょいころ、ころりんと、転びました。あんまりうれしくなったので、しまいに、とうげからふもとまで、ころころころりんと、転がり落ちてしまいました。そして、けろけろけろっとした顔をして、

「もう、わしの病気はなおった。百年も、二百年も、長生きができるわい。」

と、にこにこわらいました。

　こうして、おじいさんは、すっかり元気になり、おばあさんと二人なかよく、幸せに、長生きしたということです。

　ところで、三年とうげのぬるでの木のかげで、

「えいやら　えいやら　えいやらや。
　一ぺん転べば　三年で、
　十ぺん転べば　三十年、
　百ぺん転べば　三百年。
　こけて　転んで　ひざついて、
　しりもちついて　でんぐりがえり、
　長生きするとは、こりゃ　めでたい。」

と歌ったのは、イ だれだったのでしょうね。

（光村図書　国語　3年（上）わかば　李錦玉（リ　クムオギ））

上の文章を読んで、答えましょう。

(一)　歌はどこから聞こえてきましたか。(10)

（　　　　）

(二)　歌は、それぞれ何年、長生きできると言っていますか。(6×3)

一ぺん転べば（　　年）　十ぺん転べば（　　年）

百ぺん転べば（　　年）

(三)　おじいさんがすっかりうれしくなったのは、どうしてですか。(12)

（　　　　）

(四)　ア「こけて　転んで　ひざついて、しりもちついて　でんぐりがえり、」のとおり、おじいさんが転んだ様子がわかるところをぬき出して書きましょう。(10)

（　　　　）

(五)　① あんまりうれしくなったおじいさんは、とうげからふもとまで、どのように転がり落ちたでしょう。(10×2)

（　　　　）

② そして、おじいさんは何と言いましたか。

（　　　　）

(六)　さいごにおじいさんとおばあさんは、どうなりましたか。(10)

（　　　　）

(七)　イ「だれだったのでしょうね。」とありますが、あなたはだれだったと思いますか。また、そう思った理由も書きましょう。(10×2)

だれ（　　　　）

理由（　　　　）

ちいちゃんのかげおくり (1)

名前

「かげおくり」って遊びをちいちゃんに教えてくれたのは、お父さんでした。

出征（しゅっせい）する前の日、お父さんは、ちいちゃん、お兄ちゃん、お母さんをつれて、先祖（せんぞ）のはかまいりに行きました。その帰り道、青い空を見上げたお父さんが、つぶやきました。

「かげおくりのよくできそうな空だなあ。」

「えっ、かげおくり。」

と、お兄ちゃんがきき返しました。

「かげおくりって、なあに。」

と、ちいちゃんもたずねました。

「十（とお）、数える間、かげぼうしをじっと見つめるのさ。十、と言ったら、空を見上げる。すると、かげぼうしがそっくり空にうつって見える。」

と、お父さんがせつめいしました。

「父さんや母さんが子どものときに、よく遊んだものさ。」

「ね。今、みんなでやってみましょうよ。」

と、お母さんが横から言いました。

ちいちゃんとお兄ちゃんを中にして、四人は手をつなぎました。そして、みんなで、かげぼうしに目を落としました。

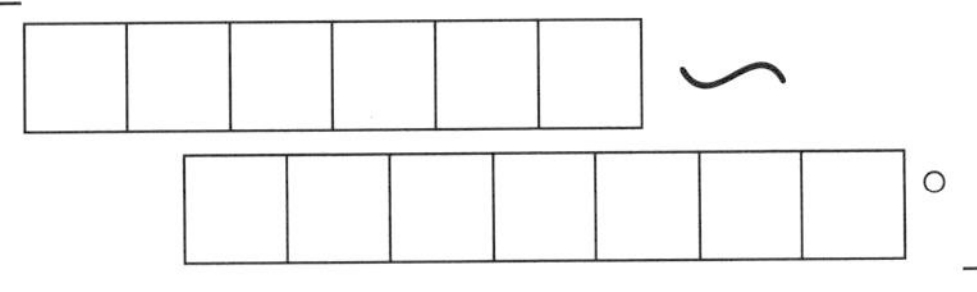

「まばたきしちゃ、だめよ。」

と、お母さんが注意しました。

「まばたきしないよ。」

ちいちゃんとお兄ちゃんが、やくそくしました。

「ひとうつ、ふたあつ、みいっつ。」

と、お父さんが数えだしました。

「ようっつ、いつうつ、むうっつ。」

と、お母さんの声も重なりました。

（光村図書　国語　3年（下）あおぞら　あまん　きみこ）

上の文章を読んで、答えましょう。

(一) ちいちゃんたちが、はかまいりに行ったのは、どんな日のことでしたか。(10)

（　　　　）

(二) ① お父さんが青い空を見上げて、何とつぶやきましたか。(10×2)

（　　　　）

② それは、いつのことですか。

（　　　　）

(三) 「かげおくり」について答えましょう。

① どんな遊びか、せつめいしているところのはじめと終わりを書きましょう。(5×2)

「□□□□□□ 〜 □□□□□□□。」

② せつめいしてくれたのは、だれですか。(10)

（　　　　）

③ 「みんなでやってみましょう。」と、言いだしたのは、だれですか。(10)

（　　　　）

(四) ① かげぼうしは、いくつありましたか。(10)

（　　　　）

② だれのかげぼうしですか。四つ書きましょう。(5×4)

（　　）（　　）（　　）（　　）

(五) 「ようっつ、いつうつ、むうっつ。」は、だれとだれの声ですか。(10)

（　　　　）

ちいちゃんのかげおくり (2)

名前

「ななあつ、やあっつ、ここのつつ。」
ちいちゃんとお兄ちゃんも、いっしょに数えだしました。

「とお。」

目の動きといっしょに、白い四つのかげぼうしが、すうっと空に上がりました。

「すごうい。」

と、お兄ちゃんが言いました。

「すごうい。」

と、ちいちゃんも言いました。

「今日の記念写真だなあ。」

と、お父さんが言いました。

「大きな記念写真だこと。」

と、お母さんが言いました。

次の日、お父さんは、白いたすきをかたからななめにかけ、日の丸のはたに送られて、列車に乗りました。

「体の弱いお父さんまで、いくさに行かなければならないなんて。」

お母さんがぽつんと言ったのが、ちいちゃんの耳には聞こえました。

ちいちゃんとお兄ちゃんは、かげおくりをして遊ぶようになりました。ばんざいをしたかげおくり。かた手をあげたかげおくり。足を開いたかげおくり。いろいろなかげを空に送りました。

けれど、いくさがはげしくなって、かげおくりなどできなくなりました。この町の空にも、しょういだんやばくだんをつんだひこうきが、とんでくるようになりました。そうです。広い空は、楽しい所ではなく、とてもこわい所にかわりました。

（光村図書　国語　3年（下）あおぞら　あまん　きみこ）

上の文章を読んで、答えましょう。

(一) みんなでいくつまで数えた時、かげぼうしが空にあがりましたか。(10)

（　　　　）

(二) 目の動きといっしょに、白い四つのかげぼうしはどうなりましたか。(10)

（　　　　）

(三) 白い四つのかげは、だれのものですか。(5×4)

（　　　）（　　　）
（　　　）（　　　）

(四) 空に上がった四つのかげを見て、お父さんやお母さんは何と言いましたか。(5×2)

お父さん「　　　　」

お母さん「　　　　」

(五) ちいちゃんとお兄ちゃんは、どんなかげおくりをして遊びましたか。(10×3)

（　　　　）
（　　　　）
（　　　　）

(六) 広い空がこわい所にかわってしまったのは、どうしてですか。（　）に、言葉を書きましょう。(5×4)

（　　　）がはげしくなって、この町の空にも、
（　　　）や（　　　）をつんだ
（　　　）が、とんでくるようになったから。

ちいちゃんのかげおくり ⑶

名前

　夏のはじめのある夜、くうしゅうけいほうのサイレンで、ちいちゃんたちは目がさめました。

「さあ、いそいで。」

お母さんの声。

　外に出ると、もう、赤い火が、あちこちに上がっていました。

　お母さんは、ちいちゃんとお兄ちゃんを両手につないで、走りました。

　風の強い日でした。

「こっちに火が回るぞ。」

「川の方ににげるんだ。」

だれかがさけんでいます。

　風があつくなってきました。ほのおのうずが追いかけてきます。ア お母さんは、ちいちゃんをだき上げて走りました。

「お兄ちゃん、はぐれちゃだめよ。」

　イ お兄ちゃんが転びました。足から血が出ています。ひどいけがです。お母さんは、お兄ちゃんをおんぶしました。

「さあ、ちいちゃん、母さんとしっかり走るのよ。」

　けれど、たくさんの人に追いぬかれたり、ぶつかったり――、ウ ちいちゃんは、お母さんとはぐれました。

「お母ちゃん、お母ちゃん。」

ちいちゃんはさけびました。

　そのとき、知らないおじさんが言いました。

「お母ちゃんは、後から来るよ。」

　そのおじさんは、ちいちゃんをだいて走ってくれました。

　暗い橋の下に、たくさんの人が集まっていました。ちいちゃんの目に、お母さんらしい人が見えました。

「お母ちゃん。」

と、ちいちゃんがさけぶと、おじさんは、

「見つかったかい、よかった、よかった。」

と下ろしてくれました。

　でも、その人は、お母さんではありませんでした。

　エ ちいちゃんは、ひとりぼっちになりました。ちいちゃんは、たくさんの人たちの中でねむりました。


（光村図書　国語　3年（下）あおぞら　あまん　きみこ）

上の文章を読んで、答えましょう。

㈠ 「さあ、いそいで。」は、なぜいそぐのですか。(10)

（　　　）

㈡ ① ちいちゃんたちが外に出ると、どんな様子でしたか。(10×2)

（　　　）

② そのとき、お母さんは、どうしましたか。

（　　　）

㈢ ア――のように、お母さんがちいちゃんをだき上げて走ったときの、まわりの様子がわかる文を二つ、ぬき書きしましょう。(10×2)

（　　　）

（　　　）

㈣ イ――で、お兄ちゃんが転んだとき、お母さんはお兄ちゃんをどうしましたか。(10)

（　　　）

㈤ ① ウ――で、ちいちゃんは、どうしてお母さんとはぐれてしまったのですか。(10×3)

（　　　）

② その後、ちいちゃんをだいて走ってくれたのは、だれですか。

（　　　）

③ その人と、どこまで行きましたか。

（　　　）

㈥ エ――で、ちいちゃんが、またひとりぼっちになったのは、どうしてですか。(10)

（　　　）

ちいちゃんのかげおくり (4)

名前

朝になりました。町の様子は、すっかりかわっています。あちこち、けむりがのこっています。どこがうちなのか——。

「ちいちゃんじゃないの。」

という声。ふり向くと、はす向かいのうちのおばさんが立っています。

「お母ちゃんは。お兄ちゃんは。」

と、おばさんがたずねました。ちいちゃんは、なくのをやっとこらえて言いました。

「おうちのとこ。」

「そう、おうちにもどっているのね。おばちゃん、今から帰るところよ。いっしょに行きましょうか。」

おばさんは、ちいちゃんの手をつないでくれました。二人は歩きだしました。

家は、やけ落ちてなくなっていました。

「ここがお兄ちゃんとあたしの部屋。」

ちいちゃんがしゃがんでいると、おばさんがやって来て言いました。

「お母ちゃんたち、ここに帰ってくるの。」

ちいちゃんは、［ア］うなずきました。

「じゃあ、だいじょうぶね。あのね、おばちゃんは、今から、おばちゃんのお父さんのうちに行くからね。」

ちいちゃんは、また［ア］うなずきました。

その夜、ちいちゃんは、ざつのうの中に入れてあるほしいいを、少し食べました。そして、こわれかかった暗いぼうくうごうの中で、ねむりました。

「お母ちゃんとお兄ちゃんは、きっと帰ってくるよ。」

くもった［イ］が来て、［ウ］がすぎ、また、暗い［エ］が来ました。ちいちゃんは、ざつのうの中のほしいいを、また少しかじりました。そして、こわれかかったぼうくうごうの中でねむりました。


（光村図書　国語　3年（下）あおぞら　あまん　きみこ）

上の文章を読んで、答えましょう。

(一) ① 「ちいちゃんじゃないの。」と声をかけてくれたのは、だれでしたか。(10×4)

（　　）

② おばさんに「お母ちゃんは。お兄ちゃんは。」とたずねられたちいちゃんは、何と言いましたか。

（　　）

③ 二人でどこへ行ったのですか。

（　　）

④ そこは、どうなっていましたか。

（　　）

(二) ① 二つの［ア］には、同じ言葉が入ります。［　］の中からえらんで書きましょう。(10×2)

ア［　　］

かるく・ゆっくり・はやく・深く

② それは、どういう気持ちを表していますか。正しいものに○をしましょう。

（　）ぜったいお母さんたちは帰ってくると思っている。

（　）またひとりぼっちになるのかと、とても心配している。

（　）おばちゃんにありがとうと思っている。

(三) ちいちゃんがねむったのは、どんなところですか。(10)

（　　）

(四) ① イ・ウ・エの□の中に当てはまる言葉を、［　］からえらんで書き入れましょう。(6×3)

くもった イ［　］が来て、ウ［　］がすぎ、また、暗い エ［　］が来ました。

夜・夕方・昼・朝

② ①の文から、どんなことがわかりますか。(12)

（　　）

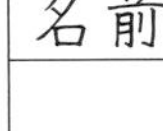

ちいちゃんのかげおくり (5)

名前

明るい光が顔に当たって、目がさめました。

「まぶしいな。」

ちいちゃんは、暑いような寒いような気がしました。ひどくのどがかわいています。いつの間にか、太陽は、高く上がっていました。

そのとき、

「かげおくりのよくできそうな空だなあ。」

というお父さんの声が、青い空からふってきました。

「ね。今、みんなでやってみましょうよ。」

というお母さんの声も、青い空からふってきました。

ちいちゃんは、ふらふらする足をふみしめて立ち上がると、たった一つのかげぼうしを見つめながら、数えだしました。

「ひとうつ、ふたあつ、みいっつ。」

いつの間にか、お父さんのひくい声が、重なって聞こえだしました。

「ようっつ、いつうつ、むうっつ。」

お母さんの高い声も、それに重なって聞こえだしました。

「ななあつ、やあっつ、ここのうつ。」

お兄ちゃんのわらいそうな声も、重なってきました。

「とお。」

ちいちゃんが空を見上げると、青い空に、くっきりと白いかげが四つ。

「お父ちゃん。」

ちいちゃんはよびました。

「お母ちゃん、お兄ちゃん。」

そのとき、体がすうっとすきとおって、空にすいこまれていくのが分かりました。

（光村図書　国語　3年（下）あおぞら　あまん　きみこ）

上の文章を読んで、答えましょう。

(一) 「まぶしいな。」と思ったのは、どうしてですか。(10)

（　　　　）

(二) 目がさめたときのちいちゃんの様子はどうでしたか。文中より二つぬき出して書きましょう。(10×2)

（　　　　）

（　　　　）

(三) 青い空からふってきたものは何ですか。二つ書きましょう。(10×2)

（　　　　）（　　　　）

(四) ちいちゃんは、ふらふらする足をふみしめて立ち上がり、何をしようとしたのですか。(10)

（　　　　）

(五) ちいちゃんの声に重なって聞こえだしたのは、だれのどんな声でしたか。全部書きましょう。(10×3)

（　　　　）

（　　　　）

（　　　　）

(六) 体がすうっとすきとおって、空にすいこまれていったちいちゃんは、どうなったのですか。(10)

（　　　　）

ちいちゃんのかげおくり　(6)

名前

一面の空の色。ちいちゃんは、空色の花畑の中に立っていました。見回しても、見回しても、花畑。

「きっと、ア<u>ここ</u>、空の上よ。」

と、ちいちゃんは思いました。

「ああ、あたし、おなかがすいて軽くなったから、ういたのね。」

そのとき、向こうから、お父さんとお母さんとお兄ちゃんが、わらいながら歩いてくるのが見えました。

「なあんだ。みんな、こんな所にいたから、来なかったのね。」

ちいちゃんは、きらきらわらいだしました。わらいながら、花畑の中を走りだしました。

夏のはじめのある朝、こうして、イ<u>小さな女の子の命が、空にきえました。</u>

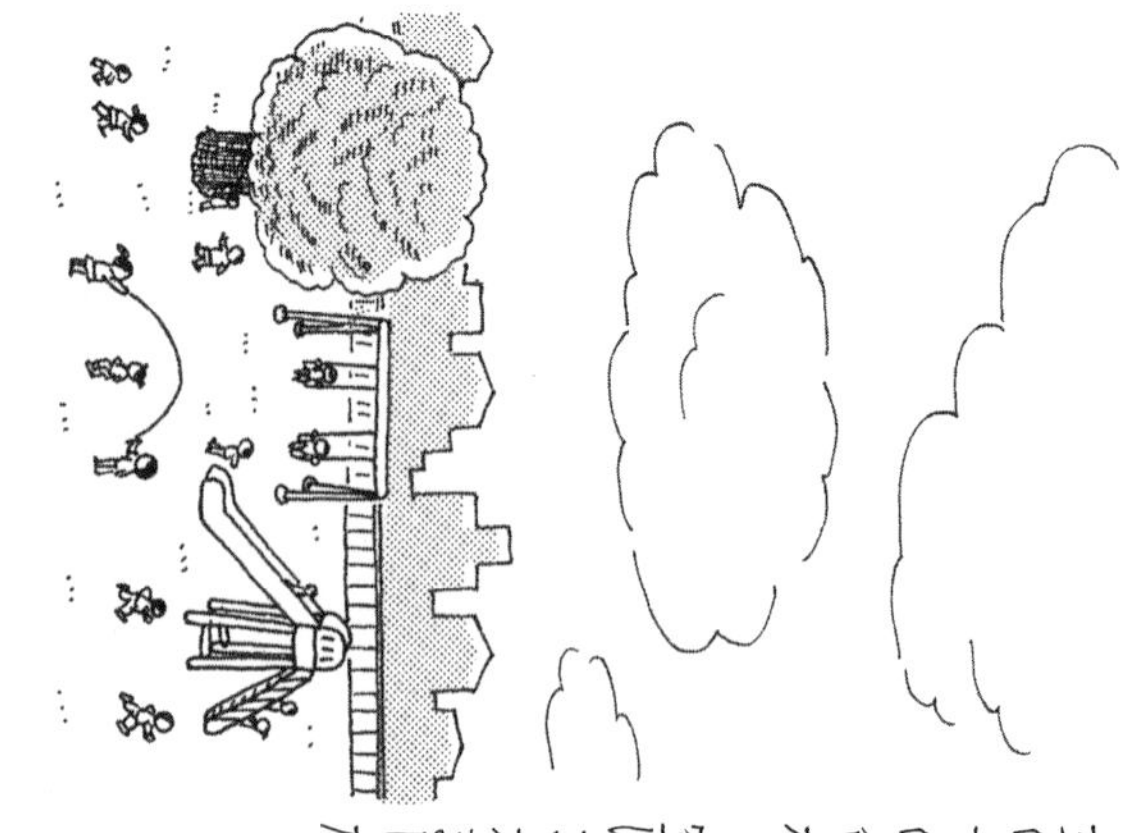

それから何十年。町には、前よりもいっぱい家がたっています。ちいちゃんが一人でかげおくりをした所は、小さな公園になっています。

青い空の下、今日も、お兄ちゃんやちいちゃんぐらいの子どもたちが、きらきらわらい声を上げて、遊んでいます。

上の文章を読んで、答えましょう。

(一) ① アここは、どこですか。 (10)

（　　　　）

② それは、何色をしていますか。 (10)

（　　　　）

③ アここのことを、ちいちゃんはどこだと思っていますか。 (10)

（　　　　）

④ そこにいたのは、だれですか。みんな書きましょう。 (10×3)

（　　　　）（　　　　）（　　　　）

(二) ① イ小さな女の子の命が、空にきえましたとありますが、だれが、どうなったことですか。 (10×2)

だれが（　　　　）

どうなった（　　　　）

② 女の子の命が空にきえたことを、ちいちゃんは、自分ではどうなったと言っていますか。文中からぬき出して書きましょう。 (10)

「　　　　」

(三) それから何十年もたって、子どもたちが楽しそうに遊んでいる様子が書かれているところをぬき出して書きましょう。 (10)

（　　　　）

モチモチの木 (1)

名前

上の文章を読んで、答えましょう。

おくびょう豆太

まったく、豆太ほどおくびょうなやつはない。もう五つにもなったんだから、夜中に、一人でせっちん＊ぐらいに行けたっていい。

ところが、豆太は、せっちんは表にあるし、表には大きなモチモチの木がつっ立っていて、空いっぱいのかみの毛をバサバサとふるって、両手を「わあっ。」とあげるからって、夜中には、じさまについてってもらわないと、一人じゃしょうべんもできないのだ。

じさまは、ぐっすりねむっている真夜中に、豆太が「じさまぁ。」って、どんなに小さい声で言っても、「しょんべんか。」と、すぐ目をさましてくれる。いっしょにねている一まいしかないふとんを、ぬらされちまうよりいいからなぁ。

［ア］、とうげのりょうし小屋に、自分とたった二人でくらしている豆太が、かわいそうで、かわいかったからだろう。

けれど、豆太のおとうだって、くまと組みうちして、頭をぶっさかれて死んだほどのきもすけ＊だったし、じさまだって、六十四の今、まだ青じし＊を追っかけて、きもをひやすような岩から岩へのとびうつりだって、見事にやってのける。

［イ］どうして豆太だけが、こんなにおくびょうなんだろうか――。

＊せっちん　べんじょのこと。
＊きもすけ　どきょうのある人のこと。
＊青じし　かもしかのこと。

（光村図書　国語　3年（下）あおぞら　斎藤　隆介）

※「モチモチの木」の教材は、学校図書の十七年度版3年生国語教科書にも掲載されています。

(一) 豆太は、なぜおくびょうと言われましたか。(15)

(　　　　)

(二) 豆太が、夜中にせっちんに行くときは、どうしていますか。(15)

(　　　　)

(三) モチモチの木は夜中になると、どのようになるのですか。(15)

(　　　　)

(四) 真夜中に、豆太が「じさまぁ。」って、どんなに小さい声で言っても、「しょんべんか。」と、すぐ目をさましてくれるわけを、二つえらんで○をしましょう。(10×2)

( ) 豆太が、かわいそうで、かわいかったから。
( ) 豆太がおくびょうで、しかたないから。
( ) モチモチの木が両手を「わあっ。」とあげておどかすから。
( ) いっしょにねている一まいしかないふとんを、ぬらされるよりいいから。

(五) ［ア］［イ］の中に入る言葉を、［　］からえらんで書きましょう。(10×2)

ア (　　　　)　イ (　　　　)

［ だから　なぜなら　それなのに　それに ］

(六) 六十四才になっても、じさまが見事にやってのけることは、どんなことですか。(15)

(　　　　)

モチモチの木

(2)

名前

やい、木ぃ

モチモチの木ってのはな、豆太がつけた名前だ。小屋のすぐ前に立っている、でっかいでっかい木だ。

秋になると、茶色いぴかぴか光った実を、いっぱいふり落としてくれる。その実を、じさまが、木うすでついて、石うすでひいてこなにする。こなにしたやつをもちにこねあげて、ふかして食べると、ほっぺたが落っこちるほどうまいんだ。

ア「やい、木ぃ、モチモチの木ぃ、実ぃ落とせぇ。」

なんて、昼間は木の下に立って、かた足で足ぶみして、いばってさいそくしたりするくせに、夜になると、豆太はもうだめなんだ。木がおこって、両手で、イ「お化けぇ。」って、ウ上からおどかすんだ。夜のモチモチの木は、そっちを見ただけで、もう、しょんべんなんか出なくなっちまう。

じさまが、しゃがんだひざの中に豆太をかかえて、

「ああ、いい夜だ。星に手がとどきそうだ。おく山じゃぁ、しかやくまめらが、鼻ぢょうちん出して、ねっこけて（ねむりこけて）やがるべ。それ、シイーッ。」

って言ってくれなきゃ、とっても出やしない。しないでねると、あしたの朝、とこの中がこう水になっちまうもんだから、じさまは、かならずそうしてくれるんだ。五つになって「シー」なんて、みっともないやなぁ。

エ、豆太は、そうしなくっちゃだめなんだ。

（光村図書　国語　3年（下）あおぞら　斎藤　隆介）

上の文章を読んで、答えましょう。

(一) モチモチの木について書かれていることで、正しいもの三つに○をしましょう。 (10×3)

（　）じさまが、名前をつけた。
（　）豆太が、名前をつけた。
（　）小屋のすぐ前に立っている。
（　）秋になると、茶色いぴかぴか光った実を、いっぱいふり落としてくれる。
（　）秋になると、緑の葉っぱが黄色にかわる。

(二) モチモチの木の実でもちを作って食べるとおいしいということを、文中ではどのように表していますか。 (10)

（　　　　）

(三) ア・イは、それぞれだれの言葉ですか。 (10×2)

ア「やい、木ぃ、モチモチの木ぃ、実ぃ落とせぇ。」（　　　）

イ「お化けぇ。」（　　　）

(四) ウそっちは、何をさしますか。 (10)

（　　　　）

(五) 豆太は、夜にモチモチの木を見ただけで、どうなってしまうのですか。 (10)

（　　　　）

(六) 豆太がしょんべんをしないでねると、どうなるのですか。 (10)

（　　　　）

(七) エに入る言葉に○をしましょう。 (10)

（　）それから　（　）でも　（　）また

モチモチの木 ⑶

名前

霜月二十日のばん

　そのモチモチの木に、今夜は、灯がともるばんなんだそうだ。じさまが言った。

「*霜月の二十日の*うしみつにゃあ、モチモチの木に灯がともる。起きてて見てみろ。そりゃあ、きれいだ。おらも、子どものころに見たことがある。死んだおまえのおとうも見たそうだ。山の神様のお祭りなんだ。アそれは、一人の子どもしか、見ることはできねえ。それも、勇気のある子どもだけだ。」

「――それじゃあ、おらは、とってもだめだ――。」

豆太は、ちっちゃい声で、なきそうに言った。だって、じさまもおとうも見たんなら、自分も見たかったけど、こんな冬の真夜中に、モチモチの木を、それも、たった一人で見に出るなんて、イとんでもねえ話だ。ぶるぶるだ。

　木のえだえだの細かいところにまで、みんな灯がともって、木が明るくぼうっとかがやいて、まるでそれは、ゆめみてえにきれいなんだそうだが、そして、豆太は、「昼間だったら、見てえなあ――。」と、そっと思ったんだが、ぶるぶる、夜なんて考えただけでも、おしっこをもらしちまいそうだ――。

　豆太は、はじめっからあきらめて、ふとんにもぐりこむと、じさまのたばこくさいむねん中に鼻をおしつけて、*よいの口からねてしまった。

*霜月　十一月の古いよび名。
*うしみつ　真夜中のこと。
*よいの口　日がくれてから、まだあまり時間がたたないころ。

（光村図書　国語　3年（下）あおぞら　斎藤　隆介）

上の文章を読んで、答えましょう。

(一) ① 霜月というのは、むかしの何月のことですか。(10×2)
（　　　　）
② きせつはいつですか。
（　　　　）

(二) 「うしみつ」のころに、当てはまるものに○をしましょう。(10)
（　）真夜中　（　）明け方　（　）夕方

(三) ① 霜月の二十日のうしみつに、モチモチの木に何がおこるのですか。(10×2)
（　　　　）
② ①のことを、じさまは何だと言っていますか。
（　　　　）

(四) アそれは、何をさしますか。(10)
（　　　　）

(五) 豆太が「――それじゃあ、おらは、とってもだめだ――。」と言ったのは、じさまが何と言ったからですか。文中からぬき出して書きましょう。(10)
（　　　　）

(六) イとんでもねえ話だ。は、何がとんでもないのでしょうか。文中からぬき出して書きましょう。(10)
（　　　　）

(七) 豆太の気持ちに当てはまる文に、二つ○をしましょう。(10×2)
（　）モチモチの木に灯がともるのを、じさまもおとうも見たんなら、自分も見たいけど、こわい。
（　）真夜中に一人でモチモチの木を見るなんて、こわくてできない。
（　）いつか勇気を出して見に行こう。

モチモチの木　(4)

名前

豆太は見た

豆太は、真夜中に、ひょっと目をさました。頭の上で、くまのうなり声が聞こえたからだ。

「じさまぁっ。」

むちゅうでじさまにしがみつこうとしたが、じさまはいない。

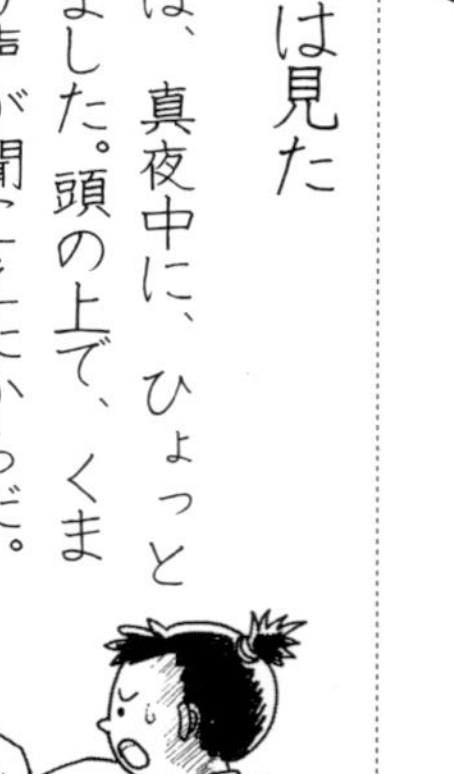

「ま、豆太、心配すんな。じさまは、じさまは、ちょっとはらがいてえだけだ。」

まくら元で、くまみたいに体を丸めてうなっていたのは、じさまだった。

「じさまっ。」

こわくて、びっくらして、豆太はじさまにとびついた。[あ]、じさまは、ころりとたたみに転げると、歯を食いしばって、ますますすごくうなるだけだ。

「医者様をよばなくっちゃ。」

豆太は、小犬みたいに体を丸めて、表戸を体でふっとばして走りだした。

ねまきのまんま。はだしで。*半道もあるふもとの村まで――。

外はすごい星で、月も出ていた。とうげの下りの坂道は、一面の真っ白い霜で、雪みたいだった。霜が足にかみついた。足からは血が出た。豆太は、なきなき走った。いたくて、寒くて、こわかったからなぁ。

でも、大すきなじさまの死んじまうほうが、[い]こわかったから、なきなきふもとの医者様へ走った。

これも、年よりじさまの医者様は、豆太からわけを聞くと、

「おう、おう――。」

と言って、*ねんねこばんてんに薬箱と豆太をアおぶうと、真夜中のとうげ道を、えっちら、おっちら、じさまの小屋へ上ってきた。

*半道　やく二キロメートル。
*ねんねこばんてん　赤ちゃんをせおうときに、赤ちゃんをつつむように着る、わた入りのはんてん。

（光村図書　国語　3年（下）あおぞら　斎藤隆介）

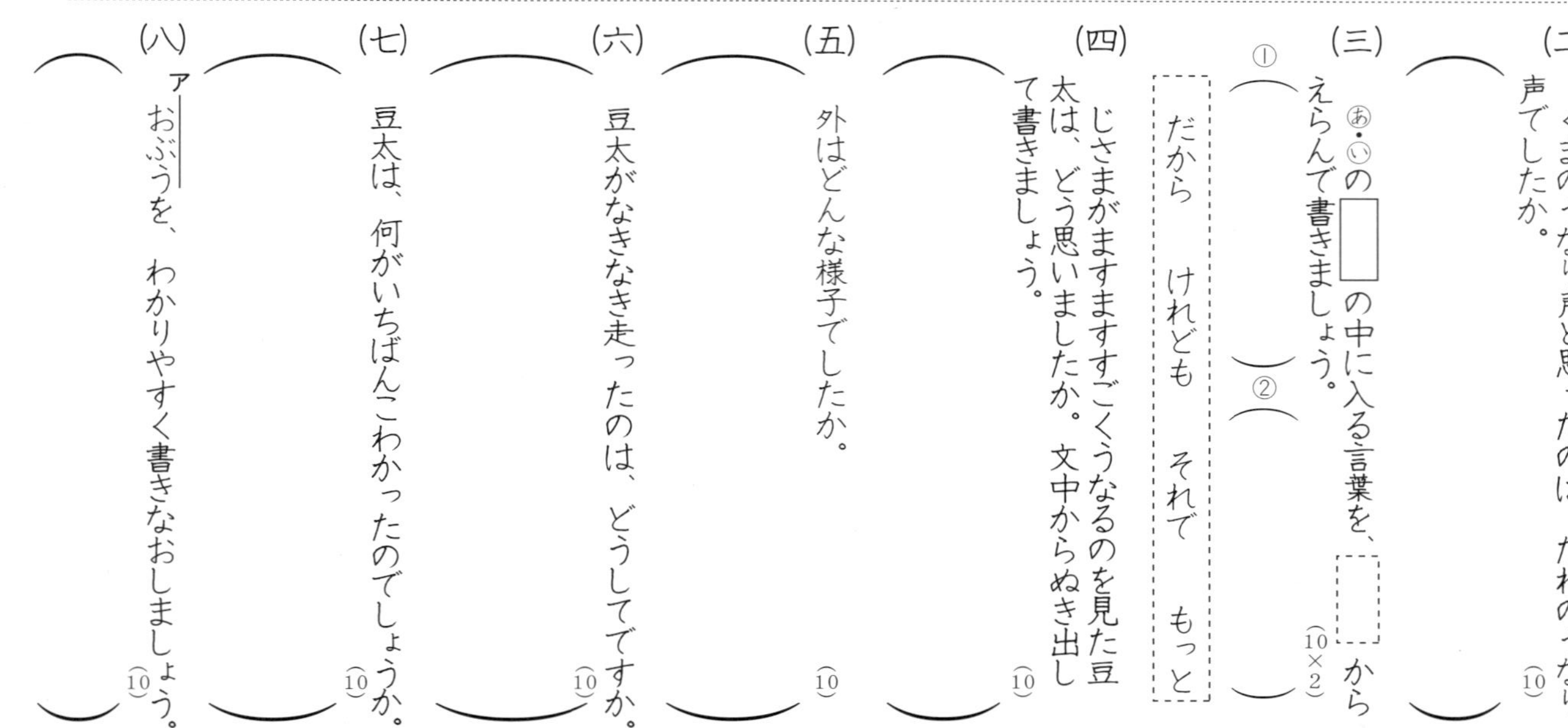

上の文章を読んで、答えましょう。

(一) ① 豆太が目をさましたのは、いつですか。(10×2)

② それは、どうしてですか。

(二) くまのうなり声と思ったのは、だれのうなり声でしたか。(10)

(三) あ・いの[　]の中に入る言葉を、[　]からえらんで書きましょう。(10×2)

①(　　)　②(　　)

だから　けれども　それで　もっと

(四) じさまがますますすごくうなるのを見た豆太は、どう思いましたか。文中からぬき出して書きましょう。(10)

(五) 外はどんな様子でしたか。(10)

(六) 豆太がなきなき走ったのは、どうしてですか。(10)

(七) 豆太は、何がいちばんこわかったのでしょうか。(10)

(八) アおぶうを、わかりやすく書きなおしましょう。(10)

モチモチの木

(5)

名前

　とちゅうで、月が出てるのに、雪がふり始めた。この冬はじめての雪だ。豆太（まめた）は、そいつをねんねこの中から見た。

　そして、医者様のこしを、足でドンドンけとばした。じさまが、なんだか死んじまいそうな気がしたからな。

　豆太は、小屋へ入るとき、もう一つふしぎなものを見た。

「モチモチの木に、灯（ひ）がついている。」

　けれど、医者様は、

「あ、ほんとだ。まるで、灯がついたようだ。だども、あれは、とちの木の後ろにちょうど月が出てきて、えだの間に星が光ってるんだ。そこに雪がふってるから、明かりがついたように見えるんだべ。」

と言って、小屋の中へ入ってしまった。だから、豆太は、その後は知らない。医者様のてつだいをして、かまどにまきをくべたり、湯をわかしたりなんだり（などして）、いそがしかったからな。

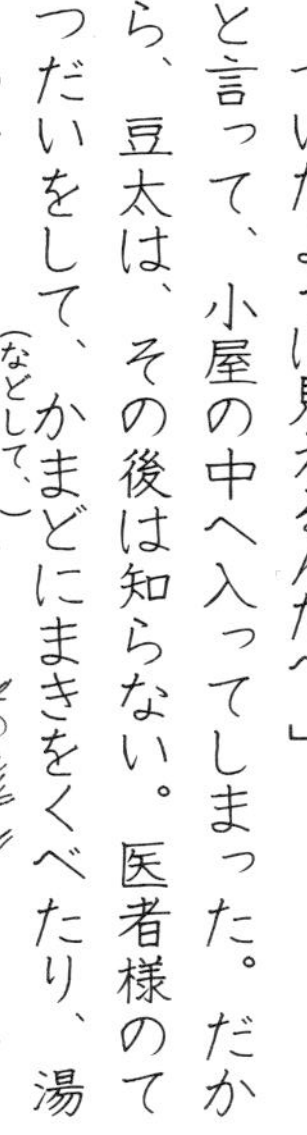

弱虫でも、やさしけりゃ

　でも、次の朝、はらいたがなおって元気になったじさまは、医者様の帰った後で、こう言った。

「おまえは、山の神様の祭りを見たんだ。モチモチの木には、灯がついたんだ。おまえは、一人で、夜道を医者様よびに行けるほど、勇（ゆう）気のある子どもだったんだからな。自分で自分を弱虫だなんて思うな。人間、やさしささえあれば、やらなきゃならねえことは、きっとやるもんだ。ア それを見て、他人がびっくらするわけよ。は、は、は。」

　――それでも、豆太は、じさまが元気になると、イ そのばんから、

「じさまぁ。」

と、しょんべんにじさまを起こしたとさ。

（光村図書　国語　3年（下）あおぞら　斎藤（さいとう）　隆介（りゅうすけ））

上の文章を読んで、答えましょう。

(一)　豆太がねんねこの中から見たふしぎなものは、何ですか。(15)

（　　　　）

(二)　豆太が医者様のこしを、足でドンドンけとばしたのはなぜですか。(10)

（　　　　）

(三)　医者様は、モチモチの木の灯のことを、どうせつめいしていますか。文中からぬき出して書きましょう。(15)

（　　　　）

(四)　①　じさまは、豆太が見たものを、何だと言っていますか。□に書きましょう。(10)

□□□□□□□

②　じさまは、豆太が①を見ることができたのは、どうしてだと言っていますか。(15)

（　　　　）

(五)　ア それに当てはまるものに○をしましょう。(10)

（　）自分で自分を弱虫だなんて思わないこと。

（　）モチモチの木の灯

（　）人間、やさしささえあれば、やらなきゃならねえことは、きっとやるもんだ。

(六)　イ そのばんとは、いつのばんのことでしょう。(10)

（　　　　）

(七)　上の文で、じさまが豆太にいちばん言いたかったことは何だと思いますか。文中からぬき出して書きましょう。(15)

（　　　　）

すいせんのラッパ (1)

名前

春のまん中のお話です。
池のそばのすいせんが、金色のラッパを
プル・プル・プーとふいて、よい音が出る
かどうかためしていました。
そこへ、ありたちが、とっとと走ってき
ました。
「おはよう。すいせん。」
「おはよう。あり。ずいぶん早いね。」
「だって、まちきれないもの。」ア
「ね、早く、ラッパをふいて。」
「そっちに上がっていい？」イ
ありたちは、わいわいはしゃいで、すい
せんの葉っぱに上ってきました。
そうです。今日は、すいせんが、今年は
じめてラッパをふく日なのです。
なぜラッパをふくかというとね、冬の間
ねむっていたかえるたちに、春ですよ起き
なさいと知らせてあげるためです。
すいせんは、お日さまの高さをはかった
り、風のはやさをしらべたり、ラッパをプ
ーとふいたりして、ときどき、もうすぐだ
というように、うんうん
うなずきます。
ありたちは、葉っぱの
上で、ゆらゆらゆれて、
じっとまっています。

（東京書籍 新編新しい国語 3年（上） 工藤直子）

上の文章を読んで、答えましょう。

(一) 上の文章のきせつは、いつですか。 (10)

(二) すいせんは、どこにさいていましたか。 (10)

(三) ① ア「だって、まちきれないもの。」は、何がまちきれないのですか。 (10×2)

② イそっちは、どこをさしていますか。

(四) ① 今日は、どういう日ですか。 (10×2)

② なぜ、すいせんはそうするのですか。

(五) すいせんが、もうすぐだというように、うんうんうなずきながら、じゅんびしているようすを三つ書きましょう。 (10×3)

(六) ありたちは、どこでまっていますか。 (10)

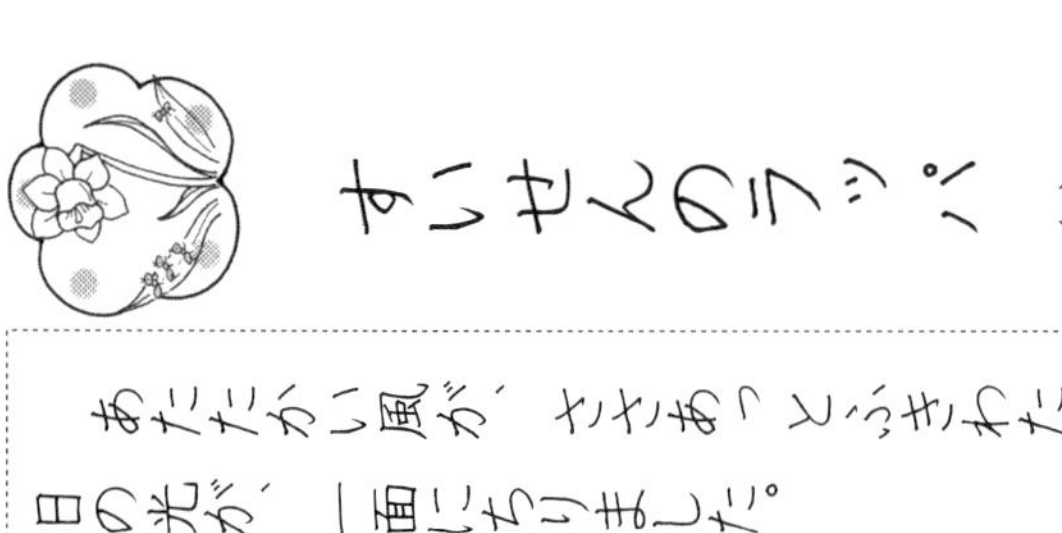

すいせんのラッパ (2)

名前

あたたかい風が、さあっとふきわたり、日の光が、一面にちりました。

ア(うん。今だ!)

すいせんは、大きく息をすって、金色のラッパをふきならします。

プップ・パッパ・パッパラピー・プウー
すきとおった音が、池をわたり、地面をゆさぶり、おかを上って、向こうの空にきえます。ありたちは、目をまんまるにして、うんとせのびをして、まわりを見ました。

……すると、池のそばのつつじの根元がむくっ。

イ(あ、あそこだ、あそこだ。)

ありたちは、ひじをつついて、ささやきます。

むくっ。むくむくむくっ。

グローブみたいなかえるがとび起きました。

目をぱちぱちさせてから、すいせんを見つけると、
あ「やあ、今年もありがとう。」

と、大きな声で言いました。それから、
い「バオーン。」

と、あくびをして、
う「はらへった。はらへった。はらへった。

どっすん・ぼこ。どっすん・ぼこ。どっすん・ぼこ。」

と、林の方へとんでいきました。

え「はあ! かえるのおすもうさんだ。」

お「かえるの横綱(よこづな)だ! どっすん、どっすん。」

ありたちは、葉っぱの上で、とび上がって手をたたきました。


(東京書籍 新編新しい国語 3年(上) 工藤(くどう) 直子(なおこ))

上の文章を読んで、答えましょう。

(一) ア(うん。今だ!)の「今」とは、どのようなときですか。文中からぬき出して書きましょう。 (10)

(　　　　)

(二) (10×2)

① すいせんのラッパは何色ですか。

(　　　　)

② ラッパはどんな音がしましたか。□に六文字で書きましょう。

□□□□□□音

(三) イ(あ、あそこだ、あそこだ。)について答えましょう。 (10×2)

① 「あそこ」とは、どこですか。

(　　　　)

② だれがささやいたのですか。

(　　　　)

(四) 「むくっ。むくむくむくっ。」と、とび起きたのはだれですか。 (10)

(　　　　)

(五) あの「やあ、今年もありがとう。」の気持ちに合う文に、○をしましょう。 (10)

(　) 今年もかえるの横綱になれてうれしい。

(　) 今年もありたちに見つけてもらえてよかった。

(　) 今年もすいせんのふくラッパで目をさませてうれしい。

(六) あ～おは、それぞれだれが言った言葉でしょう。ありたちの言葉には○、グローブみたいなかえるの言葉には△を、(　)に書き入れましょう。 (6×5)

あ(　)　い(　)　う(　)

え(　)　お(　)

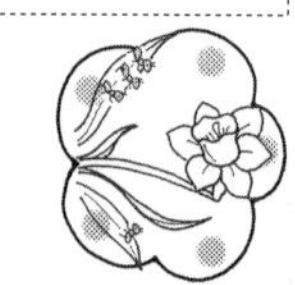

すいせんのラッパ (3)

名前（　　　　）

（東京書籍　新編新しい国語　3年（上）　工藤直子）

すいせんは、にっこりして、またラッパをふきます。

ピラリ・ピッピー・ランパッパ・ピー

うきうきする音がながれ、あたりはまぶしく光ります。

ア(あ、こんどは、あそこ！)

かき根のすみっこのおち葉が、ぱっぱっととびちっています。

パッパッポーン。おち葉の中から、みどり色のリボンのようなかえるがとび起きて、

あ「はあい、目ざましラッパ、サンキュー、サンキュー。」

と、気どった声で言いました。

それから、くるんとちゅうがえりして、

い「さ、あそぼっ。うんとあそぼっ。だれとあそぼっ。ぴらり・ぴょん。ぴらり・ぴょん。ぴらり・ぴょん。」

と、林の方へとんでいきました。

う「へえ！　おどりおどっているみたい。」

え「かえるのダンサーだ！　ぴょん、ぴょん。」

ありたちは、感心して手をたたきました。

すいせんは、イいよいよ元気にラッパをふきます。

ピピピプー・ピポピポ・ピッピー

こんどは、どんなかえるが目をさますかな。

ウ(あれ……か……な？)

すいせんのそばの土が、ちょろっとうごいて、豆つぶみたいなかえるが、ぴいんととび起きました。

上の文章を読んで、答えましょう。

(一) すいせんのふくラッパはどんな音ですか。□に六文字で書きましょう。(10)

□□□□□□音

(二) (一)の音がながれて、あたりはどうなりましたか。(10)

（　　　　）

(三) ① ア(あ、こんどは、あそこ！)の「あそこ」とは、どこですか。(10×4)

（　　　　）

② おち葉の中からとび起きたのは、だれですか。

（　　　　）

③ ありたちは、そのかえるのことを、何とよんでいますか。

（　　　　）

④ どうしてそうよんだのかがわかる言葉を、文中からぬき出して書きましょう。

（　　　　）

(四) あ～えは、それぞれだれが言った言葉でしょう。ありたちの言葉には○、みどり色のリボンのようなかえるの言葉には△を、（　）に書き入れましょう。(3×4)

あ（　）　い（　）　う（　）　え（　）

(五) イいよいよと同じ意味の言葉に、○をしましょう。(8)

（　）しっかりと　（　）ゆっくりと　（　）ますます

(六) ① ウ(あれ……か……な？)の「あれ」は、どこですか。(10×2)

（　　　　）

② そこからとび起きたのは、だれですか。

（　　　　）

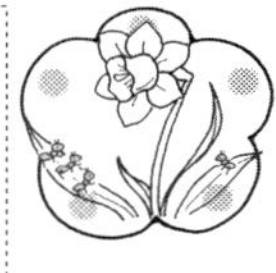

すいせんのラッパ (4)

名前

㋐「やあもう春だ。ん？ ぼく(ア)こんなに上手に目がさめるなんて……なぜだ？ なぜ だ？」目をこすりながら、きょろきょろしています。

㋑「ラッパですよう。すいせんのラッパで目がさめたんだよう。」

ありたちが、口をそろえて教えました。

㋒「ラッパ？ あ、その金色のラッパ。そうだったの……。ありがとう！」

豆つぶのようなかえるは、ぴん、とおじぎをして、

㋓「うれしいな。うれしいな。うれしいな。ぴこぴん・ぴこぴん・ぴこぴんぴん。」

と、林の方へとんでいきました。

㋔「あはは、かわいいかえる。」

㋕「今年がはじめてだったんだ。」

㋖「ぼくたちラッパのこと(イ)教えてあげたね。」

㋗「うん。よかったね。」

ありたちは、にこにこして見おくりました。

すいせんは、たくさんたくさんラッパをふきました。それに合わせて、かえるもたくさんたくさんとび起きました。

あたりは、どんどんにぎやかになり、お祭りみたいです。

ありたちは、ラッパに合わせて歌ったり、かえるのまねをしてとんだり……。

まだねむっているかえるは、いませんか？

（東京書籍 新編新しい国語 3年（上） 工藤直子）

上の文章を読んで、答えましょう。

(一) ㋐〜㋗は、それぞれだれが言った言葉でしょう。ありたちの言葉には○、豆つぶのようなかえるの言葉には△を、（ ）に書き入れましょう。(5×8)

㋐（ ） ㋑（ ） ㋒（ ） ㋓（ ）
㋔（ ） ㋕（ ） ㋖（ ） ㋗（ ）

(二) ① アぼくが、上手に目がさめたわけを書きましょう。(10×2)

（ ）

② それを「ぼく」に教えてくれたのは、だれですか。

（ ）

(三) 「うれしいな。うれしいな。うれしいな。ぴこぴん・ぴこぴん・ぴこぴんぴん。」のわけに当てはまるものに、○をしましょう。(10)

（ ） はじめての春に、上手に目がさめたから。
（ ） ありたちが親切に見送ってくれたから。
（ ） 豆つぶのようなかえるだから。

(四) 「今年がはじめてだったんだ。」とありますが、何がはじめてだったのでしょう。(10)

（ ）

(五) イラッパのこととは、どういうことですか。(10)

（ ）

(六) すいせんが、たくさんたくさんラッパをふくのは、なぜですか。(10)

（ ）

ゆうすげ村の小さな旅館 (1)

名前

わか葉の季節でした。ゆうすげ村のゆうすげ旅館では、山に林道を通す工事の人たちがとまりに来て、ひさしぶりに、六人ものたいざいのお客さんがありました。ひとりで旅館を切りもりしているつぼみさんは、朝早くから夜おそくまで息をつくひまもありませんでした。

わかいころなら、お客さんの六人ぐらい、何日とまってもへい気でした。でも、年のせいでしょうか。一週間もすると、ふとんをあげたり、おぜんを持ってかいだんを上ったりするのが、つらくなってきたのです。

ある日、つぼみさんは、夕飯の買い物から帰るとちゅう、重い買い物ぶくろをちょっとの間道ばたに下ろして、ついひとり言を言いました。

「せめて、今とまっているお客さんたちが帰るまで、だれか、てつだってくれる人がいないかしら……。」

そのよく朝のことです。つぼみさんが、朝ご飯のかたづけをしていると、台所に、色白のぽっちゃりとしたむすめが、何本ものダイコンを入れたかごを持って、やってきました。

(東京書籍 新編新しい国語 3年(上) 茂市久美子)

上の文章を読んで、答えましょう。

(一) 上の文のきせつはいつですか。○をしましょう。 (10)
(　)春　(　)夏　(　)秋　(　)冬

(二) 旅館の名前は何といいますか。 (10)
(　　　　)

(三) お客さんは、何をするためにゆうすげ村にとまりに来たのですか。 (10)
(　　　　)

(四) 旅館を切りもりしている人はだれでしょう。 (10)
(　　　　)

(五) 一日中いそがしくはたらいていることを表しているところを、文中からぬき出して書きましょう。 (10)
(　　　　)

(六) つぼみさんが、年のせいでつらくなってきた仕事を二つ書きましょう。 (10×2)
(　　　　)
(　　　　)

(七) つぼみさんは、どんなひとり言を言いましたか。 (10)
(　　　　)

(八) よく朝、台所にやってきた人について答えましょう。 (10×2)

① どんな人でしたか。
(　　　　)

② 何を持ってきましたか。
(　　　　)

ゆうすげ村の小さな旅館 (2)

名前

あ「おはようございます。わたし、美月(みづき)っていいます。おてつだいに来ました。」

い「えっ？」

つぼみさんが、きょとんとしていると、むすめは、親しげにわらいかけました。

う「ほら、きのうの午後、だれかてつだってくれる人がいないかしらって、言ってたでしょ。」

（へんねえ。買い物の帰り、だれにも会わなかったけど……。）

つぼみさんは、ア首をかしげました。

え「わたし、こちらの畑をかりてる宇佐見(うさみ)のむすめです。父さんが、よろしくって言ってました。これ、あの畑で作ったウサギダイコンです。」

むすめは、持ってきたダイコンを、つぼみさんにさし出しました。

ゆうすげ旅館では、山の中に小さな畑を持っていました。でも、つぼみさんのだんなさんがなくなった後、畑は、たがやす人がいなくなって、草ぼうぼうになっていました。

（東京書籍　新編新しい国語　3年（上）　茂市(もいち)　久美子(くみこ)）

上の文章を読んで、答えましょう。

(一) あ～えは、それぞれだれが言った言葉でしょう。(10×4)

あ（　　　）
い（　　　）
う（　　　）
え（　　　）

(二) 美月さんは、何をしに来ましたか。(10)

（　　　）

(三) ア首をかしげました。の意味を表している文に、○をしましょう。(10)

（　）まあっと、びっくりした。
（　）おやっと、ふしぎに思った。
（　）まあっと、うれしく思った。

(四) むすめのお父さんは、どういう人ですか。(10)

（　　　）

(五) むすめがつぼみさんにさし出したものは、何ですか。(10)

（　　　）

(六) ① 小さな畑はどこにありますか。(10×2)

（　　　）

② その畑はどうなっていましたか。

（　　　）

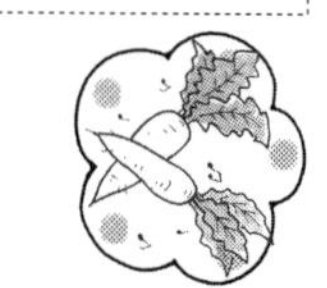

ゆうすげ村の小さな旅館 (3)

名前

（東京書籍　新編新しい国語　3年（上）　茂市久美子）

ところが、去年の秋、そんな畑をかりたいと、宇佐見という男の人がやってきたのです。つぼみさんは、そのままにしておくのが気になっていましたので、こころよくかすことにしました。

「こちらからおねがいしたいほどです。おれいなんていりませんからね。」

つぼみさんの言葉に、男の人は、うれしそうに帰っていきました。

「あなた、宇佐見さんのむすめさんなの。せっかく来てくれたんだから、てつだってもらいましょうか。［あ］、みごとなダイコンだこと。ネズミダイコンなら聞いたことあるけど、ウサギダイコンっていうのもあるのね……。」

むすめは、くるくるとよくはたらきました。そうじもせんたくも、さっさとして、［い］、昔から、ゆうすげ旅館をてつだってきたみたいなのです。

上の文章を読んで、答えましょう。

(一) つぼみさんの畑について答えましょう。（10×3）

① 畑をかりたいとやって来たのは、どんな人ですか。

（　　　）

② つぼみさんは、畑のことで、どんなことが気になっていたのでしょう。

（　　　）

③ つぼみさんは、畑をかりたいという申し出に、どうすることにしましたか。

（　　　）

(二) むすめのお父さんの名前は何と言いますか。（10）

（　　　）

(三) むすめが持ってきたものは何ですか。（10）

（　　　）

(四) むすめがよくはたらく様子を表しているところを、文中からぬき出して書きましょう。（10）

（　　　）

(五) むすめがてつだったことを、二つ書きましょう。（10×2）

（　　　）

（　　　）

(六) あ・いの□に入る言葉を、［　］からえらんで書きましょう。（10×2）

あ（　　　）　い（　　　）

［ところが　まるで　それにしても］

小さな村の ゆうすげ旅館 (4)

名前

（東京書籍 新編新しい国語3年（上） 茂市久美子）

午後になると、むすめは、ちょっと出かけ、たんぽぽの花とよもぎの葉っぱをつんできました。

「今ばんてんぷらにしませんか。それから、ふろふきダイコンとダイコンのサラダ作りませんか。わたし、料理とく意なんです。」

そのばんの［ あ ］、ゆうすげ旅館のこんだては、たんぽぽの花とよもぎの葉っぱのてんぷらに、ゆずみそのふろふきダイコンと、ダイコンのサラダ、［ い ］ぶりの照り焼きになりました。てんつゆにも、焼き魚にも、たっぷりのダイコンおろしがつきました。

「いやあ、あまくて、おいしいダイコンだねえ。今夜の料理は、どれもこれも、ほんと、おいしかった。」

お客さんのひょうばんが、あまりよかったので、よく日も、［ う ］よく日も、ゆうすげ旅館のこんだては、ダイコンづくしになりました。むすめは、毎朝、とれたてのダイコンを持ってきて、［ え ］、ダイコンの料理を作りました。

上の文章を読んで、答えましょう。

(一) むすめが、ちょっと出かけたのはいつですか。そして、何をつんできましたか。 (10×2)

いつ（　　　　）

つんできたもの（　　　　）

(二) そのばんのゆうすげ旅館のこんだてを四つ書きましょう。 (10×4)

（　　　　）

（　　　　）

（　　　　）

（　　　　）

(三) ダイコンの料理をいろいろならべることを何と言っていますか。文中からぬき出して、□に七文字で書きましょう。 (10)

□□□□□□□

(四) むすめが、毎朝、持ってきたダイコンは、どんなダイコンですか。 (10)

（　　　　）

(五) あ～えの□に入る言葉を、［　］からえらんで書きましょう。 (5×4)

あ（　　）　い（　　）　う（　　）　え（　　）

［ せっせと　そのまた　こうして　それから ］

ゆうすげ村の小さな旅館 (5)

名前

（東京書籍 新編新しい国語3年（上） 茂市久美子）

さて、ダイコンづくしの料理がつづくようになったある日、仕事から帰ってきたお客さんが言いました。

「近ごろ、耳がよくなったみたいなんですよ。小鳥の声や、動物の立てる音が、㋐実によく聞こえるんです。おかげで、工事であやうくこわすところだった小鳥の巣を見つけて、ほかにうつしてやれましたよ。」

それを聞くと、アつぼみさんは、はっとしました。そういえば、つぼみさんの耳も、近ごろ、急によくなった気がします。遠くの小鳥の声や、小川のせせらぎが、しょっちゅう聞こえてくるのです。夜など、みんながねしずまって、あたりがしいんとすると、はるか遠い山の上をふく風の音を、今どのあたりをふいているのか、聞き分けることができました。

㋑またたく間に、二週間がすぎて、たいぎいのお客さんたちは、仕事が終わり、ゆうすげ旅館を引き上げていくことになりました。

上の文章を読んで、答えましょう。

(一) ゆうすげ旅館では、どんな料理がでるのですか。(10)

（　　　　）

(二) ① お客さんの耳がよくなって、どんなものがよく聞こえるようになりましたか。二つ書きましょう。(10×3)

（　　　　）（　　　　）

② そのおかげで、よかったことは、どんなことでしたか。

（　　　　）

(三) なぜつぼみさんは、はっとしたのですか。(10)

（　　　　）

(四) つぼみさんがしょっちゅう聞こえてくるようになったものを二つ書きましょう。(10×2)

（　　　　）（　　　　）

(五) つぼみさんは、夜になると、どんなことができるようになりましたか。文中からぬき出して書きましょう。(10)

（　　　　）

(六) ㋐実に、㋑またたく間に、と同じ意味の言葉を、[　]からえらんで書きましょう。(10×2)

㋐（　　）　㋑（　　）

[ほんとうに　きれいに　たちまち　ゆっくりと]

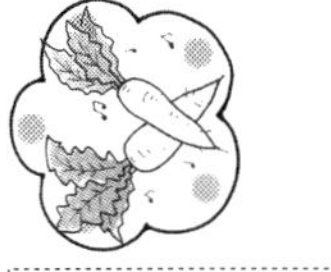

ゆうすげ村の小さな旅館 (6)

名前	

お客さんが帰って、後かたづけがすむと、むすめは^ア^おずおずとエプロンを外しました。

「それじゃあ、わたしも、そろそろおいとまします。」

「えっ、もう帰ってしまうの。」

つぼみさんががっかりすると、^イ^むすめは、下を向きました。

「畑のダイコンが、今、ちょうど、取り入れごろなんです。^ウ^父さんひとりじゃたいへんだから。しゅうかくがおくれると、まほうのきき目が、なくなってしまうんです。」

「まほうのきき目って?」

「耳がよくなるまほうです。夜は、星の歌も聞こえるんですよ。」

(だから、お客さんもわたしも、急に耳がよくなったんだ。)

つぼみさんは、大きくうなずきました。

「じゃあ、引き止めるわけにはいかないわねえ。」

つぼみさんが、これまでのお給料（きゅうりょう）のふくろをわたそうとすると、むすめは、それをりょう手でおし返しました。

「とんでもない。畑をかりているおれいです。」

それから、むすめは、おじぎをすると、にげるように帰っていきました。

(東京書籍 新編新しい国語 3年(上) 茂市久美子)

上の文章を読んで、答えましょう。

(一) ア「おずおずとエプロンを外しました。」とありますが、そのときのむすめの気持ちに当てはまるものに○をしましょう。(10)

( ) 帰るって言ったら、つぼみさんはがっかりするだろうなあ。

( ) お客さんが帰って、後かたづけがすんで、することがなくてひまだなあ。

( ) はやく帰って、しゅうかくをしなくては。

(二) 「おずおず」と同じ意味の言葉に、○をしましょう。(10)

( )てきぱきと　( )おそるおそる　( )むずむずと

(三) イ「むすめは、下を向きました。」とありますが、そのときのむすめの気持ちを書きましょう。(15)

( )

(四) ① ウ「父さんひとりじゃたいへんだから。」とありますが、何がたいへんなのでしょう。(10×2)

( )

② 父さんひとりじゃたいへんなので、むすめはどうしようと思っていますか。

( )

(五) しゅうかくがおくれると、どうなるのですか。(10)

( )

(六) むすめは、耳がよくなると、どんなことができると言っていますか。(10)

( )

(七) (だから、お客さんもわたしも、急に耳がよくなったんだ。)と思ったのは、だれですか。(10)

( )

(八) むすめが、お給料のふくろをおし返したのは、どうしてですか。(15)

( )

ゆうすげ村の小さな旅館 (7)

名前

よく日、つぼみさんは町に出かけて、むすめのために花がらのエプロンを買うと、それを持って山の畑に出かけました。

「ここに来るの、何年ぶりかしら。」

畑についてつぼみさんの目にとびこんできたのは、二ひきのウサギでした。

「たいへん、ウサギが、畑をあらしているわ！」

でも、すぐに、つぼみさんは、そうではないことに気がつきました。二ひきは、ダイコンをぬいているところだったのです。

ア「そういうことだったの……。」

つぼみさんは、畑のダイコンに見とれました。あおあおとした葉っぱの下から、雪のようにまっ白な根が顔を出しています。

「山のよい空気と水で、ウサギさんたちが、たんせいこめて育てたダイコンだもの、どんなダイコンよりおいしいはずだわ。」

つぼみさんは、エプロンのつつみを畑におき、こっそりと帰っていきました。

よく朝、ゆうすげ旅館の台所の外には、一かかえほどのダイコンがおいてあり、こんな手紙がそえられていました。

『すてきなエプロン、ありがとうございました。きのう、おかみさんが畑に来たのが、足音でわかったのですが、父さんもわたしも、ウサギのすがたを見られるのが、何だかはずかしくて、知らんぷりしてしまいました。いそがしくなったら、また、お手つだいに行きます。ウサギの美月より』

（東京書籍 新編新しい国語 3年（上） 茂市久美子）

上の文章を読んで、答えましょう。

(一) ① つぼみさんは町に出かけて、何を買ったのでしょう。 10×2

（　　　　）

② 何のために買いましたか。

（　　　　）

(二) ① 山の畑で、つぼみさんが見たものは何ですか。 10×3

（　　　　）

② ①を見て、はじめはどんなふうに思いましたか。

（　　　　）

③ ほんとうは何をしているところでしたか。

（　　　　）

(三) ア「そういうことだったの……。」とありますが、どういうことだったのでしょう。 10

（　　　　）

(四) つぼみさんが見とれたダイコンの様子を、文中からぬき出して書きましょう。 10

（　　　　）

(五) つぼみさんが、「どんなダイコンよりおいしいはずだわ。」と思ったわけを書きましょう。 10

（　　　　）

(六) ウサギの美月は、手紙の中で、つぼみさんのことを、ちがうよび方で何と言っていますか。 10

（　　　　）

(七) ウサギの美月が知らんぷりしてしまったのは、どうしてですか。 10

（　　　　）

木かげにごろり

(1)

名前

山をこえ、七つの山をこえた山里に、それはのどかな村がありました。

おひゃくしょうたちははたらき者で、みんな助け合いながらなかよくくらしていました。

[あ]、一つだけこまったことがありました。おひゃくしょうたちに土地をかしている地主が、とてもよくばりで、お米や麦などをどっさりと横取りすることです。[い]、地主はひまさえあれば家の前の木かげにすわって、おひゃくしょうたちがしっかりはたらくように見はっていたのです。

ある夏の日のことです。ここちよいそよ風に、地主はうとうとねむりはじめました。

あせびっしょりのおひゃくしょうが、ひと休みしようと木かげに入りかけたとたん、ねむっていたはずの地主が、目をさましてどなりつけました。

「こりゃあ、だれのゆるしをえて、わしの木かげに入ろうとする。」

「地主様、ここはみんなが使う広場でございます。」

「広場はそうでも、この木はちがう。これはわしのじい様が植えたものだから、この木かげもわしのものじゃ。入りたければ、木かげを買い取ってから入れ。」

[う]おひゃくしょうたちは、たくさんのお米やかぼちゃ、ぶたやにわとりなどを、村じゅうから集めて、木かげを買い取りました。

（東京書籍　新編新しい国語　3年（下）　金森襄作）

上の文章を読んで、答えましょう。

(一) はたらき者のおひゃくしょうたちは、のどかな村で、どのようにくらしていましたか。(10)

(二) 一つだけこまったこととは、何ですか。(10)

(三) あ〜うの□に入る言葉を、[　]からえらんで書きましょう。(10×3)

あ（　　）　い（　　）　う（　　）

[でも　しかたなく　そのうえ　さすがに]

(四) 地主が目をさまして、どなりつけたことについて、答えましょう。(10×3)

① だれにどなりつけましたか。

② どうしようとしたときですか。

③ 何と言ってどなりつけましたか。文中からぬき出して書きましょう。

(五) 地主は、木かげに入りたければ、どうしろと言いましたか。(10)

(六) おひゃくしょうたちは、木かげを買い取るために、何をしましたか。(10)

木かげにごろり (2)

名前

それから一月ほどたった夕方のことです。地主が外から帰ってくると、一人のおひゃくしょうが、門の前でねっころがっていました。

「こりゃあ、だれのゆるしをえて、わしの門の前でねておる。」

「地主様、木かげがどこまでのびているか、しっかり見てくだされ。木かげはまちがいなくわたしたちが買ったものでございます。」

［あ］、木かげはきっちりと門までのびていたので、地主はだまって家の中に入っていきました。

また一月ほどたった夕方のことです。地主が外から帰ってくると、今度は中庭で、三人のおひゃくしょうがねっころがっていました。

「こりゃあ、だれのゆるしをえて、わしの中庭でねておる。」

「地主様、木かげがどこまでのびているか、しっかり見てくだされ。木かげはまちがいなく、わたしたちが買ったものでございます。」

たしかに、木かげはくっきりと中庭までのびていたので、［い］、地主はだまって家の中に入っていきました。

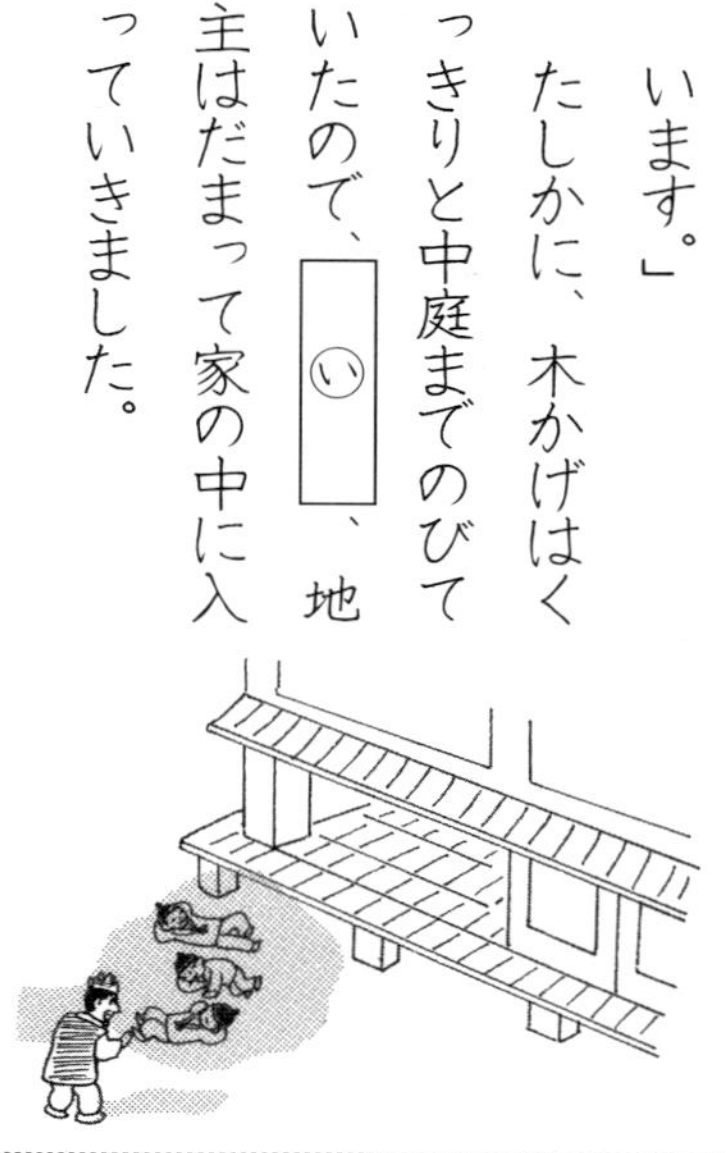

（東京書籍　新編新しい国語　3年（下）　金森襄作）

上の文章を読んで、答えましょう。

(一)

① それから一月ほどたった夕方、地主が外から帰ってくると、何人のおひゃくしょうが、ねっころがっていましたか。（10×4）

（　　　）

② ねっころがっていたのは、どこですか。

（　　　）

③ どなった地主に、おひゃくしょうは、何を見るように言いましたか。

（　　　）

④ 地主がだまって家の中に入っていったのはどうしてですか。

（　　　）

(二)

① また一月ほどたった夕方、地主が外から帰ってくると、何人のおひゃくしょうがねっころがっていましたか。（10×4）

（　　　）

② ねっころがっていたのは、どこですか。

（　　　）

③ おひゃくしょうたちが買ったものは、何ですか。

（　　　）

④ 地主がだまって家の中に入っていったのはどうしてですか。

（　　　）

(三) あいの［　］に入る言葉を、［　］からえらんで書きましょう。（10×2）

あ（　　　）　い（　　　）

たしかに　それでも　また　しかし

木かげにごろり (3)

名前

　秋風がふきはじめたころのことです。地主の家では、ご先ぞ様をくようする「お祭り」をすることになりました。

　肉に魚、おもちに、につけ、ともかくたくさんのおそなえものを作らなければなりません。親せきの人たちもやってきて、じゅんびに大いそがしです。

　[あ]、夕方になると中庭におひゃくしょうたちが入りこんできて、

　一人がごろり
　二人がごろり
　三人がごろり

と、ねっころがりました。

　[い]、木かげが板の間までのびていくと、おひゃくしょうたちはア それをまっていたかのように、ひょいと板の間に上がりこんで、

　一人がごろり
　二人がごろり
　三人がごろり

と、ねっころがりはじめたのです。

　おどろいた地主がとんできて、

「こりゃあ、だれのゆるしをえて、わしの板の間でねておる。」

「地主様、木かげがどこまでのびているか、しっかり見てください。」

「なに、木かげじゃと。」

　たしかに木かげがのびています。

（東京書籍　新編新しい国語　3年（下）　金森襄作）

上の文章を読んで、答えましょう。

(一) ① 地主の家の「お祭り」は、何のためにするのですか。 (10×3)

（　　　　）

② 「お祭り」のためのじゅんびを、だれがしていますか。

（　　　　）

③ 「お祭り」のために、何を作っていますか。

（　　　　）

(二) 夕方になって、おひゃくしょうたちが入りこんできたのはどこですか。 (10)

（　　　　）

(三) つぎに、おひゃくしょうたちが上がりこんで、ねっころがったのはどこですか。 (10)

（　　　　）

(四) ア それは、何をさしていますか。 (10)

（　　　　）

(五) あ い の □ に入る言葉を、┆┆からえらんで書きましょう。 (10×2)

あ（　　　　）　い（　　　　）

そのうち　　ところが　　なぜなら

(六) おひゃくしょうは、おどろいた地主に、何を見てほしいと言いましたか。 (10)

（　　　　）

(七) ねっころがる人が、一人、二人、三人とふえたのはどうしてですか。 (10)

（　　　　）

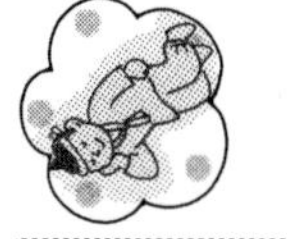

木かげにごろり (4)

名前

　あわてて地主がふり返ると、中庭いっぱいに、
　ごろりん
　ごろりん
　おひゃくしょうたちが、ねっころがっていたのです。

　もう、こうなっては「お祭り」どころではありません。

「ひええ。ア<u>とんでもないもの</u>を売ってしまった。」

　地主は頭をかかえて、そのまま地べたにへたりこんでしまいました。

　よろこんだのはおひゃくしょうたちです。

「やったぞ、やった。それ、それ。」

　みんな手をふり、足を上げ、歌に合わせておどりはじめました。

　親せきの人たちはあきれ返って、みんな自分の家に帰ってしまいました。

　そうしている間に、木かげがごちそうの上までのびていきました。

「あっ、おれたちの木かげにごちそうが入った。」

　そう言って、おひゃくしょうたちは、ごちそうを全部平らげてしまいました。


　さて、地主のほうは真夜中になって、このままではご先ぞ様に申しわけないと、ごちそうを絵にかいてそなえたということです。

(東京書籍　新編新しい国語　3年(下)　金森襄作)

上の文章を読んで、答えましょう。

(一) ① おひゃくしょうたちがねっころがっていたのは、どこですか。（10）
(　　　　)

② なぜおひゃくしょうたちは、そこにねっころがることができたのですか。（15）
(　　　　)

(二) 地主が売ったア「とんでもないもの」とは、何のことですか。（10）
(　　　　)

(三) どうして、地主は頭をかかえて、そのまま地べたにへたりこんでしまったのですか。当てはまるものに二つ○をしましょう。（10×2）
(　) もっとたくさんのおひゃくしょうたちに、ねっころがってほしいから。

(　) おひゃくしょうたちが、おどりはじめたから。

(　) おひゃくしょうたちがねっころがって、「お祭り」どころではないから。

(　) 木かげを売っても、こんなことになると思っていなかったことに、気づいたから。

(四) 親せきの人たちは、なぜあきれ返って自分の家に帰ってしまったのでしょう。（15）
(　　　　)

(五) なぜおひゃくしょうたちは、ごちそうを食べることができたのでしょう。（15）
(　　　　)

(六) 地主が、真夜中にご先ぞ様に、ごちそうを絵にかいてそなえたのは、なぜですか。（15）
(　　　　)

サーカスのライオン (1)

名前

町外れの広場に、サーカスがやって来た。ライオンやとらもいれば、お化けやしきもある。ひさしぶりのことなので、見物人がぞくぞくとやって来た。

「はい、いらっしゃい、いらっしゃい。オーラ、オーラ、お帰りはこちらです。」

寒い風をはらんだテントがハタハタと鳴って、アサーカス小屋は、まるで海の上を走るほかけ船のようだった。

ライオンのじんざは、年取っていた。ときどき耳をぴくつかせながら、テントのかげの箱の中で、一日じゅうねむっていた。ねむっているときは、いつもアフリカのゆめを見た。ゆめの中に、お父さんやお母さんや兄さんたちがあらわれた。草原の中を、じんざは風のように走っていた。

自分の番が来ると、じんざはのそりと立ち上がる。箱はテントの中に持ちこまれ、十五まいの鉄のこうし戸が組み合わされて、ライオンのぶ台ができあがる。

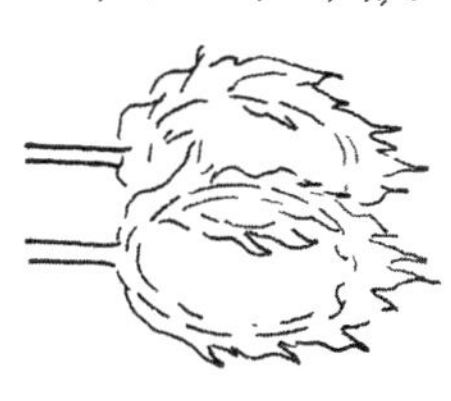

ぶ台の真ん中では、円い輪(わ)がめらめらともえていた。

「さあ、始めるよ。」

ライオンつかいのおじさんが、チタン、チタッとむちを鳴らすと、じんざは火の輪をめがけてジャンプした。うまいものだ。二本でも三本でも、もえる輪の中をくぐりぬける。おじさんがよそ見しているのに、じんざは三回、四回とくり返していた。

（東京書籍 新編新しい国語 3年(下) 川村(かわむら)たかし）

上の文章を読んで、答えましょう。

(一) サーカスで見ることができるものを三つ書きましょう。 (4×3)

(　　) (　　) (　　)

(二) アサーカス小屋は、まるで海の上を走るほかけ船のようだった。とありますが、何がどんな様子だったからですか。 (10)

(　　)

(三) サーカスのライオンの名前は何といいますか。 (8)

(　　)

(四) ライオンが一日じゅうねむっていた場所は、どこですか。 (10)

(　　)

(五) ① ライオンは、いつも何のゆめをみていましたか。 (10×2)

(　　)

② ゆめの中で、何をしていましたか。

(　　)

(六) ライオンのぶ台は、どのようにしてできあがるのか。文中からぬき出して書きましょう。 (10)

(　　)

(七) ① ぶ台の真ん中にあるものは、何ですか。 (10×2)

(　　)

② それは、どうなっていますか。

(　　)

(八) ライオンは、サーカスでどんなことをするのですか。 (10)

(　　)

サーカスのライオン (2)

名前

夜になった。お客が帰ってしまうと、サーカス小屋はしんとした。[ア]ときおり、風がふくような音を立ててとらがほえた。

「だいぶつかれたね。[イ]ねてばかりいるから、いつのまにか、おまえの目も白くにごってしまったよ。今日のジャンプなんて、元気がなかったぞ。」

おじさんがのぞきに来て言った。じんざが答えた。

「そうともさ。[ウ]毎日、同じことばかりやっているうちに、わしはおいぼれたよ。」

「だろうなあ。ちょっと代わってやるから、散歩でもしておいでよ。」

そこで、ライオンは人間の服を着た。分からないように、マスクもかけた。くつをはき、手ぶくろもはめた。

ライオンのじんざはうきうきして外へ出た。

「外はいいなあ。星がちくちくゆれて、北風にふきとびそうだなあ。」

ひとり言を言っていると、

「おじさん、サーカスのおじさん。」

と、声がした。

男の子が一人、立っていた。

「もう、ライオンはねむったかしら。ぼく、ちょっとだけ、そばへ行きたいんだけどなあ。」

じんざはおどろいて、もぐもぐたずねた。

「ライオンがすきなのかね。」

「うん、大すき。それなのに、ぼくたち昼間サーカスを見たときは、何だかしょげていたの。だから、お見まいに来たんだよ。」

じんざは、ぐぐっとむねのあたりがあつくなった。

（東京書籍　新編新しい国語　3年（下）　川村たかし）

上の文章を読んで、答えましょう。

(一) [ア]ときおりと同じ意味の言葉に、○をしましょう。 (10)

（　）ときどき　（　）しばらく　（　）きまった時間に

(二) [ア]ときおり、何がどうしたのですか。 (10)

（　　　　）

(三) [イ]ねてばかりいるのは、だれのことですか。 (10)

（　　　　）

(四) [ウ]毎日、同じことばかりやっているというのは、どのようなことですか。 (10)

（　　　　）

(五) じんざが散歩に出かけたとき、どんなかっこうをしましたか。四つ書きましょう。 (8×4)

（　　　　）

（　　　　）

（　　　　）

（　　　　）

(六) 外はどんな様子ですか。 (10)

（　　　　）

(七) 男の子は、何をしたいとじんざに言いましたか。 (10)

（　　　　）

(八) どうしてじんざは、ぐぐっとむねのあたりがあつくなったのですか。当てはまる文に○をしましょう。 (8)

（　）ライオンが大すきと言われたから。

（　）昼間ライオンがしょげていたことを心配してくれたから。

（　）人間にへんそうしているのが、ばれてしまいそうだから。

サーカスのライオン (3)

名前

「ぼく、サーカスがすき。おこづかいためて、また来るんだ。」

「そうかい、そうかい、来ておくれ。ライオンもきっとよろこぶよ。でも、今夜はおそいから、もうお帰り。」

じんざは男の子の手を引いて、家まで送っていくことにした。

男の子のお父さんは、夜のつとめがあって、るす。お母さんが入院しているので、つきそいのために、お姉さんも夕方から出かけていった。

「ぼくはるす番だけど、もうなれちゃった。それより、サーカスの話をして。」

「いいとも。ピエロはこんなふうにして……。」

じんざが、ひょこひょことおどけて歩いているときだった。暗いみぞの中にゲクッと足をつっこんだ。

「あいたた。ピエロも暗い所は楽じゃない。」

じんざは、くじいた足にタオルをまきつけた。すると、男の子は、首をかしげた。

「ア おじさんの顔、何だか毛が生えてるみたい。」

「う、ううん。なあに、寒いので毛皮をかぶっているのじゃよ。」

じんざは、あわてて向こうを向いて、ぼうしをかぶり直した。

（東京書籍　新編新しい国語　3年（下）　川村（かわむら）たかし）

上の文章を読んで、答えましょう。

(一) 男の子がすきなものは何ですか。 ⑩

（　　　　）

(二) 今夜、男の子の家族は、それぞれ何をしていますか。 (10×4)

お父さん（　　　　）

お母さん（　　　　）

お姉さん（　　　　）

男の子（　　　　）

(三) 「ア おじさん」は、だれのことですか。 ⑩

（　　　　）

(四) 「ア おじさん」は、どうやって足をくじいたのでしょう。 ⑩

（　　　　）

(五) 男の子は、なぜ首をかしげたのですか。 ⑩

（　　　　）

(六) じんざが、顔に毛が生えていることをかくすために言った言葉と、したことを書きましょう。 (10×2)

言った言葉（　　　　）

したこと（　　　　）

サーカスのライオン (4)

名前

（東京書籍　新編新しい国語3年(下)　川村たかし）

男の子のアパートは、道のそばの石がきの上にたっていた。じんざが見上げていると、ア部屋に灯がともった。高いまどから顔を出して、

「サーカスのおじさん、おやすみなさい。あしたライオンを見に行っていい？」

「来てやっておくれ。きっとよろこぶだろうよ。」

じんざが下から手をふった。

次の日、ライオンのおりの前に、ゆうべの男の子がやって来た。じんざは、タオルをまいた足をそっとかくした。まだ、足首(あしくび)はずきんずきんといたかった。夜の散歩もしばらくはできそうもない。

男の子は、チョコレートのかけらをさし出した。

「さあ、お食べよ。ぼくと半分こだよ。」

じんざは、チョコレートはすきではなかった。けれども、イ目を細くして受け取った。じんざはうれしかったのだ。

それから男の子は、毎日やって来た。

じんざは、もうねむらないで待っていた。やってくるたびに、男の子はチョコレートを持ってきた。そして、お母さんのことを話して聞かせた。じんざは乗り出して、うなずいて聞いていた。

上の文章を読んで、答えましょう。

(一) ア部屋に灯がともった。という文から、男の子がどうしたことがわかりますか。(10)

（　　　　　　　　）

(二) 「サーカスのおじさん」とはだれのことですか。名前を書きましょう。(10)

（　　　　　　　　）

(三) なぜ、じんざは、タオルをまいた足をそっとかくしたのですか。当てはまるもの二つに○をしましょう。(10×2)

（　）足首がずきんずきんといたかったから。

（　）男の子にタオルをまいた足を見られたくなかったから。

（　）散歩ができないのがつらかったから。

（　）サーカスのおじさんがライオンだったと思われたくないから。

(四) イ目を細くしては、どういう意味ですか。当てはまるもの二つに○をしましょう。(10×2)

（　）よろこんで　（　）まぶしそうに

（　）うれしくて　（　）びっくりして

(五) じんざは、何がうれしかったのだと思いますか。(10)

（　　　　　　　　）

(六) 毎日じんざは、男の子をどのようにして待つようになりましたか。(10)

（　　　　　　　　）

(七) 男の子が毎日やってきて、したことを二つ書きましょう。(10×2)

（　　　　　　　　）

（　　　　　　　　）

サーカスのライオン

(5)

名前

いよいよ、サーカスがあしたで終わるという日、男の子はア息をはずませてとんできた。

「お母さんがね、もうじきたいいんするんだよ。それにおこづかいもたまったんだ。あしたサーカスに来るよ。火の輪をくぐるのを見に来るよ。」

男の子が帰っていくと、イじんざの体に力がこもった。目がぴかっと光った。

「……ようし、あしただ。わしはわかいときのように、火の輪を五つにしてくぐりぬけてやろう。」

その夜ふけ……。

ウだしぬけに、サイレンが鳴りだした。

「火事だ。」

と、どなる声がした。うとうとしていたじんざははね起きた。

風にひるがえるテントのすき間から外を見ると、男の子のアパートのあたりが、ぼうっと赤い。エライオンの体がぐうんと大きくなった。

じんざは、古くなったおりをぶちこわして、まっしぐらに外へ走り出た。足のいたいのもわすれて、昔、アフリカの草原を走ったときのように、じんざはひとかたまりの風になってすっとんでいく。

（東京書籍 新編新しい国語 3年(下) 川村たかし）

上の文章を読んで、答えましょう。

(一) 男の子が、ア息をはずませてとんできたのはいつですか。(10)

(　　　　)

(二) ア息をはずませてとんできたと同じ意味を表す文に、○をしましょう。(10)

(　) 息があらくなって歩けない。

(　) 息をするのが苦しくなるくらい急いで来た。

(　) 息がはずむようにぴょんぴょんとんで来た。

(三) 男の子は、サーカスを見るために、どんなことをしていましたか。(10)

(　　　　)

(四) 男の子の言葉を聞いて、じんざが決心したことは何ですか。(10)

(　　　　)

(五) なぜ、イじんざの体に力がこもったのですか。(12)

(　　　　)

(六) ウだしぬけと同じ意味の言葉に、○をしましょう。(10)

(　) とつぜん　(　) よていどおり　(　) まちがえて

(七) エライオンの体がぐうんと大きくなったのは、じんざのどんな気持ちが表れていますか。当てはまるものに○をしましょう。(10)

(　) 火事だ。にげなければ。

(　) 火の輪をくぐろう。　(　) 男の子を助けよう。

(八) じんざが走っている様子を、(　)に言葉を入れて、文をかんせいさせましょう。(7×4)

(　　　　)わすれて、昔、(　　　　)ときのように、じんざは(　　　　)の(　　　　)になってすっとんでいく。

サーカスのライオン (6)

名前

　思ったとおり、石がきの上のアパートがもえていた。まだ消ぼう車が来ていなくて、人々がわいわい言いながら荷物を運び出している。

「中に子どもがいるぞ。助けろ。」

と、だれかがどなった。

「だめだ。中へは、もう入れやしない。」

[ア]それを聞いたライオンのじんざは、ぱっと火の中へとびこんだ。

「だれだ、あぶない。引き返せ。」

　後ろで声がしたが、じんざはひとりでつぶやいた。

「なあに。わしは火にはなれていますのじゃ。」

　□、ごうごうとふき上げるほのおは階だんをはい上り、けむりはどの部屋からもうずまいてふき出ていた。

　じんざは足を引きずりながら、男の子の部屋までたどり着いた。

　部屋の中で、男の子は気をうしなってたおれていた。じんざはすばやくだきかかえて、外へ出ようとした。□、表はもう、ほのおがぬうっと立ちふさがってしまった。

（東京書籍　新編新しい国語　3年（下）　川村（かわむら）　たかし）

上の文章を読んで、答えましょう。

(一) もえていたのは何ですか。(10)

(二) まだ消ぼう車が来ていないとき、人々は何をしていましたか。(10)

(三) [ア]それとは、どの言葉をさしますか。文中からぬき出して二つ書きましょう。(10×2)

「　」

「　」

(四) 火の中へとびこんだじんざが、引き返さなかったのは、どうしてだと思いますか。二つ書きましょう。(10×2)

(五) ① じんざの足の様子はどうでしたか。当てはまるものに○をしましょう。(10×2)

（　）すっかりよくなっていた。

（　）まだ、けががなおっていない。

（　）いたくて足が動かない。

② ①のことがわかるところを、文中からぬき出して書きましょう。

(六) じんざが男の子をだきかかえて、外へ出ようとしても、できなかったのはなぜですか。(10)

(七) □には同じ言葉が入ります。┆　┆からえらんで書きましょう。(10)

そのうち　やがて　けれども

サーカスのライオン (7)

名前

石がきの上のまどから首を出したじんざは、ア思わず身ぶるいした。高いので、さすがのライオンもとび下りることはできない。

じんざは力のかぎりほえた。

ウオーッ

その声で気がついた消ぼう車が下にやってきて、はしごをかけた。のぼってきた男の人にやっとのことで子どもをわたすと、じんざは両手で目をおさえた。けむりのために、もう何にも見えない。

見上げる人たちが声をかぎりによんだ。

「早くとび下りるんだ。」

だが、風に乗ったほのおは真っ赤にアパートをつつみこんで、火の粉をふき上げていた。ライオンのすがたはどこにもなかった。

やがて、人々の前に、イひとかたまりのほのおがまい上がった。そして、ほのおはみるみるライオンの形になって、空高くかけ上がった。ぴかぴかにかがやくじんざだった。もう、さっきまでのすすけた色ではなかった。

金色に光るライオンは、空を走り、たちまち暗やみの中に消え去った。

次の日は、サーカスのおしまいの日だった。けれども、ライオンの曲芸(きょくげい)はさびしかった。おじさんはひとりで、チタッとむちを鳴らした。

五つの火の輪(わ)はめらめらともえていた。だが、くぐりぬけるライオンのすがたはなかった。それでも、ウお客はいっしょうけんめいに手をたたいた。

ライオンのじんざがどうして帰ってこなかったかを、みんなが知っていたので。

（東京書籍　新編新しい国語　3年（下）　川村(かわむら)　たかし）

上の文章を読んで、答えましょう。

(一) どうしてじんざは、ア思わず身ぶるいしたのですか。当てはまる文に○をしましょう。(10)

（　）けむりのためにもう何も見えなくて、こわいから。

（　）ほのおは真っ赤にアパートをつつみこんで、こわいから。

（　）高くてとび下りることができなくて、こわいから。

(二) なぜ、じんざは力のかぎりほえたのですか。(10)

（　　　　）

(三) じんざが力のかぎりほえたので、どんなことができましたか。（　）に言葉を書き入れて、文をかんせいさせましょう。(8×5)

その声で気がついた（　　）が（　　）にやってきて、（　　）を

かけ、のぼってきた（　　）に（　　）をわたすことができた。

(四) イひとかたまりのほのおは、何がもえているのですか。(10)

（　　　　）

(五) ① 空高くかけ上がったほのおは、どんな形をしていましたか。(10)

（　　　　）

② それは、どんな色からどんな色へとかわっていきましたか。（　）に言葉を書き入れましょう。(5×2)

（　　）色 ⬇ （　　）色

(六) なぜ、ウお客はいっしょうけんめいに手をたたいたのですか。(10)

（　　　　）

消しゴムころりん （1）

名前

二時間めは、作文の時間だった。さおりはとっくに書き上げて、つくえの上で消しゴムをころがしてあそんでいた。

とくに物を大切にするほうだなんて思ってはいないけれど、消しゴムは、本当に小さくなるまで使う。この消しゴムも、もう、パチンコ玉くらいの大きさになっている。形だってパチンコ玉のように丸い。丸くなるように使っている。だから、よくころがる。といっても、まん丸じゃないから、まっすぐにはころがらない。

そこがおもしろい。

「あ。」

ちょっと強くころがしたのがいけなかった。

[ア]こんなことって、ある？

消しゴムは、ゆか板の細長い三角形のあなにすいこまれるようにおちていったのだ。

[イ]とっさに、まわりを見回した。見回してなんとかなると思ったわけではないが、見回した。すると、右どなりのせきのゆきひろと目が合った。ゆきひろはあわてて目をそらせ、書くことを考えているふりをした。その口もとがわらっているように見えて、さおりはむっとした。

（教育出版 ひろがる言葉 小学国語 3年（上） 岡田 淳）

上の文章を読んで、答えましょう。

(一) さおりが消しゴムをころがしてあそんでいた時間は、何の時間ですか。 (10)

（　　　　）

(二) さおりが消しゴムを大切にしていることがわかるところを、文中からぬき出して書きましょう。 (10)

（　　　　）

(三) さおりの消しゴムについて答えましょう。 (10×2)

大きさ（　　　　）

形（　　　　）

(四) さおりは消しゴムを、どんな形になるように使っていますか。 (10)

（　　　　）

(五) 消しゴムが、まっすぐにはころがらないのはなぜでしょう。 (10)

（　　　　）

(六) [ア]こんなこととは、どんなことですか。文中からぬき出して、はじめとおわりの五文字を書きましょう。 (5×2)

□□□□□〜□□□□□。

(七) [イ]とっさにと同じ意味の言葉に、○をしましょう。 (10)

（　）すぐさま　（　）急に　（　）とくべつに

(八) ① さおりがまわりを見回したとき、目が合ったのはだれですか。 (10×2)

（　　　　）

② さおりは、どうしてむっとしたのですか。

（　　　　）

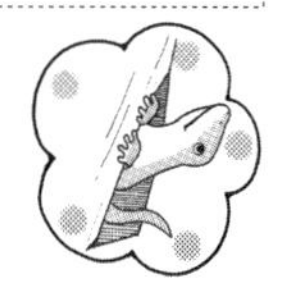

消しゴムころりん (2)

名前

（教育出版　ひろがる言葉　小学国語　３年（上）　岡田淳）

きっと、ゆきひろは、消しゴムがあなの中におちるところを見たのだ。だって、目を大きくしていたもの。だったら、「大変なことになっちゃったね。」とか、「あなに入るなんてすごいね。」とかの顔をしてもいいじゃない。それなのに、見ていないふりをして、一人でわらうなんて。

さおりは、口をとがらせて、足もとのあなを見つめた。あなの中はまっ暗だった。ゆびをつっこんでさがせる深さではないようだ。

どうしよう。せっかくあそこまで小さくしたのに。

そう思った時、細長いあなの中から、ひょいと何かが出てきた。思わずりょう足がうき上がり、声が出そうになった。それは、一ぴきのやもりだった。やもりはりょう手をゆかにかけ、さおりを見上げているように見えた。

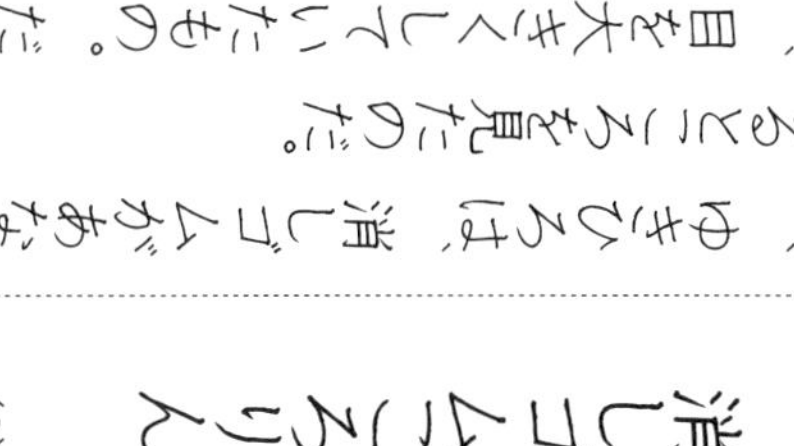

さおりは、かえるややもりはにがてではない。さいしょのおどろきがおさまると、心の中でやもりに話しかけてみた。

——ねえ、やもり。消しゴムをそこにおとしたんだけど、拾ってきてくれない。

すると、やもりがあなの中に消えた。まるで、ア話が通じたみたいだった。やもりは、すぐに出てきた。びっくりしたのは、やもりが消しゴムをかかえていることだった。けれど、ざんねんなことに、さおりの消しゴムではなかった。大きさはほとんど同じだが、まっ白だった。さおりの消しゴムは、もっとよごれている。

上の文章を読んで、答えましょう。

(一) さおりが「きっと、ゆきひろは、消しゴムがあなの中におちるところを見たのだ」と思ったのは、ゆきひろのどんな様子からですか。(10)

（　　）

(二) さおりが口をとがらせたわけを二つえらんで、○をしましょう。(5×2)

（　）ゆきひろが、「あなに入るなんてすごいね。」とかの顔をしなかったから。

（　）ゆきひろが、消しゴムがあなの中におちるところを見たから。

（　）ゆきひろが見ていないふりをして、一人でわらったから。

(三) あなの中はどんな様子ですか。二つ書きましょう。(10×2)

（　　）

（　　）

(四) ① あなからひょいと出てきたのは、何ですか。(10×2)

（　　）

② その時のさおりの様子はどうでしたか。

（　　）

(五) ア話が通じたみたいだった。とありますが、どんな話でしたか。文中からぬき出して書きましょう。(10)

（　　）

(六) やもりがかかえている消しゴムと、さおりの消しゴムについて答えましょう。(10×3)

同じところ（　　）

ちがうところ
- やもりがかかえている消しゴム（　　）
- さおりの消しゴム（　　）

消しゴムころりん ⑶

名前

やもりは、白い消しゴムをかた手でかかえ、もうかた方の手の人さしゆびでさおりをゆびさし、次にかかえた消しゴムをゆびさした。ア その動作は、どう考えても、「きみがおとしたのは、イ これ？」と、たずねているように見えた。

さおりは、あわてて首をふった。

——ううん、それじゃない。

すると、やもりは、その白い消しゴムをゆかの上におき、あなの中にもどると、こんどは、べつの消しゴムをもって出てきた。さおりの消しゴムだった。やもりはさっきと同じ動作をした。

「きみがおとしたのは、ウ これ？」

さおりは、がくがくとうなずいた。エ それを見てやもりは、消しゴムをさおりにむかってさし上げた。オ むねがどきどきした。

——カ しんじられない。

そう思いながら、さおりは手をのばして、自分の消しゴムをやもりの手から受けとった。

——ありがとう。

心の中でつぶやいた。

それで、やもりが引っこむかと思ったら、白い消しゴムもさし出すではないか。

——あの、それ、わたしのじゃないよ。

心の中でそう話しかけてみたが、やもりは同じしせいでさおりを見上げ、大きくうなずいた。「これもあげる。」と言っているようだった。

（教育出版　ひろがる言葉　小学国語　3年（上）　岡田　淳）

上の文章を読んで、答えましょう。

(一) ア その動作にあたるところを、文中からぬき出して書きましょう。 (10)

(二) イ これは、何のことですか。 (10)

(三) ウ これは、何のことですか。 (10)

(四) エ それは、何をさしますか。 (10)

(五) ① やもりがあなの中からもってきた消しゴムは二つあります。どんな消しゴムでしたか。 (10×3)

② さおりがやもりから受け取ったのは、どちらの消しゴムですか。

(六) オ むねがどきどきしたのは、だれですか。 (10)

(七) さおりは、どんなできごとを、カ しんじられないと思ったのでしょう。 (10)

(八) なぜ、やもりは「これもあげる。」と言っているようだったのでしょう。 (10)

消しゴムころりん (4)

名前

さおりがまよっていると、やもりは、その白い消しゴムをゆかの上におき、さおりを見上げた。そして、右手をかるくにぎって細かくゆらせて、その右手をゆらせた空中をゆびさし、りょう手を顔の前で交差させた。次に白い消しゴムをゆびさし、さっき右手をゆらせた場所でふり、アそこをゆびさしてからりょう手で丸を作った。

ジェスチャーだ。ジェスチャーで何かをつたえようとしているのだ。さおりは顔を近づけ、やもりを見つめた。

――もう一度、やって見せて。

やもりは、同じことをやり始めた。えん筆でもつように右手をかるくにぎって……。

さおりはとつぜんわかった。書きまちがえたところを消せると教えてくれているのだ。

――はい、はい。わかりました。

さおりはほほえんでうなずいた。やもりも、わかってくれてうれしいという感じでうなずき、「さあ、イこれをもっていきなさい。」と、手でしめした。せっかくのウプレゼントだ。さおりはもらうことにした。手をのばして白い消しゴムを拾い上げると、やもりはゆっくりとあなに消えた。

もう一度さおりはまわりを見回した。今のことをだれかに見られたんじゃないかと思った。すると、目だけでなく、口まで大きくあけたゆきひろと目が合った。こんどもゆきひろは、あわてて原こう用紙に目をもどし、ほおづえをついて考えているふりをした。

（教育出版　ひろがる言葉　小学国語　3年（上）岡田　淳）

上の文章を読んで、答えましょう。

(一) 次のやもりの動作は、どんなことを表していますか。（10×2）

① 右手をかるくにぎって細かくゆらせる。

（　　　　　　　　　　）

② りょう手を顔の前で交差させる。

（　　　　　　　　　　）

(二) さおりは、やもりがジェスチャーで何を教えてくれているのだとわかりましたか。（15）

（　　　　　　　　　　）

(三) 次の言葉は、それぞれ何をさしますか。（10×2）

アそこ（　　　　　　　　　　）

イこれ（　　　　　　　　　　）

(四) ウプレゼントは、だれがだれに、何をプレゼントしたのですか。（10×3）

だれ（　　　　）が　だれ（　　　　）に

何（　　　　　　　　）をプレゼントした。

(五) さおりと目が合ったゆきひろは、どうしたのですか。（15）

（　　　　　　　　　　）

消しゴムころりん (5)

名前

さおりは、ア<u>まだむっとした</u>。

どうしてそうなんだろう。どうして見ていないふりをするんだろう。「今、すごいことがあったね。」って顔ができないんだろうか。

さおりは、原こう用紙の右のはしに、えん筆で書いた。

〈今の、見たでしょ〉

［　あ　］、原こう用紙をゆきひろの方へずらせた。ゆきひろはさおりと目を合わせると、イ<u>ううんと首をふった</u>。

さおりは口をとがらせて、やもりがくれた白い消しゴムで字を消した。［　い　］、最後(さいご)の〈でしょ〉だけが消えた。

〈今の、見てた〉

それだけの字がのこった。なんだ、よく消えない消しゴムなんだ。こんどは、自分の消しゴムで消した。ちゃんと消えた。

ウ<u>ゆきひろはいつだってそうなのだ</u>。さおりに対して、はっきりしないのだ。見ていたのなら、見ていたと答えればいいのに。

さおりは、原こう用紙の左のはしに小さく書いた。

〈そんなゆきひろはすきじゃない〉

書いてから、ちょっとわるかったかなと、消すことにした。手にとったのが、白い消しゴムだった。〈じゃない〉だけが消えた。

〈そんなゆきひろはすき〉

エ<u>ええ？　まって、まって。おしまいのところだけ消えるってわけ？</u>

（教育出版　ひろがる言葉　小学国語　3年（上）　岡田(おかだ)　淳(じゅん)）

上の文章を読んで、答えましょう。

(一) さおりはだれのことで、ア<u>まだむっとした</u>のですか。(10)

（　　　　　　）

(二) さおりが原こう用紙をゆきひろの方へずらせたのは、何のためでしょう。(10)

（　　　　　　）

(三) イ<u>ううんと首をふった</u>ゆきひろは、言葉で表すと、何と言ったのでしょう。(10)

「　　　　　　」

(四) ① 原こう用紙の右のはしに書いた文を、やもりがくれた白い消しゴムで消すと、どうなりましたか。(10×2)

（　　　　　　）

② それを、さおりが自分の消しゴムで消すと、どうなりましたか。

（　　　　　　）

(五) ウ<u>ゆきひろはいつだってそうなのだ</u>。は、どういうことですか。(10)

（　　　　　　）

(六) さおりが、ちょっとわるかったかなと思って、消すことにした文を、文中からぬき出して書きましょう。(10)

〈　　　　　　〉

(七) エ<u>ええ？　まって、まって。おしまいのところだけ消えるってわけ？</u>と思ったさおりの気持ちに当てはまるものに、○をしましょう。(10)

（　）おしまいのところだけ消えて、〈ゆきひろはすき〉になったので、おどろいてこまっている。

（　）ちゃんと消えないので、おこっている。

（　）〈ゆきひろはすきじゃない〉と思っていたから。

(八) あ い の［　］に入る言葉を、［　　］からえらんで書きましょう。(10×2)

あ（　　　　）　い（　　　　）

さすがに　　ところが　　まだ　　そして

消しゴムころりん (6)

名前

さおりは、ためしに、アべつの言葉を書いた。

〈ゆきひろなんてきらいです〉

そして、白い消しゴムを手にとった。消してみた。

〈ゆきひろなんて　　です〉

まって、まって、まって。そんな。まさか。

イさおりはどきどきしながら、あいているところに〈すき〉と書いた。それを白い消しゴムで消してみた。ウどの字も消えなかった。

原こう用紙の左のはしに、

〈そんなゆきひろはすき〉

〈ゆきひろなんて　すき　です〉

と、ならんでいる。さおりはあわてて、自分の消しゴムで二行を消した。

それから、あのやもりのジェスチャーを思い出してみた。

エあれは、まちがったことは消えるが、本当のことは消えないということだったんじゃないかしら。

さおりは小さな小さな字で、原こう用紙のはしに書いてみた。

〈ゆきひろはわたしのことをきらいです〉

白い消しゴムで消してみた。〈きらい〉だけが消えた。ほおがあつくなるのを感じながら、消えたところに〈すき〉と書いた。消してみた。オどの文字も消えなかった。

その時、チャイムが鳴った。さおりは大あわてで、自分の消しゴムで、小さな小さな字を消した。

（教育出版　ひろがる言葉　小学国語　3年（上）　岡田　淳）

上の文章を読んで、答えましょう。

(一) アべつの言葉にあたる言葉を、文中からぬき出して書きましょう。(15)

〈　〉

(二) イさおりはどきどきしながら、とありますが、どうしてどきどきしたのですか。よいと思うものに○をしましょう。(10)

（　）ゆきひろのことがほんとうはすきだから。

（　）ゆきひろのことがきらいだから。

（　）〈ゆきひろはすきじゃない〉と思っていたから。

(三) ウどの字も消えなかった。とありますが、消えなかった字をすべて書き出しましょう。(15)

〈　〉

(四) エあれにあたることを、文中からぬき出して書きましょう。(15)

（　）

(五) やもりのくれた白い消しゴムは、どんな消しゴムだったのですか。(15)

（　）

(六) さおりが小さな小さな字で書いた文を、文中からぬき出して書きましょう。(15)

〈　〉

(七) オどの文字も消えなかった。とありますが、消えなかった文字をすべて書き出しましょう。(15)

〈　〉

消しゴムころりん (7)

名前

みんなが教室を出ていっても、さおりは立てなかった。ゆきひろもすわっている。さおりはどきどきしながら、ゆきひろに白い消しゴムをさし出した。

「ゆきちゃん、この消しゴムね……。」

ゆきひろは、アおずおずと消しゴムをつまんだ。そして、言った。

「やっぱりくれたんだろ。」

言ったあとで、目を大きくして、かた手で口をおさえた。言わないはずのことを言ってしまって、おどろいているみたいだった。あわてて消しゴムをさおりにかえそうとした。イその手がさおりのゆびにふれ、消しゴムがおちた。おちた消しゴムは一度ゆかではずんで、さっきのあなにすぽっと入りこんでしまった。

「あっ。」

二人は、同時に声をあげた。ゆきひろがつづけた。

「ご、ごめん。」

ウなんてことをするの、と言いたいのをがまんして、さおりは言った。

「いいよ。」

そして、ゆきひろを見て首をすくめてわらった。ゆきひろはさおりをふしぎそうに見た。それから、えんりょがちに、えがおになった。

（教育出版　ひろがる言葉　小学国語　3年（上）　岡田　淳）

上の文章を読んで、答えましょう。

(一) 「ゆきちゃん、この消しゴムね……。」の「……」のところに当てはまる言葉を考えて、書いてみましょう。(15)

「　　　　」

(二) アおずおずは、どんな様子ですか。よいと思うものに○をしましょう。(10)

（　）おもいきって消しゴムをつまんだ。

（　）おどろいて消しゴムをつまんだ。

（　）おそるおそる消しゴムをつまんだ。

(三) ゆきひろは、なぜ目を大きくして、かた手で口をおさえたのでしょう。(15)

（　　　　）

(四) イそのは、何をさしていますか。当てはまるところを文中からぬき出して書きましょう。(15)

（　　　　）

(五) ウなんてことをとありますが、どんなことをしたのですか。(15)

（　　　　）

(六) おちた消しゴムはどうなりましたか。文中からぬき出して書きましょう。(15)

（　　　　）

(七) ゆきひろは、なぜえんりょがちに、えがおになったのでしょう。(15)

（　　　　）

わすれられないおくりもの

(1)

名前

あなぐまは、かしこくて、いつもみんなにたよりにされています。こまっている友だちは、だれでも、きっと助けてあげるのです。[あ]、大変年をとっていて、知らないことはないというぐらい、もの知りでした。あなぐまは、自分の年だと、死ぬのがそう遠くはないことも、知っていました。

あなぐまは、死ぬことをおそれてはいません。死んで体がなくなっても、心はのこることを知っていたからです。[い]、前のように体がいうことをきかなくなっても、くよくよしたりしませんでした。ただ、あとにのこしていく友だちのことが気がかりで、自分がいつか長いトンネルのむこうに行ってしまっても、あまり悲しまないようにと、言っていました。

ある日のこと、あなぐまは、もぐらとかえるのかけっこを見に、おかにのぼりました。その日は、とくに年をとったような気がしました。あと一度だけでも、みんなといっしょに走れたらと思いましたが、あなぐまの足では、もうむりなことです。それでも、ア友だちの楽しそうな様子をながめているうちに、自分も幸せな気持ちになりました。

(教育出版　ひろがる言葉　小学国語　3年（上）スーザン＝バーレイ文・小川仁央訳)

上の文章を読んで、答えましょう。

(一) あなぐまが、かしこくて、いつもみんなにたよりにされているのはなぜですか。(10)

(　　　　)

(二) あいの[　]に入る言葉を、[　]からえらんで書きましょう。(10×2)

あ(　　　)　い(　　　)

しかし　それに　だから

(三) あなぐまが、とてももの知りだということをどのように表していますか。文中からぬき出して、書きましょう。(10)

(　　　　)

(四) あなぐまは、どんなことを知っていましたか。二つ書きましょう。(10×2)

(　　　　)

(　　　　)

(五) あなぐまが、死ぬことをおそれてはいないのは、どうしてでしょう。(10)

(　　　　)

(六) あなぐまは、自分が死ぬことを、友だちにどうように言っていますか。(15)

(　　　　)

(七) ア友だちの楽しそうな様子は、だれがどんなことをしている様子ですか。(15)

(　　　　)

わすれられない おくりもの (2)

名前

　夜になって、あなぐまは家に帰ってきました。月におやすみを言って、カーテンをしめました。それから、地下の部屋にゆっくり下りていきました。そこでは、だんろがもえています。

　夕ごはんを終えて、つくえにむかい、手紙を書きました。ゆりいすをだんろのそばに引きよせて、しずかにゆらしているうちに、あなぐまは、ぐっすりねいってしまいました。そして、ふしぎな[あ]、すばらしいゆめを見たのです。

　おどろいたことに、あなぐまは走っているのです。目の前には、どこまでもつづく長いトンネル。足はしっかりとして力強く、もう、つえもいりません。体はすばやく動くし、トンネルを行けば行くほど、どんどん速く走れます。[い]、ふっと地面からうき上がったような気がしました。まるで、体が、なくなってしまったようなのです。あなぐまは、すっかり自由になったと感じました。

（教育出版　ひろがる言葉　小学国語　3年（上）スーザン＝バーレイ文・小川仁央訳）

上の文章を読んで、答えましょう。

(一) あなぐまが家に帰ってきたのは、いつですか。(10)

（　　　　　）

(二) あなぐまが、家に帰ってからねてしまうまでにしたことを、五つ書きましょう。(10×5)

（　　　　　）
（　　　　　）
（　　　　　）
（　　　　　）
（　　　　　）

(三) ゆめの中であなぐまは、どこを走っているのですか。(10)

（　　　　　）

(四) ① あなぐまが、すっかり自由になったと感じたのは、どんな気がしたからですか。(10×2)

（　　　　　）

② またそれは、どんな感じでしたか。

（　　　　　）

(五) あ・いの[　]に入る言葉をえらんで、（　）に書きましょう。(5×2)

あ（　　　　　）い（　　　　　）

でも　まるで　すて　もう　どうどう

わすれられない おくりもの (3)

名前

教育出版 ひろがる言葉 小学国語 3年（上） スーザン・バーレイ文・小川仁央訳

次の日の朝、あなぐまの友だちは、みんな心配して集まりました。あなぐまが、いつものように、おはようを言いに来てくれないからです。

きつねが、悲しい知らせ（ア）をつたえました。あなぐまが死んでしまったのです。そして、あなぐまの手紙を、みんなに読んでくれました。

長いトンネルの
むこうに行くよ
さようなら
あなぐまより

森のみんなは、あなぐまをとてもあいしていましたから、悲しまない者はいません（イ）でした。なかでも、もぐらは、やりきれないほど悲しくなりました。

ベッドの中で、もぐらは、あなぐまのことばかり考えていました。なみだは、あとからあとからほおをつたい、もうふをぐっしょりぬらします。

その夜（ウ）、雪がふりました。冬が始まったのです。これからのさむいきせつ、みんなをあたたかく守ってくれる家の上にも、雪はふりつもりました。

雪は、地上をすっかりおおいました。けれども、心の中の悲しみを、おおいかくしてはくれません。

上の文章を読んで、答えましょう。

(一) あなぐまの友だちが、みんな心配して集まったわけを書きましょう。（10）

（　　　　）

(二) ア悲しい知らせとは、どんなことですか。（10×2）

① （　　　　）

② だれが知らせたのですか。（　　　　）

(三) あなぐまの手紙には、死ぬことを、どこへ行くと書いてありましたか。（10）

（　　　　）

(四) イ悲しまない者はいませんでしたと同じ意味の文に、○をしましょう。（10）

（　）悲しいと思う者はいなかった。

（　）みんなが悲しいと思った。

（　）みんなが悲しいとは思わなかった。

(五) もぐらがないている様子が書かれている文を、文中からぬき出して書きましょう。（10）

（　　　　）

(六) どんなことから、冬が始まったのがわかりましたか。（10）

（　　　　）

(七) ウその夜とは、どんなことがあった日の夜のことですか。（10）

（　　　　）

(八) 雪がおおいかくすことができたものと、できないものを書きましょう。（10×2）

できたもの（　　　　）

できないもの（　　　　）

わすれられないおくりもの (4)

名前

あなぐまは、いつでも、そばにいてくれたのに——みんなは、今どうしていいか、とほうにくれていたのです。あなぐまは、悲しまないようにと言っていましたが、アそれは、とてもむずかしいことでした。

［イ］が来て、外に出られるようになると、みんな、たがいに行き来しては、あなぐまの思い出を語り合いました。

もぐらは、はさみを使うのが上手です。一まいの紙から、手をつないだもぐらが、切りぬけます。切りぬき方は、あなぐまが教えてくれたものでした。［あ］、なかなか、紙のもぐらはつながらず、ばらばらになってしまいました。［い］、しまいに、しっかりと手をつないだもぐらのくさりが、切りぬけたのです。その時のうれしさは、今でも、わすれられない思い出です。

かえるはスケートがとくいです。ウスケートを、はじめてあなぐまに習った時のことを話しました。あなぐまは、かえるが一人でりっぱにすべれるようになるまで、ずっとやさしく、そばについていてくれたのです。

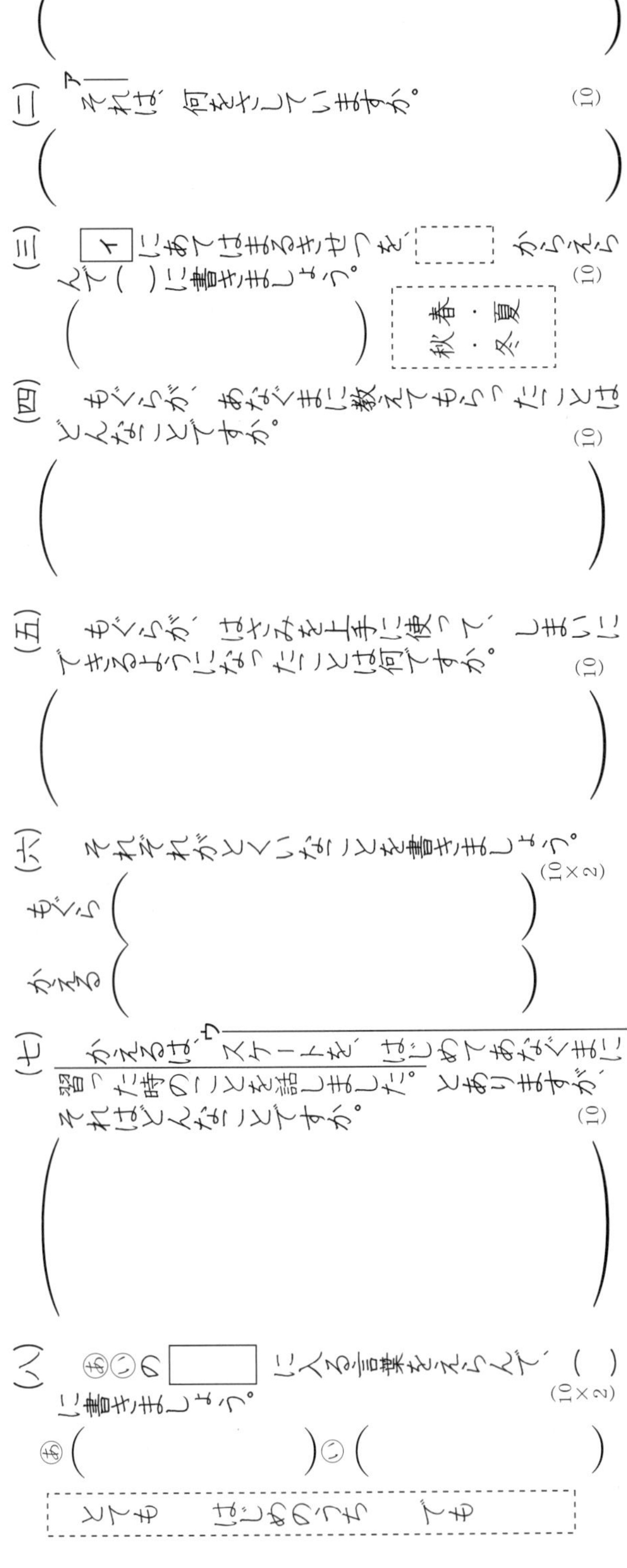

（教育出版　ひろがる言葉　小学国語　3年（上）　スーザン＝バーレイ文・小川仁央訳）

上の文章を読んで、答えましょう。

(一) 「あなぐまは、いつでも、そばにいてくれたのに——」の「——」の部分には、どんな言葉が入りますか。 (10)

（　　　）

(二) アそれは、何をさしていますか。 (10)

（　　　）

(三) ［イ］にあてはまるきせつを、［　］からえらんで（　）に書きましょう。 (10)

（　　　）

春・夏
秋・冬

(四) もぐらが、あなぐまに教えてもらったことはどんなことですか。 (10)

（　　　）

(五) もぐらが、はさみを上手に使って、しまいにできるようになったことは何ですか。 (10)

（　　　）

(六) それぞれがとくいなことを書きましょう。 (10×2)

もぐら（　　　）

かえる（　　　）

(七) かえるはウスケートを、はじめてあなぐまに習った時のことを話しました。とありますが、それはどんなことですか。 (10)

（　　　）

(八) あいの［　］に入る言葉をえらんで、（　）に書きましょう。 (10×2)

あ（　　　）い（　　　）

とても　はじめのうち　でも

わすれられない おくりもの (5)

名前

　きつねは、子どものころあなぐまに教えてもらうまで、ネクタイがむすべなかったことを思い出しました。

ア「はばの広いほうを左に、せまいほうを右にして首にかけてごらん。[　あ　]、広いほうを右手でつかんで、せまいほうのまわりにくるりと、わを作る。わの後ろから前に、広いほうを通して、むすび目を、[　い　]しめるんだ。」

　きつねは今、どんなむすび方だってできますし、自分で考え出したむすび方もあるんです。そして、いつも、とてもすてきにネクタイをむすんでいます。

　うさぎのおくさんの料理上手は、村じゅうに知れわたっていました。でも、さいしょに料理を教えてくれたのは、あなぐまでした。ずっと前、あなぐまは、うさぎにしょうがパンのやき方を教えてくれたのです。うさぎのおくさんは、はじめて料理を教えてもらった時のことを思い出すと、今でも、やきたてのしょうがパンのかおりが、ただよってくるようだと言いました。

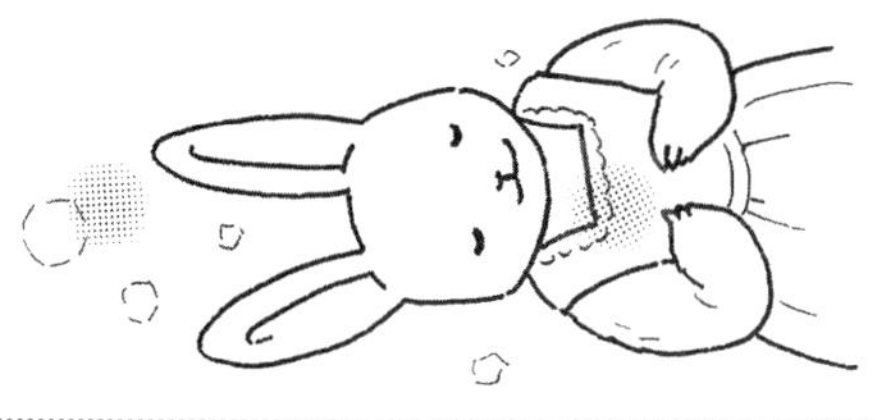

（教育出版　ひろがる言葉　小学国語　3年（上）スーザン＝バーレイ文・小川仁央訳）

上の文章を読んで、答えましょう。

（一）（10×2）
①　アは、だれが言った言葉ですか。
（　　　　）
②　アの言葉を、思い出しているのはだれですか。
（　　　　）

（二）　あなぐまは、それぞれにどんなことを教えましたか。（10×2）
きつね（　　　　）
うさぎのおくさん（　　　　）

（三）　[あ][い]に入る言葉を、[　　]からえらんで書きましょう。（10×2）
あ（　　　　）　[しかし・それでも・それから]
い（　　　　）　[きゅっと・ふわっと・びしびしと]

（四）　きつねは今、どうしていますか。当てはまるものすべてに、○をしましょう。（10×2）
（　）いつも、すてきにむすんだネクタイをしている。
（　）いつも、あなぐまに教えてもらったネクタイのむすび方をしている。
（　）むすび方を自分で考え出したりした。

（五）　うさぎのおくさんはあなぐまに、どんな料理を教わりましたか。（10）
（　　　　）

（六）　きつねやうさぎのおくさんは、あなぐまのことをどう思っていると思いますか。当てはまるものに、○をしましょう。（10）
（　）教えてもらって、今はとても上手になったことをうれしく思っている。
（　）これからも、もっと教えてほしいと思っている。
（　）教えてもらったことを、森のなかまに教えたくない。

わすれられない おくりもの

(6)

名前

みんなだれにも、なにかしら（ア）、あなぐまの思い出がありました。あなぐまは、一人一人に、わかれたあとでもたからものとなるような、ちえやくふうをのこしてくれたのです。みんなは、それ（イ）で、たがいに助け合うこともできました。

最後（さい）の[ウ]が消えたころ、あなぐまのこしてくれたもの（エ）のゆたかさで、みんなの悲しみも、消えていました。あなぐまの話が出るたびに、だれかがいつも、楽しい思い出を、話すことができるようになったのです。

あるあたたかい[オ]の日に、もぐらは、いつかかえるとかけっこをしたおかにのぼりました。もぐらは、あなぐまがのこしてくれた、おくりもののお礼が言いたくなりました。

「ありがとう、あなぐまさん。」

もぐらは、なんだか、そばであなぐまが、聞いていてくれるような気がしました。

そうですね——きっとあなぐまに——聞こえたにちがいありませんよね。

（教育出版　ひろがる言葉　小学国語　3年（上）　スーザン＝バーレイ文・小川仁央（おがわひとみ）訳）

上の文章を読んで、答えましょう。

(一) アなにかしらの意味で、よいと思うものに○をしましょう。(10)

（　）なんだかわすれてしまっているけれど。
（　）なにかわからないけれど、かならず一つは。
（　）なんのことか、わからないけれど。

(二) イそれは、何をさしていますか。(10)

（　　　）

(三) ① エあなぐまがのこしてくれたものとは、どういうものですか。(10×2)

（　　　）

② ①のもののおかげで、みんなはどんなことができましたか。

（　　　）

(四) もぐらは、あなぐまがのこしたくれたものを何と言っていますか。五文字で書きましょう。(10)

□□□□□

(五) [ウ][オ]の中に入る言葉を、[　]からえらんで書きましょう。(10×2)

ウ（　　　）
オ（　　　）

[雲・雨・きり・雪]
[春・夏・秋・冬]

(六) ① もぐらが、あなぐまに言ったお礼の言葉を文中からぬき出して書きましょう。(15×2)

（　　　）

② あなぐまにお礼を言ったもぐらは、どんな気がしましたか。

（　　　）

のらねこ (1)

名前

のらねこがやってきました。リョウのうちの庭のまん中で、ごろんと横になったまま、動きません。

真っ黒いせなかと、しっぽだけが、こっちから見えます。リョウの仲間のねこよりも、大きくてりっぱです。毛なみなんかも、つやつやしているし。

リョウは、のらねこのそばへ行きます。ぐるっと回って、ねこの顔のある方へ行こうとすると、のらねこは、ぱっと起き上がりました。

ア わあ、とても速い。

じっとかまえて、リョウの様子をうかがっています。

あ「こら待て。それいじょう近よるな。」

い「あれ。ぼく、きみをいじめたりしないよ。」

リョウは、立ち止まります。のらねこは、少しもイ油だんしていません。

これいじょうそばへよると、とびかかってきそう。

きれいなねこだなあ。でも、少しこわい。

「一歩でも近よると、ひっかくよ。」

「わかりましたよ。ウきみの様子を見れば、だれだって。」

リョウは、がっかりしながら言います。

「でも、ぼくは、きみをかわいがりたいんだよ。少しは、信用しなさい。」

（教育出版　ひろがる言葉　小学国語　3年（下）　三木　卓）

上の文章を読んで、答えましょう。

(一) やってきたのらねこについて答えましょう。(10×3)

① せなかの色は何色ですか。

（　　　）

② どんな体の大きさですか。

（　　　）

③ どんな毛なみをしていますか。

（　　　）

(二) のらねこはどこにいて、どんな様子ですか。(10×2)

どこ（　　　）

どんな様子（　　　）

(三) アわあ、とても速い。のは、何をするのがとても速いのですか。(10)

（　　　）

(四) あいは、だれの言葉ですか。(5×2)

あ（　　　）　い（　　　）

(五) イ油だんの意味に当てはまるものに、○をしましょう。(10)

（　）気をゆるして、注意しないでいること。

（　）あわてて、せかせかしていること。

(六) ウきみの様子は、だれのどんな様子ですか。(10)

（　　　）

(七) リョウが、のらねこにしたかったことは、どんなことですか。(10)

（　　　）

のらねこ　(2)

名前

「そんなこと言って、後ろに、ほうき、かくしているだろう。」

「かくしてなんか、いないよ。ほら。」

リョウは、両手を、ホールドアップみたいに上に上げ、そのまま、二、三度、ぐるぐる回ってみせます。もちろん、なんにも、なしなし。

「ふん。たしかにほうきはない。」

のらねこは言いました。

「それはわかった。けれども、問題はポケットだ。男の子のポケットの中には、よく、ゴムのパチンコが入っているからな。ほら、ア様子がかわった。入っているだろう。」

「まだ、うたがっている。そんな物入っているもんか。ただ――。」

「ただ、なんだ。」

「ただ、きみに見せたくない物が入っているから。」

「ごまかすな。じゃあいい。もうあっちへ行け。かわいがってなんかくれなくていい。」

リョウは、もじもじします。

「いいよ。じゃあ見せてあげる。」

ポケットから出てきたのは、ねこのえさのかんづめでした。

「ほう。これは、これは。いい物じゃないか。」

「でも、これ、うちのねこのだから。」

「ああ、そう。」

のらねこは、じっとかんづめを見つめながら言います。

「うん、そう。」

リョウが言います。

イ一人と一ぴきは、しばらくだまっています。


（教育出版　ひろがる言葉　小学国語　3年（下）　三木卓）

上の文章を読んで、答えましょう。

(一) のらねこがリョウのことをうたがっているわけは二つあります。どんなものを、どこにかくしているとうたがっていますか。(10×4)

一つ目　どこに（　　）　なにを（　　）

二つ目　どこに（　　）　なにを（　　）

(二) ア様子がかわった。とありますが、何と言われて、そうなったのですか。(10)

（　　）

(三) リョウのポケットには何か入っていましたか。どちらかに○をつけましょう。(10)

（　）入っている　（　）入っていない

(四) リョウがもじもじしているのは、どうしてですか。当てはまるものに○をしましょう。(10)

（　）「あっちへ行け。」なんて言われて、おこっている。

（　）かわいがってやろうと思っているのに、がっかりしている。

（　）「ごまかすな。」と言われて、ポケットの中のものを見せようかどうかまよっている。

(五) リョウのポケットから出てきたのは、だれのためのかんづめですか。(10)

（　　）

(六) イ一人と一ぴきは、だれとだれのことですか。(10×2)

（　　）（　　）

のらねこ

(3)

名前

「じゃあ、またね。」

リョウは、行こうとしました。

すると、のらねこは言いました。

「それ、一口くれたら、かわいがらせてやってもいいよ。」

「あ。」

リョウは、立ち止まりました。さあ、どうしよう。

「そうだなあ。でも――。」

ア「たった一口でいいんだよ。全部くれなんて言っているわけじゃない。その、なんだ。つまり、リョウのところには、おたくのねこのためのかんづめなんて、そう庫の中にぎらぎら光っているくらい、ならべてあるんだろう。その中の一つの、一口だよ。どうってことない。」

イ「まあ、それは――。」

ウ「けち。リョウのけち。そんなことで、かわいがってやるもないもんだ。ふん。自分のねこが、そんなにかわいいか。」

「いいよ。わかったよ。」

リョウは、かんづめを開けます。

「よし。それじゃあ、エそこの草の上に、一口分だけおけ。」

「あれ。ぼくのてのひらから、食べてくれるんではないの。」

「子どもはあぶないからね。もう少し、しょうこがないと、オ安心できない。」

カ「そんなら、そうしなよ。気のすむようにおしよ。」

リョウは、草の上に、一口より少し多めに、かんづめの中身をこぼして、後ろに下がります。

(教育出版 ひろがる言葉 小学国語 3年(下) 三木卓)

上の文章を読んで、答えましょう。

(一) リョウが「あ。」と言ったのは、のらねこが何と言ったからですか。(10)

(　　)

(二) アたった一口でいいんだよ。と言ったわけを、(　)に言葉を書き入れて、文をかんせいさせましょう。(10×3)

リョウのところには、(　　)が

そう庫の中に(　　)

くらい、(　　)あるだろうから、

一口ぐらいくれたっていいだろう。

(三) イ「まあ、それは――。」につづく文で、当てはまるものに○をしましょう。(10)

(　) そうかもしれないけど、これはうちのねこのかんづめだからなあ。

(　) そうじゃなくて、このかんづめはぜったい家に持って帰らなきゃ。

(四) ウけち。リョウのけち。と言われて、リョウはどうしましたか。(10)

(　　)

(五) エそこの草の上におけと、のらねこが言ったのは、なぜですか。(10)

(　　)

(六) リョウはどんなふうに、のらねこにえさをやろうと思っていましたか。(10)

(　　)

(七) オ安心できない。のは、なぜですか。(10)

(　　)

(八) カ「そんなら、そうしなよ。気のすむようにおしよ。」は、だれが、何をすることですか。(10)

(　　)

のらねこ

(4)

名前

よく太っている。

よそで、ほかののらねこをおしのけても、おいしい物食べているという感じです。

だから、今は、リョウにかわいがられてやるために食べてやっている、というのかな。それとも、リョウのねこが食べるのをくらしてしまったために自分が食べてしまうのだ、というのかな。どっちにもとれる感じです。

リョウは見つめています。

でも、たった一口分ですから、じきに食べてしまいました。

「さあ、よし。おいしかった。リョウはいい子だということがわかった。それではいよいよ、かわいがられてやるとするか。」

リョウは、よろこんで、のらねこに近づい(ア)ていきます。

「あ、だめ。それいじょう、近づくな。近づくなんて、ずうずうしい(イ)。ひっかくぞ。」

「どうして。ねえ、のらねこ。」

リョウは、あきれて言います。

Ⓐ「じゃあ、どうやってきみをかわいがるの。」

Ⓘ「そのくんでかわいがれ。」

Ⓤ「ここから、どうやってかわいがれるの。ぼくわからない。」

Ⓔ「え。」

Ⓞ「え。」

一人と一ぴきは顔を見合わせます。

（教育出版　ひろがる言葉　小学国語　3年（下）　三木　卓）

上の文章を読んで、答えましょう。

(一) のらねこはなぜ、とてもおなかがすいている、というふうではないのですか。(10)

(　　　　　　　　)

(二) のらねこがよく太っているので、よそでどんなことをしている感じがするのですか。(10)

(　　　　　　　　)

(三) リョウから見て、今、のらねこには、何のためにえさを食べている、という感じに見えますか。二つ書き出しましょう。(10×2)

(　　　　　　　　)

(　　　　　　　　)

(四) 近づいてきた(ア)リョウに対して、のらねこは何と言いましたか。(10)

(　　　　　　　　)

(五) ずうずうしい(イ)と意味が同じものに、○をしましょう。(10)

(　) ずるい

(　) だらしない

(　) あつかましい

(六) Ⓐ～Ⓞは、だれが言った言葉でしょう。(8×5)

Ⓐ(　　) Ⓘ(　　) Ⓤ(　　) Ⓔ(　　) Ⓞ(　　)

のらねこ

(5)

名前

ははあん。そうだったのか。合点(がってん)がいった

リョウは言います。

「ねえ。きみ、もしかして、かわいがられるって、どういうことか知らないんじゃない。」

「知ってるわけないだろ。どこでも売っていないし。」

のらねこは、ぶすっとして言います。

「きみ、母さんは。」

「母さんなんて……。」

「ああ、やっぱりそうだったのか。かわいがるっていうのは、そばまで行って、相手にさわってあげたり、だいてあげたり、なでてあげたりすることなんだよ。」

「へえ、そんなことするのか。で、そんなこと、なぜするのか。」

「ああ、それも知らないのか。かわいがってもらうと、とても気持ちがいいし、うれしくなるんだよ。」

「へえ。そんなものか。ちょっと、よくわからないが、じゃあ、やってみてくれるか。」

「いいとも。」

リョウは、のらねこに近づきます。あと五十センチのところまで来ました。

「よせ。それいじょう近づくな。」

リョウは立ち止まります。

「こわい。それいじょう近づかれると、にげ出すか、とびかかるかしかない。」

「じゃあいい。そこから、前足だけのばして。ぼくも前足だけのばす。」

「こうか。」

一人と一ぴきはそこにねたまま、前足をのばし合います。

(教育出版 ひろがる言葉 小学国語 3年(下) 三木(みき) 卓(たく))

上の文章を読んで、答えましょう。

(一) ア合点について、リョウは、何に合点がいったのですか。( )に言葉を書き入れて、文をかんせいさせましょう。(10×2)

( )は、( )って、どういうことか知らないとわかったから。

(二) イ「母さんなんて……。」の「……」につづく文で、よいと思うものに○をしましょう。(10)

( ) 毎日いっしょにくらしていて楽しい。

( ) どこにいるかわからない。

( ) リョウの家にいるよ。

(三) ① かわいがるとは、どうすることですか。くわしく書きましょう。(10×2)

( )

② かわいがってもらうと、どうなるのですか。

( )

(四) のらねこがウ「よせ。それいじょう近づくな。」と言ったのは、なぜですか。( )に言葉を書き入れて、文をかんせいさせましょう。(10×3)

( )ので、それいじょう近づかれると、( )か、( )しかないと思ったから。

(五) エそれ・オそこは、それぞれ何をさしますか。(10×2)

エそれ( )

オそこ( )

(6)

のらねこ

名前

　のらねこの前足を、上からそっとさわります。ぴくっとします。

「こわくない。こわくない。」

　リョウは小さな声で、なだめるように言います。

　そっと前足で前足の先をなでてあげます。

　のらねこは、じっとしています。

　風がそよそよとふいてきます。

「あ。」

のらねこは、とつぜん、声を出しました。

　リョウが、はっとしてあたりを見回したころには、もう、ア<u>のらねこは、どこにもいませんでした。</u>

「どうしたんだろう。」

　リョウがおどろいていると、庭の一方のはしから、リョウの家のねこがきげんよくやってくるのが見えました。

　しっぽをぴんと立てています。

「やあ、リョウ。こんばんのおかずは、かれいのにつけだって。母さんが、魚屋で大きいかれい買った。うれしかった。」

「そうか、そうか。それはよかった。ぼくもすきだから。それまで、からすとイ<u>三人</u>であそぼうか。」

「あそぼう。」

　リョウはよろこんで、ねこといっしょに走っていってしまいます。屋根の上から、そのすがたを、のらねこが見ています。


（教育出版　ひろがる言葉　小学国語　3年（下）三木　卓）

上の文章を読んで、答えましょう。

(一) ① リョウがのらねこの前足をさわると、のらねこはどうしましたか。 (10×4)

（　　　　）

② 前足をさわりながら、リョウは、どんな声で、どんなふうに、何と言いましたか。

どんな声（　　　　）

どんなふうに（　　　　）

何と言ったか（　　　　）

(二) ア<u>のらねこは、どこにもいませんでした。</u>について答えましょう。 (10×2)

① なぜのらねこは、いなくなったのですか。

（　　　　）

② どうしてのらねこがいなくなったのか、リョウは知っていますか。

（　）知っている　（　）知らない

(三) なぜ、リョウの家のねこは、きげんよくやってきたのですか。 (12)

（　　　　）

(四) イ<u>三人</u>とは、だれのことですか。 (6×3)

（　　　）（　　　）（　　　）

(五) 屋根の上から、そのすがたを見ていたのらねこの気持ちを表していると思うものに、○をしましょう。 (10)

（　）リョウが家のねこと、なかよくしているのがうれしい。

（　）リョウにかわいがってもらっているときに、家のねこにじゃまをされておこっている。

（　）かわいがることを教えてくれたリョウには、ほかにいつもかわいがる家のねこがいるので、さみしい。

おにたのぼうし (一)

名前

こな雪がふっていました。道路も、屋根も、野原も、もう真っ白です。

おにたのはだしの小さな足が、つめたい雪の中に、ときどき、すぽっと入ります。

「いいうちが、ないかなあ。」

でも、今夜は、どのうちも、ひいらぎの葉をかざっているので、入ることができません。ひいらぎは、おにの目をさすからです。

小さな橋をわたった所に、トタン屋根の家を見つけました。おにたのひくい鼻がうごめきました。

「こりゃあ、豆のにおいがしないぞ。しめた。ひいらぎもかざっていない。」

どこから入ろうかと、［あ］見回していると、入り口のドアが開きました。おにたは、すばやく、家の横にかくれました。

女の子が出てきました。その子は、でこぼこしたせん面きの中に、雪をすくって入れました。それから、赤くなった小さな指を口に当てて、ハーッと、白い息をふきかけています。

ア「今のうちだ。」

そう思ったおにたは、ドアから、［い］とうちの中に入りました。

そして、天じょうのはりの上に、ねずみのようにかくれました。

上の文章を読んで、答えましょう。

(一) ① 外はどんな様子でしたか。 (10×2)

（　　　　）

② おにたは、どんなことを思いながら歩いていますか。

（　　　　）

(二) おにたがどのうちにも入ることができないのは、どうしてですか。 (10)

（　　　　）

(三) ① 豆のにおいがしなくて、ひいらぎの葉もかざっていない家を、どこで見つけましたか。 (10×2)

（　　　　）

② どんな家ですか。

（　　　　）

(四) あ・いの［　］に入る言葉を、［　］から えらんで書きましょう。 (10×2)

あ（　　　　）　い（　　　　）

そろり ・ そろそろ

ちょろちょろ ・ おだおだ ・ きょろきょろ

(五) ア「今のうちだ。」とありますが、だれが、何をしているうちなのでしょう。 (10×2)

だれが（　　　　）

何をしているうち（　　　　）

(六) おにたがドアからうちの中に入って、かくれたところはどこですか。 (10)

（　　　　）

※「おにたのぼうし」の教材は、大阪書籍の十七年度版3年生国語教科書にも掲載されています。（教育出版　ひろがる言葉　小学国語　3年（下）　あまん　きみこ）

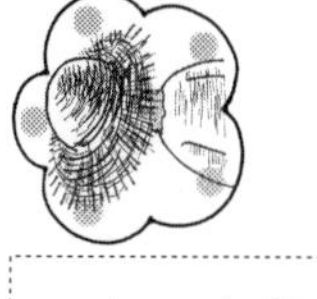

おにたのぼうし (2)

名前

女の子がはしを持ったまま、ふっと何か考えこんでいます。

「どうしたの？」

おにたが心配になってきくと、

「もう、みんな、豆まきすんだかな、と思ったの。」

と答えました。

「あたしも、豆まき、したいなあ。」

「なんだって？」

ア おにたはとび上がりました。

「だって、おにが来れば、きっと、お母さんの病気が悪くなるわ。」

おにたは、手をだらんと下げて、ふるふるっと、悲しそうに身ぶるいして言いました。

イ「おにだって、いろいろあるのに。おにだって……。」

氷がとけたように、急におにたがいなくなりました。あとには、あの麦わらぼうしだけが、ぽつんとのこっています。

「へんねえ。」

女の子は、立ち上がって、あちこちさがしました。そして、

「このぼうし、わすれたわ。」

それを、ひょいと持ち上げました。

「まあ、黒い豆！　まだあったかい……。」


お母さんが目をさまさないように、女の子は、そっと、豆をまきました。

「福はあ内。おにはあ外。」

麦わらぼうしから、黒い豆をまきながら、女の子は、

「さっきの子は、きっと神様だわ。そうよ、神様よ……。」

と考えました。

「だから、お母さんだって、ウ もうすぐよくなるわ。」

ぱらぱら　ぱらぱら
ぱらぱら　ぱらぱら
とてもしずかな豆まきでした。

（教育出版　ひろがる言葉　小学国語　3年（下）　あまん　きみこ）

上の文章を読んで、答えましょう。

(一) 女の子は何をしたいと思っていますか。(10)
（　　　）

(二) ア おにたはとび上がりました。とありますが、なぜとび上がったのでしょう。当てはまるものに○をしましょう。(10)
（　）豆まき用の豆がたくさんいるから。

（　）豆まきをされると、おには外へ追い出されてしまうから。

（　）豆まきをされると、おにたが悪いおにになってしまうから。

(三) イ「おにだって、いろいろあるのに。おにだって……。」について答えましょう。
① おにたはどんな様子で言いましたか。文中から、ぬき出して書きましょう。(10×2)
（　　　）
② 「……。」の部分につづく言葉を考えて、書いてみましょう。
（　　　）

(四) 急におにたがいなくなったことを、どのように表していますか。文中からぬき出して、八字で□に書きましょう。(10)
□□□□□□□□

(五) おにたがおいていったものを二つ書きましょう。(10×2)
（　　　）（　　　）

(六) 女の子がそっと豆まきをしたのは、どうしてですか。(10)
（　　　）

(七) 女の子は、麦わらぼうしをおいていった子のことを、何だと考えましたか。(10)
（　　　）

(八) なぜ女の子は、ウ もうすぐよくなるわ。と思ったのでしょう。(10)
（　　　）

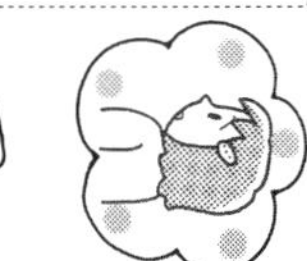

つり橋わたれ (1)

名前

「やあい、やあい、くやしかったら、つり橋わたってかけてこい。」

山の子どもたちがはやし(ア)ました。

トッコは、きゅっとくちびるをかみしめて、ゆれるつり橋を見ました。ふじづるでまた橋の下には、谷川がゴーゴーとしぶきを上げてながれています。

橋はせまいくせに、ずいぶん長くて、人が歩くと、よくゆれます。おまけに、今にもふじづるが切れそうなほど、ギュッ、ギュッと、きしむのです。(イ) [ウ]、さすがに負けずぎらいなトッコも、足がすくんでしまいました。

「やあい、ゆう気があったら、とっとわたれ。」

トッコの家は東京ですが、お母さんがびょう気になったので、この山のおばあちゃんの家にあずけられたのです。

おばあちゃんは、トッコがさびしがるといけないと思って、子どもたちを三人もよんできました。サブとタケシとミヨです。

※「つり橋わたれ」の教材は、大阪書籍の十七年度版3年生国語教科書にも掲載されています。

(学校図書　みんなと学ぶ小学校国語　3年(上)　長崎　源之助)

上の文章を読んで、答えましょう。

(一) 次のア・イの言葉の意味で、正しいものに○をしましょう。 (10×2)

① 山の子どもたちがはやしました。

( ) わあっと声を立てて、悪口を言った。

( ) 調子をとるために言った。

( ) うらやましそうに言った。

② ギュッ、ギュッと、きしむのです。

( ) きれる音がする。

( ) こすれて音をたてる。

( ) ゆれる音がする。

(二) トッコのくやしい気持ちがわかるところを、文中からぬき出して書きましょう。 (10)

( )

(三) ① つり橋は、何でできているでしょう。 (10×2)

( )

② 橋の下の様子を書きましょう。

( )

(四) トッコの足がすくんでしまったのは、橋がどんな様子だからですか。二つ書きましょう。 (10×2)

( )

( )

(五) [ウ]に当てはまる言葉に、○をしましょう。 (10)

( ) だから　( ) しかし　( ) また

(六) ① トッコは、今どこの家にいますか。 (10×2)

( )

② それはどうしてですか。

( )

つり橋わたれ

(2)

名前

ア しらかばのこずえが、サヤサヤ鳴り、ほおの木の広い葉を通してくる日の光が、トッコの顔を緑色にそめました。

イ「おーい、どこにいるのーっ。」

トッコはよびました。

すると、林のおくから、

「おーい、どこにいるのーっ。」

という声が、聞こえてきました。そして、また、どっと風がふきました。

「なんだ、おめえか。」

そばの山つつじの後ろから、サブがひょっこり顔を出しました。ミヨとタケシも出てきました。

「今、男の子を見なかった?」

「いんや、どんな子だい。」

「着物を着た子。」

「今どき、着物を着てるやつなんか、いるもんか。ゆめ見てたんとちがうか。」

アハハハと、山の子たちはわらいました。

ウ「おめえ、つり橋わたれたから、いっしょに遊んでやるよ。」

と、サブが言いました。

それからです、トッコが山のくらしが楽しくなったのは。

でも、トッコは、もう一度、着物を着た男の子と遊びたいと思いました。ところが、いくらよんでも、遠くの方でまねをするだけで、エ あの子は、もうすがたを見せませんでした。

(学校図書　みんなと学ぶ小学校国語　3年(上)　長崎(ながさき)　源之助(げんのすけ))

上の文章を読んで、答えましょう。

(一) ア しらかばのこずえが、サヤサヤ鳴り、ほおの木の広い葉を通してくる日の光が、トッコの顔を緑色にそめました。について答えましょう。(10×2)

① トッコはどこにいますか。

(　　　　)

② 何が、トッコの顔を緑色にそめたのですか。

(　　　　)

(二) ①「おーい、どこにいるのーっ。」は、だれが、だれに言っていますか。(10×4)

だれが(　　)　だれに(　　)

② ウ「おめえ、つり橋わたれたから、いっしょに遊んでやるよ。」は、だれが、だれに言っていますか。

だれが(　　)　だれに(　　)

(三) 山の子たちの名前を三つ書きましょう。(4×3)

(　　)(　　)(　　)

(四) ① 山の子たちは、トッコが何と言ったので、わらったのですか。(10×2)

(　　　　)

② なぜ、わらったのですか。

(　　　　)

(五) エ あの子は、もうすがたを見せませんでした。とありますが、どうしてだと思いますか。当てはまるものに○をしましょう。(8)

(　) トッコが、つり橋をわたれるようになったから。

(　) トッコが、山の子たちと遊べるようになったから。

(　) トッコが、きらいになったから。

海の光

(1)

名前

ぼくのうちに、もうすぐ赤ちゃんが生まれる。お兄ちゃんになるなんて、そりゃはじめはうれしかった。ア<u>でも、でも、どうしてなの？</u> ぼくのおもちゃなんてどんどんしまわれて、子どもべやは赤ちゃんの物ばかり。

「お父さん！ ねえ、お母さん。」

イ<u>だれにも、ぼくの声は聞こえない。</u>ぼくは、とうめい人間になっちゃったのかな。

「赤ちゃんの予定日には、まだけっこうあるけど、いい子にしてろよ。おまえも、もう小学生なんだから。それに、なんていったってお兄ちゃんになるんだからな。」

車のスピードがあがる。目の前に、青い海が広がった。

おじいちゃんの家は、なんだかくらくてかびくさかった。

「どうした、ふみや。もっと食べなさい。なあに、赤んぼうが生まれれば、すぐにむかえに来てくれる。ウ<u>それ</u>までのしんぼうだ。」

「べつに生まれてこなくたっていいのに……。」

おじいちゃんが、じっとぼくを見た。

「そうだ、ふみや。あしたは貝ひろいにでも行ってみよう。たくさんとれるぞ。なっ、そうしよう。そうしよう。」

（学校図書 みんなと学ぶ小学校国語 3年（上） 緒島 英二）

上の文章を読んで、答えましょう。

(一) ぼくが、はじめはうれしかったのは、どうしてですか。(10)

（　　　　）

(二) ぼくがアでも、でも、どうしてなの？と思うようになったことがらを、次の文からえらんで○をしましょう。(10×2)

（　）車のスピードがあがる。

（　）ぼくのおもちゃなんてどんどんしまわれて、子どもべやは赤ちゃんの物ばかり。

（　）明日は貝ひろいにでも行ってみよう。

（　）だれにも、ぼくの声は聞こえない。

(三) ① イだれにも、ぼくの声は聞こえない。とありますが、ぼくはどんなことを言っていますか。言葉をぬき出して書きましょう。(10×2)

「　　　　」

② どうして聞こえないのだと思いますか。わけを考えて書きましょう。

（　　　　）

(四) ぼくがいい子にしていなければいけないわけを二つ書きましょう。(10×2)

（　　　　）

（　　　　）

(五) ウそれは、何をさしていますか。(10)

（　　　　）

(六) おじいちゃんが、ぼくを貝ひろいにさそってくれたのは、どうしてですか。よいと思う文二つに○をしましょう。(10×2)

（　）つまらなそうにしているので、元気を出させてやろうと思ったから。

（　）たくさん貝をひろって、いっぱい食べさせてやろうと思ったから。

（　）貝をひろって、赤んぼうにプレゼントするため。

（　）おじいちゃんの家にいる間、楽しくすごせるようにしてあげたいから。

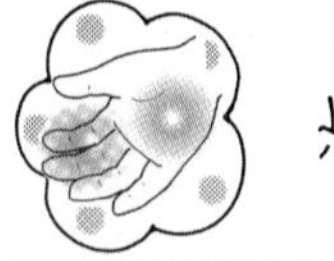

海の光

(2)

名前

貝ひろいの朝、おじいちゃんは畑に出たきり、なかなかもどってこなかった。

畑に出ると、おじいちゃんは小さなトマトを何度も指でなでていた。

「おじいちゃん！　もう、早くしてよ。」

「すまん、すまん。トマトがやっとここさ実をつけてな。ばあさんが大すきだったんだ。」

「トマトなんてどうでもいいよ。早くして。」

ア おじいちゃんはうそつきだ。貝なんて、ちっともとれやしない。

「おまえは、ここにいろよ。」

ぼくをはまべにおいて、おじいちゃんは海にもぐった。

「ああっ、ずるーい、ぼくも！」

海の方へと、ぼくもかけだす。

「これっ、ちょっとまて！」

ぼくの頭に大きな波がかかる時、イ おじいちゃんがガシッとぼくをだきとめた。

貝ひろいのつぎの日は、雨だった。

ぼくが起きたら、おじいちゃんはもういなかった。まどから、畑のおじいちゃんが見えた。おじいちゃんは、雨の中でせっせとなっぱをぬいている。

ぼくはずっとおじいちゃんを見ていた。

（学校図書　みんなと学ぶ小学校国語　3年（上）緒島　英二）

上の文章を読んで、答えましょう。

(一) おじいちゃんはどこへ行って、なかなかもどってこなかったのですか。(10)

（　　　　　　　　　　）

(二) 何度も小さなトマトを指でなでていたおじいちゃんの気持ちに当てはまる文を二つえらんで、○をしましょう。(15×2)

（　）おばあちゃんのことを思い出して、なつかしく思っている。

（　）トマトがまだ小さいので、早く大きくなれとおこっている。

（　）トマトをだいじにかわいがって、そだてている。

(三) ア「おじいちゃんはうそつきだ。」とありますが、なぜ、うそつきだと思ったのですか。(15)

（　　　　　　　　　　）

(四) イ「おじいちゃんがガシッとぼくをだきとめた。」とありますが、だきとめたのは、どうしてだと思いますか。(15)

（　　　　　　　　　　）

(五) ① 貝ひろいのつぎの日は、どんな天気でしたか。(10×3)

（　　　　）

② おじいちゃんは、何をしていましたか。

（　　　　　　　　　　）

③ ぼくは②のおじいちゃんを、どこから見ていましたか。

（　　　　　　　　　　）

海の光 (3)

名前

お父さんからの電話には、ぼくはなかなか出る気がしなかった。

「まだ、生まれないそうだ。」

「どうでもいいよ。赤んぼうなんて。」

おじいちゃんは、さびしそうな顔でぼくを見た。

「おまえの気もちもわからんでもないが。」

「……[あ]、アどこ行くの？ まってよ。」

ぼくはあわててサンダルをはいた。

おじいちゃんは、海の水をすくった。

「ぶみや。ほれっ。」

「えっ？ ああっ！ おじいちゃんの手、光ってる！」

「*夜光虫だ。こんなに小さな虫でも、生まれてきたことがうれしくって うれしくって、一生けん命光ってるだろ。」

「うわー、おじいちゃん。あっちにもこっちにも、いっぱいだね。」

「……[い]、どんな命にも、生まれた時からこんな光がある。だからな、ぶみや。どうでもいいものなんて、どこにも一つもないんだよ。」

ぼくはだまって、手のひらの光を見つめていた。

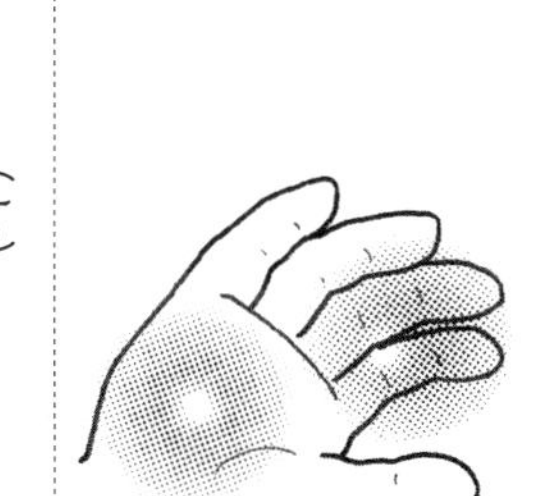

*夜光虫　夜の海で光る小さな生き物。

（学校図書　みんなと学ぶ小学校国語　3年（上）　緒島英二）

上の文章を読んで、答えましょう。

(一) お父さんからの電話に、なかなか出る気がしなかったぼくの気持ちに当てはまる文に○をしましょう。(10)

（　）まだ、生まれてないことがわかっていたから。

（　）赤んぼうが生まれても、うれしくないから。

（　）心の中では、赤んぼうが生まれてくることを楽しみにしていたけれど、はずかしかったから。

(二) おじいちゃんは、どうしてさびしそうな顔でぼくを見たのでしょう。(10)

（　　　　）

(三) アどこ行くの？とありますが、おじいちゃんはどこに行こうとしているのですか。(10)

（　　　　）

(四) ①「ぶみや。ほれっ。」と言って、見せてくれたものは何ですか。(10×2)

（　　　　）

②おじいちゃんの手が光っているのは、どうしてでしょう。

（　　　　）

(五) 夜光虫が一生けん命光っているのは、何がうれしくて光っていると、おじいちゃんは言っていますか。(15)

（　　　　）

(六) あいの□に入る言葉を、□からえらんで書きましょう。(10×2)

あ（　　　　）　い（　　　　）

きっと・さっと・ちょっと・そっと

(七) おじいちゃんがぶみやに言いたかったことを、文中からぬき出して書きましょう。(15)

（　　　　）

わにのおじいさんのたから物 (1)

名前

へびもかえるも、土の中にもぐりました。からすが、寒そうに鳴いています。

ある天気のいい日に、ぼうしをかぶったおにの子は、川岸を歩いていて、水ぎわでねむっているわにに出会いました。

わにを見るのは生まれてはじめてなので、おにの子は、そばにしゃがんで、しげしげとながめました。

そうとう年をとっていて、鼻の頭からしっぽの先まで、しわしわくちゃくちゃです。人間でいえば、百三十才くらいの感じ。

わには、ぜんぜん動きません。

ア死んでいるのかもしれない――と、おにの子は思いました。

「わにのおじいさん。」

とよんでみました。

わには、目をつぶり、じっとしたまま。

イあ、おじいさんでなくて、おばあさんなのかもしれない――と思いました。

「わにのおばあさん。」

やっぱり、わには、ぴくりとも動きません。

ウ死んだんだ――と、おにの子は思いました。

おにの子は、そのあたりの野山を歩いて、地面に落ちているほおの木の大きな葉っぱを拾っては、わにの所に運び、体のまわりにつみ上げていきました。

(学校図書　みんなと学ぶ小学校国語　3年(下)　川崎　洋)

上の文章を読んで、答えましょう。

(一) つぎのものは、それぞれ、どんな様子をしていますか。上と下を――でむすびましょう。(5×4)

からす　・　　・土の中にもぐりました。
へび・かえる　・　　・寒そうに鳴いている。
おにの子　・　　・ぜんぜん動かない。
わに　・　　・川岸を歩いている。

(二) おにの子が、わにのそばにしゃがんで、わにをしげしげとながめたのは、なぜですか。(10)

(　　　　)

(三) わにについて、当てはまるもの二つに○をしましょう。(10×2)

(　) わには、おばあさんです。
(　) 鼻の頭からしっぽの先まで、しわしわくちゃくちゃです。
(　) わには死んでいます。
(　) 人間でいえば、百三十才くらいの感じです。

(四) おにの子が、上の文中のア――・イ――・ウ――のように思ったわけを書きましょう。(10×3)

ア(　　　　)
イ(　　　　)
ウ(　　　　)

(五) ① おにの子が、わにの体のまわりにつみ上げたものは何ですか。(10×2)

(　　　　)

② また、それはどこにありましたか。

(　　　　)

わにのおじいさんのたから物 (2)

名前

「では、行っておいで。わしは、この葉っぱのふとんで、もうひとねむりする。たから物ってどういうものか、君の目でたしかめるといい。」

そう言って、わにのおじいさんは、目をつぶりました。

おにの子は、地図を見ながら、とうげをこえ、けもの道を横切り、つり橋をわたり、谷川にそって上り、岩あなをくぐりぬけ、森の中で何度も道にまよいそうになりながら、やっと、地図の×じるしの場所にたどり着きました。

ア そこは、切り立つようながけの上の岩場でした。

イ そこに立った時、おにの子は、目を丸くしました。口で言えないほど美しい夕やけが、いっぱいに広がっていたのです。

思わず、おにの子は、ぼうしを取りました。

ウ これがたから物なのだ――と、おにの子はうなずきました。

ここは、世界じゅうでいちばんすてきな夕やけが見られる場所なんだ――と思いました。

その立っている足もとに、たから物を入れた箱がうまっているのを、おにの子は知りません。

おにの子は、いつまでも、夕やけを見ていました。

（学校図書 みんなと学ぶ小学校国語 3年（下） 川崎 洋）

上の文章を読んで、答えましょう。

(一) おにの子が地図を見ながら、地図の×じるしの場所にたどり着くまでのことを、文中から見つけて、じゅん番に書き出しましょう。（8×5）

① （　　　）
② （　　　）
③ （　　　）
④ 谷川にそって上り
⑤ （　　　）
⑥ （　　　）
⑦ 地図の×じるしの場所にたどりついた。

(二) ア そこ、イ そこは、どこのことですか。（10×2）

ア （　　　）
イ （　　　）

(三) おにの子は、なぜ目を丸くしたのですか。（10）

（　　　）

(四) ウ これは、何をさしていますか。（10）

（　　　）

(五) がけの上の岩場のことを、おにの子はどんなふうに思いましたか。文中からぬき出して書きましょう。（10）

（　　　）

(六) たから物は、ほんとうはどこにあるのですか。（10）

（　　　）

百羽のつる (1)

名前

つめたい月の光で、こうこうと明るい、ア夜ふけの広い空でした。

[あ]、北の方から、真っ白な羽を、ひわひわと鳴らしながら、百羽のつるがとんできました。

百羽のつるは、みんな同じ速さで、白い羽を、ひわひわと動かしていました。首をのばしてゆっくりゆっくりとんでいるのは、つかれているからでした。

[い]、北のはてのさびしい氷の国から、昼も夜も休みなしに、とびつづけてきたのです。

[う]、ここまで来れば、行き先はもうすぐでした。楽しんで待ちに待っていた、きれいな湖のほとりに着くことができるのです。

「下をごらん、山脈だよ。」

と、先頭の大きなつるが、うれしそうに言いました。

みんなは、いっせいに下を見ました。

黒々と、一面の大森林です。雪をかむった高いみねだけが、月の光をはね返して、はがねのように光っていました。

「もう、あとひと息だ。みんながんばれよ。」

上の文章を読んで、答えましょう。

(一) ア夜ふけというのは、いつのことですか。よいものに○をしましょう。(10)

（　）夜が明けて朝になろうとしている時。

（　）夜がふかくなった時。

（　）夕方から夜になろうとしている時。

(二) ① つるは、どの方角からとんできましたか。(10×2)

（　　）

② どんな国からとんできましたか。

（　　）

(三) ① つるがつかれている様子がわかるところをぬき出して書きましょう。(10×2)

（　　）

② なぜ、つかれているのですか。

（　　）

(四) あ〜うの□に入る言葉を、[　]からえらんで書きましょう。(10×3)

あ（　　）　い（　　）　う（　　）

そこへ・だが・それから・なにせ・また

(五) はがねのように光っていたのは何ですか。(10)

（　　）

(六) つるは「もう、あとひと息だ。みんながんばれよ。」と言っていますが、あとひと息でどこに着くのでしょう。(10)

（　　）

百羽のつる (2)

名前

　百羽のつるは、目をきろきろと光らせながら、つかれた羽に力をこめて、しびれるほどつめたい夜の空気をたたきました。それで、とび方は、ア今までよりも少しだけ速くなりました。もう、後が知れているからです。のこりの力を出しきって、ちょっとでも早く、湖に着きたいのでした。

　すると、その時、いちばん後ろからとんでいた、小さな子どものつるが、下へ下へと落ち始めました。

　子どものつるは、みんなにないしょにしていましたが、病気だったのです。ここまでついてくるのも、やっとでした。

　みんなが、少しばかり速くとび始めたので、子どものつるは、ついていこうとして、死にものぐるいでとびました。イそれがいけなかったのです。

　あっという間に、羽が動かなくなってしまい、すいこまれるように、下へ落ち始めました。

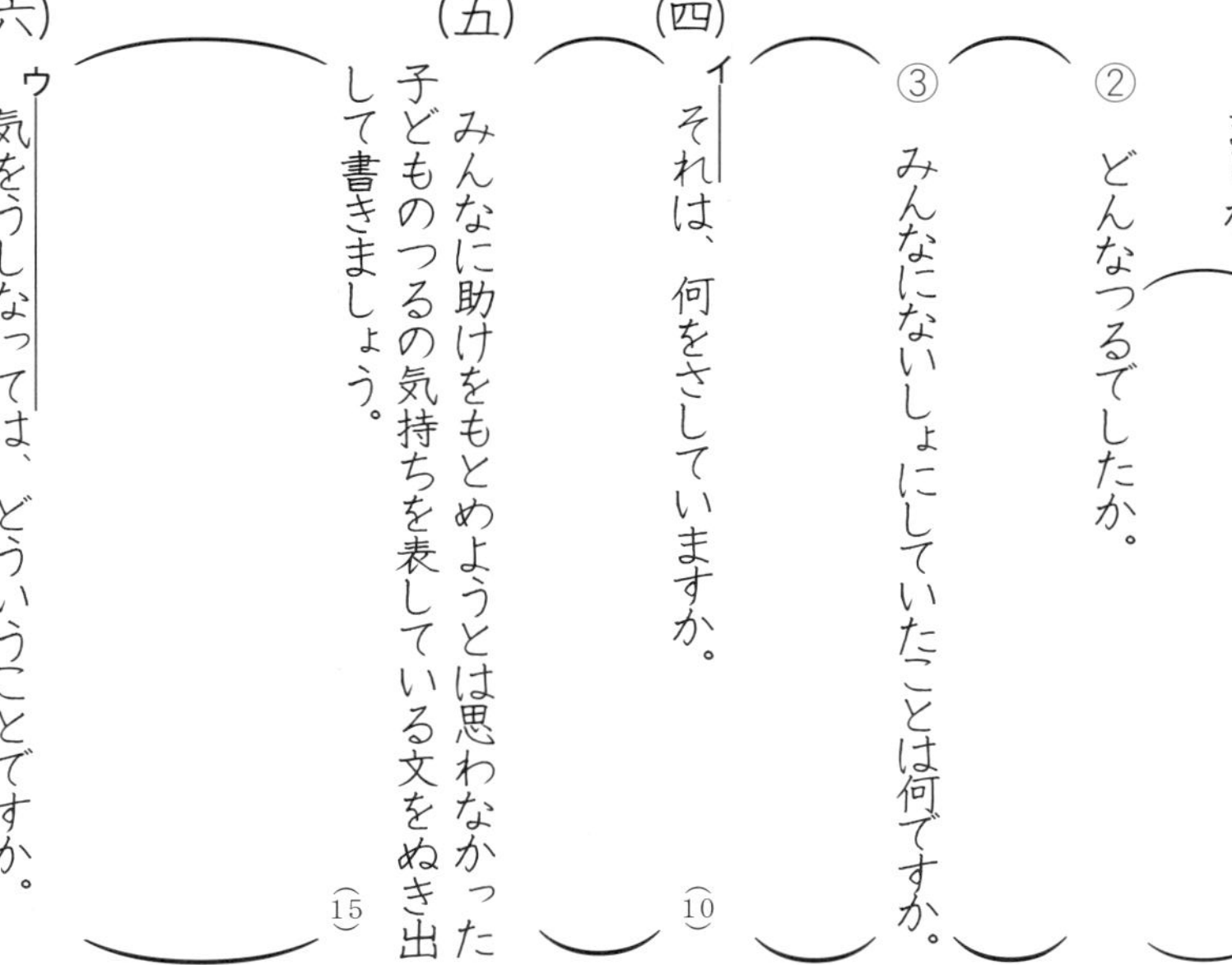

　だが、子どものつるは、みんなに助けをもとめようとは思いませんでした。もうすぐだとよろこんでいるみんなのよろこびを、こわしたくなかったからです。

　だまってぐいぐいと落ちながら、小さなつるは、やがて、ウ気をうしなってしまいました。

（学校図書　みんなと学ぶ小学校国語　3年（下）　花岡　大学）

上の文章を読んで、答えましょう。

(一)　百羽のつるが、夜空をとんでいる様子を表している文を、ぬき出して書きましょう。　(15)

（　　　　）

(二)　ア今までよりも少しだけ速くなりました。とありますが、なぜ速くなったのでしょう。二つ書きましょう。　(10×2)

（　　　　）

（　　　　）

(三)　下へ下へと落ち始めたつるについて、答えましょう。　(10×3)

①　そのつるは、百羽のつるのどこをとんでいましたか。（　　　　）

②　どんなつるでしたか。

（　　　　）

③　みんなにないしょにしていたことは何ですか。

（　　　　）

(四)　イそれは、何をさしていますか。　(10)

（　　　　）

(五)　みんなに助けをもとめようとは思わなかった子どものつるの気持ちを表している文をぬき出して書きましょう。　(15)

（　　　　）

(六)　ウ気をうしなっては、どういうことですか。よいものに○をしましょう。　(10)

（　）意しきがなくなって。　（　）気持ちが弱くなって。

百羽のつる

(3)

名前

子どものつるの落ちるのを見つけて、そのすぐ前をとんでいたつるが、するどく鳴きました。

すると、[ア]、大変なことが起こりました。前をとんでいた九十九羽のつるが、いっせいに、さっと、下へ下へと落ち始めたのです。子どものつるよりも、もっと速く、月の光をつらぬいてとぶ銀色の矢のように速く落ちました。

そして、落ちていく子どものつるを追いぬくと、黒々とつづく大森林の真上のあたりで、九十九羽のつるは、さっと羽を組んで、一まいの白いあみとなったのでした。

すばらしい九十九羽のつるの曲芸は、みごとに、あみの上に子どものつるを受け止めると、そのまま空へまい上がりました。

気をうしなった子どものつるを長い足でかかえた、先頭のつるは、何事もなかったように、みんなに言いました。

「さあ、元のようにならんで、とんでいこう。もうすぐだ。がんばれよ。」

こうこうと明るい、夜ふけの空を、百羽のつるは、真っ白な羽をそろえて、ひわひわと、空のかなたへ、イしだいに小さく消えていきました。

（学校図書　みんなと学ぶ小学校国語　3年（下）　花岡　大学）

上の文章を読んで、答えましょう。

（一）子どものつるが落ちるのを見つけたのは、どんなつるでしたか。(10)

（　　　）

（二）[ア]に当てはまる言葉を[　]からえらんで書きましょう。(10)

（　　　）

[あわてて・さっと・たちまち]

（三）前をとんでいた九十九羽のつるが、いっせいに、さっと、速く落ちる様子を、何のようにたとえていますか。文中からぬき出して書きましょう。(15)

（　　　）

（四）① 落ちていく子どものつるのために、九十九羽のつるは何を作りましたか。(10)

（　　　）

② ①のことを、ちがう言い方で何と言っていますか。（　）に言葉を書き入れましょう。(5×3)

すばらしい（　　　）の（　　　）の（　　　）

（五）気をうしなった子どものつるを長い足でかかえているのは、どのつるですか。(10)

（　　　）

（六）イしだいに小さく消えていきました。について答えましょう。

① どこを、何が、どんなふうに、どちらへ消えていったのですか。（　）にくわしく書き入れましょう。(5×4)

どこを（　　　）を　何が（　　　）が
どんなふうに（　　　）と、
どちらへ（　　　）へ消えていきました。

② 同じ意味のまま、言い方をかえるとどうなりますか。書いてみましょう。(10)

（　　　）

あらしの夜に (1)

名前

ごうごうとふきつけてきた。

それは「雨」というより、ア おそいかかる水のつぶたちだ。

あれくるった夜のあらしは、そのつぶたちを、ちっぽけなヤギの体に、右から左から、力まかせにぶつけてくる。

白いヤギは、やっとの思いでおかをすべり下り、こわれかけた小さな小屋にもぐりこんだ。

暗やみの中で、ヤギは体を休め、じっと、あらしのやむのをまつ。

イ ガタン！

だれかが小屋の中に入ってくる。

ウ ハアハアという息づかい。

何ものだろう？

ヤギはじっと身をひそめ、耳をそばだてた。

コツン　ズズ、コツン　ズズー。

一歩、一歩、エ かたいものがゆかをたたいてやってくる。

ひづめの音だ。

なあんだ、［　オ　］カ ヤギにちがいない。

ヤギはほっとして、そいつに声をかけた。

（大阪書籍　小学国語　3年（上）　木村　裕一）

上の文章を読んで、答えましょう。

(一) ア おそいかかるとありますが、「何が」「何に」おそいかかるのですか。 (8×3)

① 「何が」（　　　　）

② 「何に」（　　　　）

(二) ア おそいかかると同じ意味で使っている言葉を、文中から二つぬき出して書きましょう。 (8×2)

（　　　　）

（　　　　）

(三) 白いヤギがもぐりこんだのは、どのようなところですか。 (10)

（　　　　）

(四) イ ガタン！は、何の音ですか。 (10)

（　　　　）

(五) ウ ハアハアは、だれの息づかいですか。 (10)

（　　　　）

(六) エ かたいものだとわかったのは、どのような音がしたからですか。文中からぬき出して書きましょう。 (10)

（　　　　）

(七) ［オ］の中に入る言葉を、［　］からえらんで書きましょう。 (10)

（　　　　）

［それでも　それから　それなら］

(八) カ ヤギにちがいないと思ったわけは、なぜですか。 (10)

（　　　　）

あらしの夜に (2)

名前

「すごいあらしですね。」

「え？　おや、こいつはひつれい（ア）、ハア、ハア、しやした。まっ暗で、ちっとも、ハア、ハア、気がつきやせんで。」

あいて（イ）はちょっとおどろいて、あらい息で答える。

あ「わたし（ウ）も、今とびこんできたところですよ。しかし、こんなにひどくなるとは（エ）ね。」

い「まったく。……おかげで足はくじくし、おいらはもうさんざんですよ。ふう。」

あいては、やっと大きくため息をつき、つえにしていたぼう切れをゆかにおく。

ということは……。

そう、そのつえをついてやってきた黒いかげは、ヤギではなく、オオカミだったのだ。とくに、このオオカミ、するどいきばをもち、ヤギの肉が大好物（こうぶつ）ときている。

「あなたが来てくれて、ほっとしましたよ。」

ヤギのほうは、あいてがオオカミだとは、まだ気がつかない。

「そりゃあ、おいらだって、あらしの夜に、こんな小屋にひとりぼっちじゃ、心細くなっちまいやすよ。」

どうやらオオカミのほうも、あいてがヤギだとは気づいていない。

う「よっこらしょ。うっ……、いてててて。」

え「どうしました。」

「いやあ、ここに来るとき、ちょっと、足をね。」


（大阪書籍　小学国語　3年（上）　木村（きむら）　裕一（ゆういち））

上の文章を読んで、答えましょう。

(一) ひつれい（ア）は、正しくは何と言っているのですか。(10)

(二) ① あいて（イ）とは、だれのことですか。(8×2)
② あいて（イ）は、自分のことを、何とよんでいますか。

(三) わたし（ウ）がとびこんできたところは、どこですか。(10)

(四) こんなにひどくなるとは（エ）、何がひどくなるのですか。(10)

(五) やってきたオオカミのとくちょうを、三つ書きましょう。(8×3)

(六) 二ひきとも、あいてのことに気づかないのは、どうしてですか。(10)

(七) あ～えは、だれが言った言葉でしょう。(5×4)
あ（　）　い（　）
う（　）　え（　）

地らいをふんだゾウ　モタラ

(1)

名前

モタラは、はたらくゾウです。大きく太い木を、長くてじょうぶな鼻を使っておしたり、せなかにベルトをつけて力強く引いてはたらいています。こうして、昔から、人間とゾウはたすけ合い、なかよくくらしてきました。

モタラがはたらいている所は、タイとミャンマーの国きょう近くの、ふかい森の中です。

ある暑い日の午後のことです。

人間も動物も、すずしい木かげで昼ねをしています。南の国では、いちばん暑い時間に休けいして、すずしくなってからはたらくのです。

モタラは、［あ］と、森のおくに入っていきました。森の中の草の上は、ひんやりして、とても気もちのいいことを知っていたからです。

［い］、森の中の午後でした。

そのとき、とつぜん大地がズドドドドーンと大きな音をたてて、［う］とゆれ、葉っぱが［え］とおちました。

人間も動物もおどろいてとび起きました。おそろしさと不安(ふあん)で、むねがつぶれるようでした。おもくるしい中で、一人がつぶやきました。

「地らいだ……。地らいがばくはつしたんだ。」と。

（大阪書籍　小学国語　3年（上）　江樹(えぎ)　一朗(いちろう)）

上の文章を読んで、答えましょう。

(一) モタラのしごとについて書かれている文をぬき出して書きましょう。(10)

(　　　　)

(二) 昔から、人間とゾウは、どのようにくらしてきましたか。(10)

(　　　　)

(三) モタラがはたらいている所はどこですか。(10)

(　　　　)

(四) 次の時間は、人間も動物もどうしていますか。(10×2)

① 暑い日の午後 (　　　　)

② すずしくなってから (　　　　)

(五) モタラが、休けいする所はどんな所ですか。(10)

(　　　　)

(六) とつぜん大地が大きな音をたててゆれ、葉っぱがおちたのは、何がおこったからですか。(10)

(　　　　)

(七) あ〜えの［　］に入る言葉を、［　］からえらんで書きましょう。(6×5)

あ (　　　　)
い (　　　　)
う (　　　　)
え (　　　　)

- バラバラ
- グラグラ、ドシーン
- ゆったりゆったり
- しずかな、しずかな

地らいをふんだゾウ　モタラ　(2)

名前

人々は、つめたい水でモタラのきずをあらい、薬をぬり、ほうたいをまいて手当てをしました。でも、モタラが行くゾウ病院は㋐遠くて、トラックで行かなければなりません。㋑、トラックは道のない森に入ってこられないのです。モタラは、トラックがまつ村まで歩いて行かねばなりません。

「モタラ、がんばるんだ。」

みんなは、口々にはげましました。

㋒はげましの声が聞こえたのでしょう。モタラは、「バオーッ！　バオーッ！」と、答えて立ち上がろうとしましたが、不自由な三本足では、おもい体をささえることができずに、何度もころんでしまいました。人間たちは、竹や、太い木を使ってモタラの体をささえてたすけました。体じゅうきずつけながら、モタラは何度目かに㋓三本足で立ち上がることができ、よろよろと、一歩ずつ歩きはじめました。夜の暗い道を、月が出て、まっすぐ、明るくアてらし出してくれました。

夜が明けるころ、モタラはようやくトラックのまつ村に着きました。トラックはきずついたモタラをのせて、ゆっくりゾウ病院にむかいました。

三日後の夜。病院のせきにんしゃであるソンライダさんや、おいしゃさんやかんごしさんのまつゾウ病院に着きました。

（大阪書籍　小学国語3年（上）　江樹一朗）

上の文章を読んで、答えましょう。

(一)　人々は、モタラのけがをどのように手当てしましたか。三つ書きましょう。（10×3）

（　　　　）

（　　　　）

（　　　　）

(二)　㋐～㋓の□に入る言葉を、□から選んで書きましょう。（5×4）

㋐（　　　）　㋑（　　　）

㋒（　　　）　㋓（　　　）

とても　そんな　それから　ところが　ようやく

(三)　モタラがゾウ病院に行くために、トラックのまつ村まで歩いて行かなければならないのはどうしてですか。（10）

（　　　　）

(四)　何度もころぶモタラの体を、人間たちはどんなものを使ってたすけましたか。（10）

（　　　　）

(五)　モタラは、何本の足で立ち上がりましたか。（6）

（　　　　）

(六)　アてらし出してくれました。とありますが、何が、何を、どのようにてらし出したのですか。（8×3）

何が（　　　）が

何を（　　　）を

どのように（　　　）てらし出してくれました。

里の春、山の春 (1)

名前

大阪書籍 小学国語3年(上) 新美南吉(にいみなんきち)

野原にはもう春が来ていました。

さくらがさき、小鳥は鳴いておりました。

けれども、山にはまだ春は来ていませんでした。

山のいただきには、雪も白くのこっていました。

山のおくには、親子のシカがすんでいました。

ぼうやのシカは、生まれてまだ一年にならないので、春とはどんなものか知りませんでした。

「お父ちゃん、春ってどんなもの。」

「春には花がさくのさ。」

「お母ちゃん、花ってどんなもの。」

「花ってね、きれいなものよ。」

「ふうん。」

けれど、ぼうやのシカは、花を見たこともないので、花とはどんなものだか、春とはどんなものだか、よくわかりませんでした。

ある日、ぼうやのシカはひとりで山の中を遊(あそ)んで歩きまわりました。

すると、遠くの方から、

「ポーン。」

とやわらかな音が聞こえてきました。

上の文章を読んで、答えましょう。

(一) 春は、どこへ来ましたか。（10）

（　　　）

(二) 春の様子を表している文を、ぬき出して書きましょう。（10）

（　　　）

(三) 山のきせつは、いつですか。（10）

（　　　）

(四) 山のいただきは、どんな様子ですか。（10）

（　　　）

(五) 山のおくには、何がすんでいましたか。（10）

（　　　）

(六) ① ぼうやのシカがどんなものだか知らないものを、二つ書きましょう。（5×2）

（　　　）（　　　）

② 花をよく知らないのは、なぜでしょう。（10）

（　　　）

(七) ① ある日、ぼうやのシカはどこにいましたか。（10×2）

（　　　）

② 「ポーン。」という音は、どこから聞こえてきましたか。

（　　　）

(八) 上の文章に出てくるシカは何頭ですか。（10）

（　　　）

里の春、山の春

(2)

名前

「なんの音だろう。」

するとまた、

「ボーン。」

ぼうやのシカは、ぴんと耳を立てて聞いていました。やがて、その音にさそわれて、どんどん山を下りてゆきました。

山の下には野原が広がっていました。野原にはさくらの花がさいていて、よいかおりがしていました。

一本のさくらの木の根方(ねかた)に、やさしいおじいさんがいました。

子ジカを見るとおじいさんは、さくらをひとえだおって、その小さい角(つの)にむすびつけてやりました。

「さあ、ア<u>かんざし</u>をあげたから、日のくれないうちに山へお帰り。」

子ジカはよろこんで山に帰りました。

ぼうやのシカから話を聞くと、お父さんジカとお母さんジカは口をそろえて、

「ボーンという音はおかねだよ。」

「おまえの角についているのが花だよ。」

「イ<u>その花</u>がいっぱいさいていて、気持(きも)ちのよいにおいのしていたところが、春だったのさ。」

と教えてやりました。

それからしばらくすると、山のおくへも春がやってきて、いろんな花がさき始(はじ)めました。


（大阪書籍　小学国語３年（上）　新美南吉(にいみなんきち)）

上の文章を読んで、答えましょう。

(一) 「なんの音だろう。」は、だれの言葉ですか。 (10)

(二) 「ボーン。」は、何の音ですか。 (10)

(三) ① 野原が広がっていたところはどこですか。 (5×2)

② 野原の様子を表している文を、ぬき出して書きましょう。

(四) やさしいおじいさんがいた場所はどこですか。 (10)

(五) アかんざしは、何でできていますか。 (10)

(六) 「ボーンという音はおかねだよ。」と教えてくれたのはだれですか。 (10)

(七) イその花とは、どんな花ですか。 (10)

(八) 春は、どんなにおいがしていたところですか。 (10)

(九) 上の文章に出てくる人や動物をすべて書きましょう。 (5×4)

125

きつねをつれて村祭り (1)

名前

ごんじいは、おもちゃ屋さんでした。おもちゃをつんだ車を引いて、あっちこっちのお祭りに行って、おもちゃを売るのが仕事でした。

今日は、山の向こうの村でお祭りです。ア にのって、笛やたいこの音が聞こえてきます。

「うんうん、いつ聞いてもいい音じゃのう。」

ごんじいはとうげに着くと、イやれやれとひと休みしました。ウそのときです。

（ほっ、きつねの子どもじゃ。）

やぶのかげで、一ぴきのきつねが、くるんとちゅう返りをしています。

（人間なんぞに化けて、お祭りにでも行きたいんじゃな。）

そこで、ごんじいは言いました。

「さて、そろそろ出かけようか。だれか、いっしょに行ってくれる子どもでもいるといいんじゃが……。」

すると、待っていたように、一人の男の子が走り出てきました。

「ごんじい、いっしょに行こう。」

「うんにゃ？」

ごんじいは、エ目をぱちくりしました。

だって、体や手や足は人間の子どもなのに、顔だけきつねの男の子が、「どうだい！」というように、立っていたからです。

（くふっ、うまく化けられないんじゃ。いいわい、だまされたふりをしてあげようかのう。）

（大阪書籍　小学国語　3年（下）こわせ・たまみ）

上の文章を読んで、答えましょう。

(一) ごんじいの仕事は、どんなことをする仕事ですか。くわしく書きましょう。 (10)

（　　　　）

(二) ア に当てはまる文字を、次の［　］からえらんで書きましょう。 (10)

［　］　車・風・雨・声

(三) イやれやれと思ったのは、ごんじいが何をしていたからですか。 (10)

（　　　　）

(四) ウそのときとは、どんなときですか。 (10)

（　　　　）

(五) ごんじいは、どこで、何をしているきつねに出会いましたか。 (10×2)

① どこで（　　　　）

② 何をしている（　　　　）

(六) ごんじいが、エ目をぱちくりさせたわけを、次の□に言葉を入れて書きましょう。 (6×5)

□や□や□は人間の子どもなのに、□だけ□の男の子が立っていたからです。

(七) （くふっ、うまく化けられないんじゃ。いいわい、だまされたふりをしてあげようかのう。）と思ったごんじいの気持ちに当てはまるものに○をしましょう。 (10)

（　）まだ子どもでかわいいなあ。

（　）だまそうとして、なまいきだなあ。

（　）自分もだましてやろう。

きつねをつれて村祭り　(2)

名前

そこで、ごんじいは言いました。

㋐「はい、だれかと思ったら、村の子か。で、名前は何というんじゃな？」

㋑「こん！　あっ、ちがった。ええと……、こうたじゃ。」

「こうたか。うん、いい子じゃな。」

（だが、このままではなあ……。）

ごんじいは、車につんだ箱の中から、きつねのお面を取り出しました。

㋒「さあ、このお面をかぶっていこうかな。うん、にあうにあう。」

神社につづく道には、もうたくさんのお店がならんでいました。

㋓「やあ、ごんさん。きょうはおまごさんといっしょかね。」

㋔「ぼくっ、ぼくのことおまごさんだって……。」

ア<u>こうたは、うれしそうに言いました。</u>

㋕「こうた、手つだっておくれ。」

ごんじいは、ほんとうのまごに言うように、こうたに言うと、お店を開く用意を始めました。

㋖「ほれ、しっかりもっていなよ。」

㋗「うん、だいじょうぶだい。」

こうたは、一生けんめいにはたらきました。あせが、ぶつぶつ出てきました。

「ごんじい、暑い……。」

こうたは、顔のあせをぬぐおうとして、お面を取ってしまいました。

「あっ、あわわ……。」

ごんじいは、あわててかけよると、こしの手ぬぐいを引きぬいて、こうたの顔にかぶせました。

「ご、ごんじい、苦しいよう。あせなんか、ひとりでふけるよう。」

（やれやれ、この子ときたら、やっぱり顔まで人間になったつもりでおるんじゃ……。）

（大阪書籍　小学国語　3年（下）　こわせ・たまみ）

上の文章を読んで、答えましょう。

(一)　㋐〜㋗はだれが言った言葉でしょう。（5×8）

㋐（　　）　㋑（　　）

㋒（　　）　㋓（　　）

㋔（　　）　㋕（　　）

㋖（　　）　㋗（　　）

(二)　「こん！　あっ、ちがった。ええと……、こうたじゃ。」と言ったこうたは、どうして自分の名前を「こん！」と言いまちがえたのでしょう。（10）

（　　）

(三)　①　ごんじいは、どこからお面を取り出しましたか。（10×3）

（　　）

②　どんな顔をしたお面ですか。

（　　）

③　お面をだれにかぶせましたか。

（　　）

(四)　ア<u>こうたは、うれしそうに言いました。</u>とありますが、こうたは、なぜうれしそうに言ったのですか。（10）

（　　）

(五)　なぜごんじいは、あわててかけよると、こしの手ぬぐいを引きぬいて、こうたの顔にかぶせたのですか。（10）

（　　）

やまんばのにしき (1)

名前

むかしむかし、ある所に、ちょうふくやまという高い山があったと。

夏のよく晴れた日でも、てっぺんに雲がかかって、晴れるということがない。おそろしいやまんばが住んでいるとも言われていた。

ある年の秋のことだ。

月のいいばんで、ふもとの村では、村じゅうの者が月見をしていたと。

［あ］、空がにわかにくもってきて、風はふきだす、雨はふりだす、しまいには、ひょうまでが音をたててふってきた。子どもたちは、たまげてふとんにもぐりこみ、だき合ってふるえていた。

そのうちに、風がゴーッとふいたかと思うと、屋根をドロドロとふみ鳴らして、さけぶ声がした。

「ちょうふくやまのやまんばが子どもうんだで、もちついてこう。ついてこねば、人も馬もみな食いころすどお。」

なにやら知れんあばれ者は、そうさけんで村じゅうの屋根をとび歩き、ふみ鳴らしたが、やがてその声も遠くなった。

すると、空はからっと晴れて、もとのようにあかあかした月夜になった。

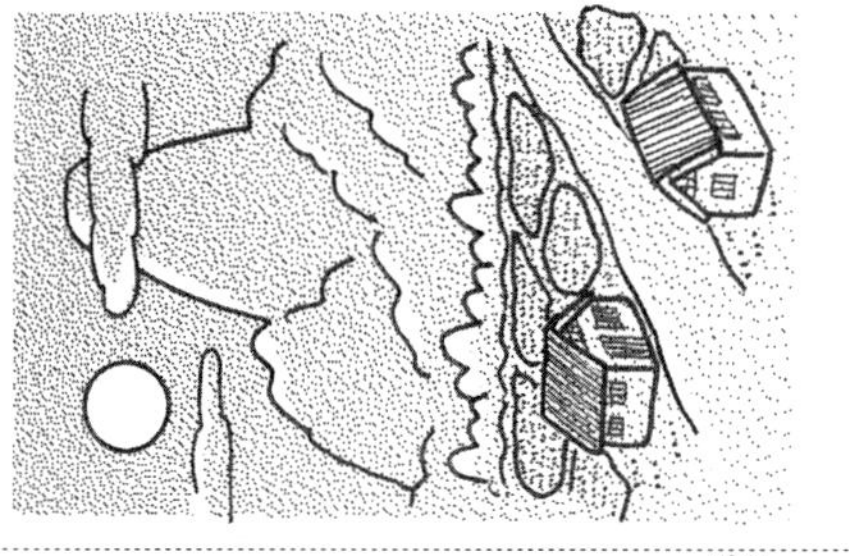

（大阪書籍　小学国語　3年（下）松谷みよ子）

上の文章を読んで、答えましょう。

(一) 高い山について、答えましょう。 (10×3)

① 何という名前の山ですか。（　　）

② 山の天気を書きましょう。

（　　）

③ 何が住んでいると言われていますか。（　　）

(二) 月見をしていたばんの、天気のうつりかわる様子を、（　）に書きましょう。 (10×3)

月のいいばんに、村じゅうの者が月見をしていた。

↓

（　　）

↓

子どもたちは、たまげてふとんにもぐりこみ、だき合ってふるえていた。

↓

（　　）

↓

屋根をドロドロとふみ鳴らして、さけぶ声がした。あばれ者が村じゅうの屋根をとび歩き、ふみ鳴らしたが、やがてその声も遠くなった。

↓

（　　）

(三) あばれ者は、何のために村に来たのでしょう。 (15)

（　　）

(四) あばれ者は、もちついてこねば、何をすると言ったのでしょう。 (15)

（　　）

(五) ［あ］に入る言葉を、［　］からえらんで書きましょう。 (10)

㋐（　　）

［さすがに　すると　また　しかし］

やまんばのにしき (2)

名前

そこで村じゅうが、一けんいくらと米を出して、もちをつくことになった。ぺったらぺったらとつきあげて、平たいおけ二つに入れたが、さて、やまんばの所まで持っていく者がいない。

するとアだれ言うとなく、

「だだはちとねぎそべの二人に行かせべ。いつもいばっているもの。」

と言いだした。

すると、もう、村じゅうが、そうだそうだ、だだはちとねぎそべに行かせべということになった。

だだはちとねぎそべという、この二人のへんな名前のわか者は、村じゅうきってのあばれんぼうで、いつもいばってばかりいた。だから、

「こんなときこそ、力のあるとこ見せてもらうだ。」

「手がらたてもらうところだ。」

と、すっかりそう決まってしまった。

二人はいつもいばっているもので、いやだとも言えず、顔見合わせて、

「でもおら、道を知らんし……。」

「んだ、道案内いねばなあ。」

と言ったと。

イそこでまた、みんなひたいをよせて相談したが、なにしろおそろしいやまんばがいるという山だもの、行った者はだれ一人おらん。

（大阪書籍 小学国語 3年(下) 松谷みよ子）

上の文章を読んで、答えましょう。

(一) 村じゅうが、一けんいくらと米を出して、つきあげたもちについて答えましょう。 (10×2)

① もちを、どこに入れましたか。

（　　　　）

② ①は、いくつありますか。

（　　　　）

(二) やまんばの所まで持っていく者がいないのは、どうしてですか。 (10)

（　　　　）

(三) アだれ言うとなくとは、どういう意味ですか。次の中からえらび、○をしましょう。 (10)

（　）だれというのはわすれたが、村人の中の一人が言うには

（　）声に出すのではなく、心の中で、

（　）いつのまにか、だれが言い出したかはっきりしないままに、

(四) ① やまんばのところへ、だれとだれが行くことになったのですか。名前を書きましょう。 (10×2)

（　　）と（　　）

② どうして、そう決まったのですか。 (10)

（　　　　）

③ 二人が、行くのがいやだというわけを、どのように言っていますか。文中からぬき出して書きましょう。 (10×2)

「　　　　」

「　　　　」

(五) イそこでまた、みんなひたいをよせて、何を相談したのですか。 (10)

（　　　　）

思考力・表現力・活用力を高め、
よりPISA型をめざした

全文読解力問題

モチモチの木 (1)

名前

おくびょう豆太(まめた)

まったく、豆太ほどおくびょうなやつはない。もう五つにもなったんだから、夜中に、一人で*せっちんぐらいに行けたっていい。

ところが、豆太は、せっちんは表にあるし、表には大きなモチモチの木がつっ立っていて、空いっぱいのかみの毛をバサバサとふるって、両手を「わあっ。」とあげるからって、夜中には、じさまについてってもらわないと、一人じゃしょうべんもできないのだ。

じさまは、ぐっすりねむっている真夜中に、豆太が「じさまぁ。」って、どんなに小さい声で言っても、「しょんべんか。」と、すぐ目をさましてくれる。いっしょにねている一まいしかないふとんを、ぬらされちまうよりいいからなあ。

それに、とうげのりょうし小屋に、自分とたった二人でくらしている豆太が、かわいそうで、かわいかったからだろう。

けれど、豆太のおとうだって、くまと組みうちして、頭をぶっさかれて死んだほどの*きもすけだったし、じさまだって、六十四の今、まだ*青じしを追っかけて、きもをひやすような岩から岩へのとびうつりだって、見事にやってのける。

それなのに、どうして豆太だけが、こんなにおくびょうなんだろうか——。

*せっちん　べんじょのこと。
*きもすけ　どきょうのある人のこと。
*青じし　かもしかのこと。

※「モチモチの木」の教材は、学校図書の十七年度版3年生国語教科書にも掲載されています。

やい、木い

モチモチの木ってのはな、豆太がつけた名前だ。小屋のすぐ前に立っている、でっかいでっかい木だ。

秋になると、茶色いぴかぴか光った実を、いっぱいふり落としてくれる。その実を、じさまが、木うすでついて、石うすでひいてこなにする。こなにしたやつをもちにこねあげて、ふかして食べると、ほっぺたが落っこちるほどうまいんだ。

「やい、木い、モチモチの木い、実い落とせぇ。」

なんて、昼間は木の下に立って、かた足で足ぶみして、いばってさいそくしたりするくせに、夜になると、豆太はもうだめなんだ。木がおこって、両手で「お化けぇ。」って、上からおどかすんだ。夜のモチモチの木は、そっちを見ただけで、もう、しょんべんなんか出なくなっちまう。

じさまが、しゃがんだひざの中に豆太をかかえて、

「ああ、いい夜だ。星に手がとどきそうだ。おく山じゃぁ、しかやくまめらが、鼻ぢょうちん出して、ねっこけて(ねむりこけて)やがるべ。それ、シイーッ。」

って言ってくれなきゃ、とっても出やしない。しないでねると、あしたの朝、とこの中がこう水になっちまうもんだから、じさまは、かならずそうしてくれるんだ。五つになって「シー」なんて、みっともないやなあ。

でも、豆太は、そうしなくっちゃだめなんだ。

(光村図書　国語　3年(下)　あおぞら　斎藤隆介)

モチモチの木 (1)

名前

「モチモチの木」(1)を読んで、答えましょう。

(一) このお話に出てくる人を、全部書きましょう。 (10)

(　　)

(二) このお話の主人公(中心になっている人)は、だれですか。 (10)

(　　)

(三) このお話の主人公のせいかくを、作者は短い言葉で表しています。その言葉を書きましょう。 (10)

(　　)

(四) ① このお話の主人公は、どんなところでくらしていますか。 (10)

(　　)

② ①の表には、何がありますか。 (10)

(　　)

(五) ① モチモチの木は、どこに立っている、どんな大きさの木ですか。 (10)

(　　)

② なぜ豆太は、「モチモチの木」という名前をつけたのだと思いますか。 (10)

(　　)

③ 夜のモチモチの木の様子が書いてある所をさがして、二つ書き出しましょう。 (10×2)

(　　)

(　　)

(六) じさまはなぜ豆太に、「ああ、いい夜だ。星に手がとどきそうだ。おく山じゃぁ、しかやくまめらが、鼻ぢょうちん出して、ねっこけてやがるべ。それ、シイーッ。」って言ってくれるのだと思いますか。 (10)

(　　)

モチモチの木 (2)

名前

霜月二十日のばん

そのモチモチの木に、今夜は、灯がともるばんなんだそうだ。じさまが言った。

「霜月*の二十日のうしみつ*にゃあ、モチモチの木に灯がともる。起きてて見てみろ。そりゃあ、きれいだ。おらも、子どものころに見たことがある。死んだおまえのおとうも見たそうだ。山の神様のお祭りなんだ。

それは、一人の子どもしか、見ることはできねえ。それも、勇気のある子どもだけだ。」

「――それじゃあ、おらは、とってもだめだ――。」

豆太は、ちっちゃい声で、なきそうに言った。だって、じさまもおとうも見たんなら、自分も見たかったけど、こんな冬の真夜中に、モチモチの木を、それも、たった一人で見に出るなんて、とんでもねえ話だ。ぶるぶるだ。

木のえだえだの細かいところにまで、みんな灯がともって、木が明るくぼうっとかがやいて、まるでそれは、ゆめみてえにきれいなんだそうだが、そして、豆太は「昼間だったら、見てえなあ――。」と、そっと思ったんだが、ぶるぶる、夜なんて考えただけでも、おしっこをもらしちまいそうだ――。

豆太は、はじめっからあきらめて、ふとんにもぐりこむと、じさまのたばこくさいむねん中に鼻をおしつけて、よいの口*からねてしまった。

*霜月　十一月のむかしのよび名。
*うしみつ　真夜中のこと。
*よいの口　日がくれてから、まだあまり時間がたたないころ。

豆太は見た

豆太は、真夜中に、ひょっと目をさました。頭の上で、くまのうなり声が聞こえたからだ。

「じさまあっ。」

むちゅうでじさまにしがみつこうとしたが、じさまはいない。

「ま、豆太、心配すんな。じさまは、じさまは、ちょっとはらがいてえだけだ。」

まくら元で、くまみたいに体を丸めてうなっていたのは、じさまだった。

「じさまっ。」

こわくて、びっくらして、豆太はじさまにとびついた。けれども、じさまは、ころりとたたみに転げると、歯を食いしばって、ますますすごくうなるだけだ。

「医者様をよばなくっちゃ。」

豆太は、小犬みたいに体を丸めて、表戸を体でふっとばして走りだした。

ねまきのまんま。はだしで。

半道*もあるふもとの村まで――。

外はすごい星で、月も出ていた。とうげの下りの坂道は、一面の真っ白い霜で、雪みたいだった。霜が足にかみついた。足からは血が出た。豆太は、なきなき走った。

いたくて、寒くて、こわかったからなあ。

でも、大すきなじさまの死んじまうほうが、もっとこわかったから、なきなきふもとの医者様へ走った。

*半道　やく二キロメートル。

（光村図書　国語　3年（下）あおぞら　斎藤隆介）

モチモチの木 (3)

名前

これも、年よりじさまの医者様は、豆太からわけを聞くと、

「おう、おう――。」

と言って、＊ねんねこばんてんに薬箱と豆太をおぶうと、真夜中のとうげ道を、えっちら、おっちら、じさまの小屋へ上ってきた。

とちゅうで、月が出てるのに、雪がふり始めた。この冬はじめての雪だ。豆太は、そいつをねんねこの中から見た。

そして、医者様のこしを、足でドンドンけとばした。じさまが、なんだか死んじまいそうな気がしたからな。

豆太は、小屋へ入るとき、もう一つふしぎなものを見た。

「モチモチの木に、灯がついている。」

けれど、医者様は、

「あ、ほんとだ。まるで、灯がついたようだ。だども、あれは、とちの木の後ろにちょうど月が出てきて、えだの間に星が光ってるんだ。そこに雪がふってるから、明かりがついたように見えるんだべ。」

と言って、小屋の中へ入ってしまった。だから、豆太は、その後は知らない。医者様のてつだいをして、かまどにまきをくべたり、湯をわかしたりなんだり、いそがしかったからな。

＊ねんねこばんてん
赤ちゃんをせおうときに、赤ちゃんをつつむように着る、わた入りのはんてん。

弱虫でも、やさしけりゃ

でも、次の朝、はらいたがなおって元気になったじさまは、医者様の帰った後で、こう言った。

「おまえは、山の神様の祭りを見たんだ。モチモチの木には、灯がついたんだ。おまえは、一人で、夜道を医者様よびに行けるほど、勇気のある子どもだったんだからな。自分で自分を弱虫だなんて思うな。人間、やさしささえあれば、やらなきゃならねえことは、きっとやるもんだ。それを見て、他人がびっくらするわけよ。は、は、は。」

――それでも、豆太は、じさまが元気になると、そのばんから、

「じさまぁ。」

と、しょんべんにじさまを起こしたとさ。

（光村図書　国語　3年（下）あおぞら　斎藤隆介）

モチモチの木 ⑴⑵⑶

名前

「モチモチの木」⑴⑵⑶を読んで、答えましょう。

(一) 次のイラストの場面で、豆太の言った言葉と、じさまが言った言葉を書きましょう。（5×2）

(二) じさまのよび方が四つ出てきます。合っているものどうしを線でむすびましょう。（7×4）

「じさま。」 •　　• 作者がお話のなかで、書いているとき

「じさまあ。」 •　　• 豆太があまえているときの言い方

「じさまぁっ。」 •

「じさまっ。」 •　　• 豆太がしんぱいしているときの言い方

(三) 夜中に半道もの山道を、医者様をよびに行くときの豆太の気持ちを考えて、ふき出しに書いてみましょう。（10）

(四) 「モチモチの木に灯がついている。」と豆太が言ったことについて考えましょう。（8×4）

① 医者様は、それを何だと言っていますか。

（　　　　）

② じさまは、それを何だと言っていますか。また、どんな子どもしか見ることができないと言っていますか。

（　　　　）

③ あなたは、医者様とじさま、どちらの意見にさんせいですか。（　　　　）

④ なぜ、③のように考えましたか。

（　　　　）

(五) ① 豆太はどのような子どもか、あなたは、次の三人の意見のうち、だれにさんせいですか。（　）に○をつけましょう。三人の意見とちがうときは、自分の意見を［　］に書きましょう。（10）

（　）やさしいけれど、弱虫。　（　）やさしくて、とっても強い子。

（　）本当は、とっても弱虫でこわがり。

［　　　　］

② なぜ、そう思いましたか。（10）

（　　　　）

木かげにごろり (1)

名前

山をこえ、七つの山をこえた山里に、それはのどかな村がありました。

おひゃくしょうたちははたらき者で、みんな助け合いながらなかよくくらしていました。

でも、一つだけこまったことがありました。おひゃくしょうたちに土地をかしている地主が、とてもよくばりで、お米や麦などをどっさりと横取りすることです。そのうえ、地主はひまさえあれば家の前の木かげにすわって、おひゃくしょうたちがしっかりはたらくように見はっていたのです。

ある夏の日のことです。ここちよいそよ風に、地主はうとうとねむりはじめました。

あせびっしょりのおひゃくしょうが、ひと休みしようと木かげに入りかけたとたん、ねむっていたはずの地主が、目をさましてどなりつけました。

「こりゃあ、だれのゆるしをえて、わしの木かげに入ろうとする。」

「地主様、ここはみんなが使う広場でございます。」

「広場はそうでも、この木はちがう。これはわしのじい様が植えたものだから、この木かげもわしのものじゃ。入りたければ、木かげを買い取ってから入れ。」

しかたなくおひゃくしょうたちは、たくさんのお米やかぼちゃ、ぶたやにわとりなどを、村じゅうから集めて、木かげを買い取りました。

それから一月ほどたった夕方のことです。

地主が外から帰ってくると一人のおひゃくしょうが、門の前でねころがっていました。

「こりゃあ、だれのゆるしをえて、わしの門の前でねておる。」

「地主様、木かげがどこまでのびているか、しっかり見てくだされ。木かげはまちがいなくわたしたちが買ったものでございます。」

たしかに、木かげはきっちりと門までのびていたので、地主はだまって家の中に入っていきました。

また一月ほどたった夕方のことです。地主が外から帰ってくると、今度は中庭で、三人のおひゃくしょうがねっころがっていました。

「こりゃあ、だれのゆるしをえて、わしの中庭でねておる。」

「地主様、木かげがどこまでのびているか、しっかり見てくだされ。木かげはまちがいなく、わたしたちが買ったものでございます。」

たしかに、木かげはくっきりと中庭までのびていたので、また、地主はだまって家の中に入っていきました。

（東京書籍　新編新しい国語　3年（下）　金森襄作）

木かげにごろり (1)

名前

「木かげにごろり」(1)を読んで、答えましょう。

(一) このお話に出てくる人を、全部書きましょう。 (10)

(　　　　　　　　　　)

(二) おひゃくしょうたちは、どこで、どんなふうにくらしていましたか。 (10)

(　　　　　　　　　　)

(三) おひゃくしょうたちは、どんなことでこまっていましたか。 (10)

(　　　　　　　　　　)

(四) 地主は、どんな理由で、おひゃくしょうが木かげに入ることをゆるさないと言ったのですか。 (10)

(　　　　　　　　　　)

(五) ① 木かげを買ったおひゃくしょうが、木かげでねっころがった所が二つあります。どことどこでしょうか。 (10×2)

(　　　　) と (　　　　)

② おひゃくしょうはどうして、①の所でねっころがることができたのでしょう。 (10)

(　　　　　　　　　　)

(六) このお話の地主は、どのような人ですか。当てはまると思う言葉すべてに、○をしましょう。 (10)

かしこい ・ ずるい ・ しんせつ ・ はたらきもの ・ なまけもの ・ いじわる
けち ・ せっかち ・ よくばり ・ やさしい ・ 金持ち ・ びんぼう ・ きまじめ

(七) ① (六)の言葉の中で、地主にいちばん当てはまると思うものを一つえらびましょう。 (10×2)

(　　　　　　　　　　)

② なぜその言葉がいちばん当てはまると思うのか、理由を書きましょう。

(　　　　　　　　　　)

木かげにごろり (2)

名前

秋風がふきはじめたころのことです。地主の家では、ご先ぞ様をくようする「お祭り」をすることになりました。

肉に魚、おもちに、につけ、ともかくたくさんのおそなえものを作らなければなりません。親せきの人たちもやってきて、じゅんびに大いそがしです。

ところが、夕方になると中庭におひゃくしょうたちが入りこんできて、

一人がごろり
二人がごろり
三人がごろり

と、ねっころがりました。

そのうち、木かげが板の間までのびていくと、おひゃくしょうたちはそれをまっていたかのように、ひょいと板の間に上がりこんで、

一人がごろり
二人がごろり
三人がごろり

と、ねっころがりはじめたのです。

おどろいた地主がとんできて、

「こりゃあ、だれのゆるしをえて、わしの板の間でねておる。」

「地主様、木かげがどこまでのびているか、しっかり見てくだされ。」

「なに、木かげじゃと。」

たしかに木かげがのびています。

あわてて地主がふり返ると、中庭いっぱいに、

ごろりん
ごろりん

おひゃくしょうたちが、ねっころがっていたのです。

もう、こうなっては「お祭り」どころではありません。

「ひええ、とんでもないものを売ってしまった。」

地主は頭をかかえて、そのまま地べたにへたりこんでしまいました。

よろこんだのはおひゃくしょうたちです。

「やったぞ、やった。それ、そら。」

みんな手をふり、足を上げ、歌に合わせておどりはじめました。

親せきの人たちはあきれ返って、みんな自分の家に帰ってしまいました。

そうしている間に、木かげがごちそうの上までのびていきました。

「あっ、おれたちの木かげにごちそうが入った。」

そう言って、おひゃくしょうたちは、ごちそうを全部平らげてしまいました。

さて、地主のほうは真夜中になって、このままではご先ぞ様に申しわけないと、ごちそうを絵にかいてそなえたということです。

（東京書籍 新編新しい国語 3年（下） 金森襄作）

木かげにごろり (2)

名前

「木かげにごろり」(2)を読んで、答えましょう。

(一) お話に出てきた人を全部書きましょう。 (10)

(　　　)

(二) おひゃくしょうたちがねっころがった所を、全部書きましょう。 (10)

(　　　)

(三) ご先ぞ様をくようする「お祭り」の日の季節と、その日の天気と、「お祭り」のじゅんびの手伝いにやってきた人を書きましょう。 (10×3)

① 「お祭り」の日の季節 (　　　)
② その日の天気 (　　　)
③ 手伝いにやってきた人 (　　　)

(四) おひゃくしょうたちが、中庭いっぱいにねっころがったのは、「お祭り」の日のいつごろですか。また、どうしてねっころがることができたのですか。 (15)

(　　　)

(五) 「さて、地主のほうは真夜中になって、このままではご先ぞ様に申しわけないと、ごちそうを絵にかいてそなえたということです。」と書いてあります。

① なぜ真夜中にしたのですか。 (10)

(　　　)

② なぜごちそうを絵にかいたのですか。 (10)

(　　　)

(六) 「木かげにごろり」のお話を読んで、感想を三人に短い言葉でまとめてもらいました。あなたの考えにいちばん合っていると思う人を一つえらんで、(　)に○をつけましょう。また、なぜそれをえらんだのか、理由を書きましょう。 (5)

(　) よくばりをすると損をする。
(　) ずるがしこい人は、かならずこらしめられる。
(　) どんなにこまったことでも、みんなが力を合わせれば、かい決する。

理由 (10)

(　　　)

おにたのぼうし (1)

名前

節分の夜のことです。

まこと君が、元気に豆まきを始めました。

ぱら　ぱら　ぱら　ぱら

まこと君は、いりたての豆を、力いっぱい投げました。

「福はあ内。おにはあ外。」

茶の間も、客間も、子ども部屋も、台所も、げんかんも、手あらいも、ていねいにまきました。そこで、まこと君は、

「そうだ、物おき小屋にも、まかなくっちゃ。」

と言いました。

その物おき小屋の天じょうに、去年の春から、小さな黒おにの子どもが住んでいました。

「おにた」という名前でした。

おにたは、気のいいおにでした。きのうも、まこと君に、なくしたビー玉を、こっそり拾ってきてやりました。この前は、にわか雨の時、ほし物を、茶の間に投げこんでおきました。お父さんのくつを、ぴかぴかに光らせておいたこともあります。

でも、だれも、おにたがしたとは気がつきません。はずかしがり屋のおにたは、見えないように、とても用心していたからです。

豆まきの音を聞きながら、おにたは思いました。

「人間っておかしいな。おには悪いって、決めているんだから。おににも、いろいろあるのにな。」

そして、古い麦わらぼうしをかぶりました。角かくしのぼうしです。

こうして、カサッとも音をたてないで、おにたは、物おき小屋を出ていきました。

こな雪がふっていました。道路も、屋根も、野原も、もう真っ白です。

おにたのはだしの小さな足が、つめたい雪の中に、ときどき、すぽっと入ります。

「いいうちが、ないかなあ。」

でも、今夜は、どのうちも、ひいらぎの葉をかざっているので、入ることができません。ひいらぎは、おにの目をさすからです。

小さな橋をわたった所に、トタン屋根の家を見つけました。おにたのひくい鼻がうごめきました。

「こりゃあ、豆のにおいがしないぞ。しめた。ひいらぎもかざっていない。」

※「おにたのぼうし」の教材は、大阪書籍の十七年度版３年生国語教科書にも掲載されています。

（教育出版　ひろがる言葉　小学国語　３年（下）　あまん　きみこ）

おにたのぼうし (1)

名前

「おにたのぼうし」(1)を読んで、答えましょう。

(一) まこと君は、どこに豆まきをしましたか。ぜんぶ書きましょう。 (4×7)

(　　　)(　　　)(　　　)(　　　)

(　　　)(　　　)(　　　)

(二) ① あなたは、おにたはどんなおにだと思いますか。次の中から当てはまるものをすべてえらんで、○をしましょう。 (10)

いじわる ・ 気のいい ・ らんぼうもの ・ はずかしがりや ・ 用心深い

人のせわをするのがすき ・ しっぱいばかりしている ・ やさしい

② ①で○をつけた中で、おにたのせいかくをいちばんよく表していると思うものを一つ書きましょう。 (10)

(　　　)

③ なぜそれをえらびましたか。理由を書きましょう。 (10)

(　　　)

(三) おにたが、にがてなものを、二つ書きましょう。 (8×2)

(　　　)(　　　)

(四) おにたが物おき小屋を出ていったのは、どうしてですか。 (10)

(　　　)

(五) おにたは、人間が豆まきをすることをどう思っているのでしょう。(　)に当てはまる言葉を、おにたになったつもりで書き入れましょう。 (8×2)

おににも、いろいろあるのに、どうして(　　　)って

決めてしまうんだろう。　ぼくは(　　　)おにだよ。

おにたのぼうし

(2)

名前

　どこから入ろうかと、きょろきょろ見回していると、入り口のドアが開きました。おにたは、すばやく、家の横にかくれました。

　女の子が出てきました。その子は、でこぼこしたせん面きの中に、雪をすくって入れました。それから、赤くなった小さな指を口に当てて、ハーッと、白い息をふきかけています。

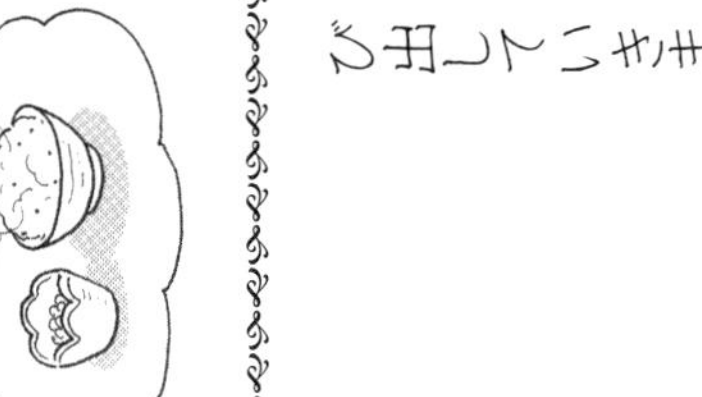

「今のうちだ。」

そう思ったおにたは、ドアから、そろりと家の中に入りました。

　そして、天じょうのはりの上に、ねずみのようにかくれました。

　部屋のまん中に、うすいふとんがしいてあります。ねているのは、女の子のお母さんでした。

　女の子は、新しい雪でひやしたタオルを、お母さんのひたいにのせました。すると、お母さんが、ねつでうるんだ目をうっすらと開けて言いました。

「おなかがすいたでしょう？」

　女の子は、はっとしたようにくちびるをかみました。でも、けん命に顔を横にふりました。そして、

「いいえ、すいてないわ。」

と答えました。

「あたし、さっき、食べたの。あのねえ……、あのねえ……、お母さんがねむっている時。」

と話しだしました。

「知らない男の子が、持ってきてくれたの。あったかい赤ごはんと、うぐいす豆よ。今日は節分でしょう。だから、ごちそうがあまったって。」

　お母さんは、ほっとしたようにうなずいて、また、とろとろねむってしまいました。

　すると、女の子が、フーッと長いため息をつきました。

　おにたは、なぜか、せなかがむずむずするようで、じっとしていられなくなりました。それで、こっそりはりをつたって、台所に行ってみました。

「ははあん――。」

　台所は、かんからかんにかわいています。米つぶ一つありません。大根一切れありません。

「あのちび、何も食べちゃいないんだ。」

　おにたは、もうむちゅうで、台所のまどのやぶれた所から、寒い外へとび出していきました。

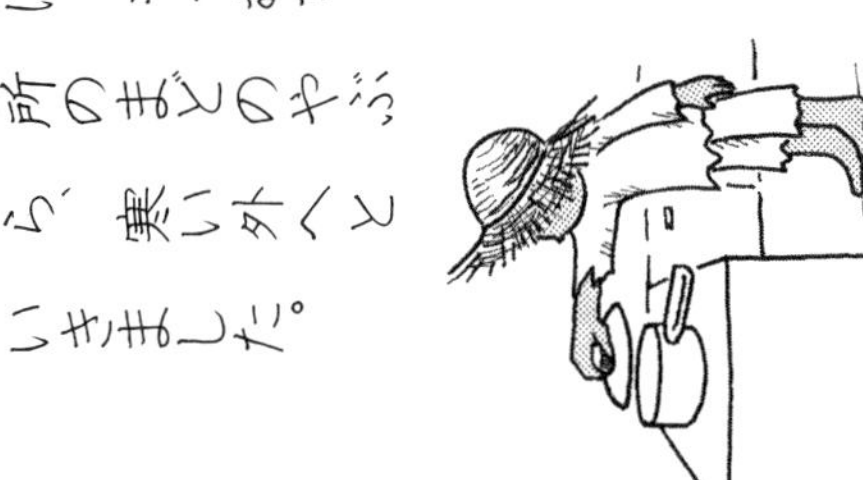

（教育出版　ひろがる言葉　小学国語　3年（下）　あまん　きみこ）

おにたのぼうし (2)

名前

「おにたのぼうし」(2)を読んで、答えましょう。

(一) 女の子とお母さんは、どんなくらしをしていたと思いますか。次の中からえらんで○をしましょう。またそれがわかるところを、文中から四つぬき書きしましょう。(5×8)

( ) お金もちでゆたかなくらしをしていた。

( ) まずしいくらしをしていた。

( ) とても楽しくくらしていた。

それがわかるところ

( )

( )

( )

( )

(二) お母さんに「おなかがすいたでしょう?」とたずねられたとき、女の子はおなかがすいていたと思いますか。すいていなかったと思いますか。(10)

( )

(三) 文中のどこを読んで、あなたは(二)のように答えましたか。その部分をぬき書きしましょう。(10)

( )

(四) 女の子が「いいえ、すいていないわ。」と言ったのは、どうしてでしょう。(10)

( )

(五) 女の子はなぜ、フーッと長いため息をついたのだと思いますか。(10)

( )

(六) なぜおにたは、せなかがむずむずするようで、じっとしていられなくなったのだと思いますか。(10)

( )

(七) むちゅうで、台所のまどのやぶれた所から、寒い外へとび出していったおにたの気持ちを、おにたになったつもりで書きましょう。(10)

( )

おにたのぼうし　(3)

名前

　それからしばらくして、入り口をトントンとたたく音がします。

「今ごろ、だれかしら？」

　女の子が出ていくと、雪まみれの麦わらぼうしを深くかぶった男の子が立っていました。そして、ふきんをかけたおぼんのような物をさし出したのです。

「節分だから、ごちそうがあまったんだ。」

　おにたは、一生けん命、さっき女の子が言ったとおりに言いました。

　女の子はびっくりして、もじもじしました。

「あたしにくれるの？」

　そっとふきんを取ると、温かそうな赤ごはんと、うぐいす色のに豆が、湯気をたてています。

　女の子の顔が、ぱっと赤くなりました。そして、にこっとわらいました。


　女の子がはしを持ったまま、ふっと何か考えこんでいます。

「どうしたの？」

　おにたが心配になってきくと、

「もう、みんな、豆まきすんだかな、と思ったの。」

と答えました。

「あたしも、豆まき、したいなあ。」

「なんだって？」

　おにたはとび上がりました。

「だって、おにが来れば、きっと、お母さんの病気が悪くなるわ。」

　おにたは、手をだらんと下げて、ふるふるっと、悲しそうに身ぶるいして言いました。

「おにだって、いろいろあるのに。おにだって……。」

　氷がとけたように、急におにたがいなくなりました。あとには、あの麦わらぼうしだけが、ぽつんとのこっています。

「へんねえ。」

　女の子は、立ち上がって、あちこちさがしました。そして、

「このぼうし、わすれたわ。」

　それを、ひょいと持ち上げました。

「まあ、黒い豆！　まだあったかい……。」


　お母さんが目をさまさないように、女の子は、そっと、豆をまきました。

「福はあ内。おにはあ外。」

　麦わらぼうしから、黒い豆をまきながら、女の子は、

「さっきの子は、きっと神様だわ。そうよ、神様よ……。」

と考えました。

「だから、お母さんだって、もうすぐよくなるわ。」

　ぱら　ぱら　ぱら　ぱら
　ぱら　ぱら　ぱら　ぱら
とてもしずかな豆まきでした。


（教育出版　ひろがる言葉　小学国語　3年（下）　あまん　きみこ）

おにたのぼうし

(3)

名前

「おにたのぼうし」(2)(3)を読んで、答えましょう。

(一) おにたが女の子の家にごちそうを持ってきてあげたのは、なぜですか。 ⑩

(二) おにたが女の子にあげるごちそうを、赤ごはんとうぐいす色のに豆にしたのは、どうしてだと思いますか。 ⑩

(三) 「女の子の顔が、ぱっと赤くなりました。そして、にこっとわらいました。」のところの、女の子の気持ちを考えて書きましょう。 ⑩

(四) 「おにだって、いろいろあるのに。おにだって……。」の「……」のところに、おにたの言葉をつけたしてみましょう。 ⑩

(五) 急にいなくなったおにたは、どうなったのだと思いますか。 ⑩

(六) (五)のようになったと思ったのは、どうしてですか。その理由を書きましょう。 ⑩

(七) 女の子は、「さっきの子は、きっと神様だわ。そうよ、神様よ……。」とありますが、なぜおにたのことを神様と思ったのでしょう。 ⑮

(八) この女の子とお母さんは、このあと、どうなったと思いますか。あなたの考えを書きましょう。 ⑩

(九) このお話を読んで、おにたはどんなおにだと思いましたか。あなたの考えを書きましょう。 ⑮

つり橋わたれ

(1)

名前

「やあい、やあい、
くやしかったら、
つり橋わたって、
かけてこい。」

山の子どもたちがはやしました。

トッコは、きゅっとくちびるをかみしめて、ゆれるつり橋を見ました。ふじづるでできた橋の下には、谷川がゴーゴーとしぶきを上げてながれています。

橋はせまいくせに、ずいぶん長くて、人が歩くと、よくゆれます。おまけに、今にもふじづるが切れそうなほど、ギュッ、ギュッと、きしむのです。だから、さすがに負けずぎらいなトッコも、足がすくんでしまいました。

「やあい、ゆう気があったら、とっとわたれ。」

トッコの家は東京ですが、お母さんがびょう気になったので、この山のおばあちゃんの家にあずけられたのです。

おばあちゃんは、トッコがさびしがるといけないと思って、子どもたちを三人もよんできました。サブとタケシとミヨです。

「トッコちゃんと遊んでやっておくれ。さあ、東京のおかしをお食べ。」

そう言って、サブたちのごきげんをとりむすんでくれたのです。それなのに、トッコときたら、山の子たちに弱みを見せたくないものだから、東京のじまんばかりしてしまったのです。だから、サブたちがおこるのは当たり前です。そのあげくが、

「くやしかったら、つり橋わたれ。」

ということになったのです。

「ふんだ。あんたたちなんかと、だれが遊んでやるもんか。」

トッコは、べっかんこして見せました。

おばあちゃんは、畑しごとをしたり、はたをおったりしなければなりません。だから、トッコとおままごとやおはじきばかりしてはいられないのです。

来る日も来る日も、トッコは一人で遊びました。花をつんだり、ちょうちょうをおいかけたり、小鳥のすをのぞいたり――。はじめのうちはめずらしかったが、一人では、何をやってもおもしろくありません。

※「つり橋わたれ」の教材は、大阪書籍の十七年度版3年生国語教科書にも掲載されています。

(学校図書　みんなと学ぶ小学校国語　3年(上)　長崎　源之助)

つり橋わたれ

(1)

名前

「つり橋わたれ」(1)を読んで、答えましょう。

(一) ① このお話の主人公は、だれですか。(8)

② ほかに出てくる人を全部書きましょう。(8)

(二) イラストのふき出しに、山の子どもたちがトッコに言ったと思うことを書きましょう。(5×2)

(三) ① トッコは、つり橋のどのあたりにいますか。○をしましょう。(8)

わたりはじめ ・ わたりおわり ・ まん中

② どうしてトッコは、つり橋のそこにいるのですか。(10)

(四) もし、あなたがトッコのように、山の子どもたちにつり橋ではやしたてられたら、どうしますか。(10)

(五) ① トッコは、山のおばあちゃんの家に来て、おもしろくないことがあります。どんなことですか。(10)

② なぜそうなったと思いますか。理由を二つ書きましょう。(8×2)

(六) ① トッコは、どんな子どもですか。当てはまると思うものを、すべて○でかこみましょう。(10)

がんばりや ・ つよがり ・ さびしがり ・ こわがり ・ しんせつ ・ かわいい

② なぜ、①のように○をつけましたか。(10)

つり橋わたれ　(2)

名前

（ママ、今、何してるかな。早くびょう気なおらないかな。）

そう思うと、急にママがこいしくなりました。

「ママーッ。」

かさなり合った緑の山に向かって、大きな声でよびました。すると、「ママーッ。」「ママーッ。」「ママーッ。」と、大きく、小さく、声がいくつもかえってきました。そして、また、元のしずけさにもどりました。ただ、遠くの方で、かっこうの鳴くのが聞こえました。

「だれか、あたしの声をまねしてる。」

トッコは、おもしろくなって、何度も何度もよんでみました。そのたびに、自分そっくりの声がかえってきました。

トッコは、うれしくなって、はたをおっているおばあちゃんの所へとんでいきました。

「あれは、山びこっていうんだよ。」

と、おばあちゃんが教えてくれました。

そこで、トッコは、山に向かってよびかけました。

「おーい、山びこーっ。」

すると、「おーい、山びこーっ。」という声が、いくつもいくつもかえってきました。

それがだんだん大きくなってきたかと思うと、とつぜん、どっと風がふいて、木の葉をトッコにふきつけました。

トッコはびっくりして、思わず目をつむりました。

そして、こわごわ目を開けると、そばに、かすりの着物を着た男の子が立っていたのです。

「あら、あんた、いつ来たの。」

と、トッコが聞くと、男の子は、

「あら、あんた、いつ来たの。」

と言って、にっこりしました。

「おかしな子ね。」

「おかしな子ね。」

「こらっ、まねするな。」

トッコが手をふり上げると、男の子は、

「こらっ、まねするな。」

と言って、にげました。

「まねすると、ぶつわよ。」

「まねすると、ぶつわよ。」

男の子は、わらいながら、つり橋をトントンかけていきました。

（学校図書　みんなと学ぶ小学校国語　3年（上）長崎　源之助）

つり橋わたれ (2)

名前

「つり橋わたれ」(2)を読んで、答えましょう。

(一) 「つり橋わたれ」(2)のお話に出てくる人を全部書きましょう。 (10)

(　　)

(二) ① トッコは、どんな所に向かって「おーい、山びこーっ。」とよびましたか。〇をしましょう。 (10×2)

(　) いくつもの山がある所　(　) 大きな山が一つある所

② なぜそれをえらびましたか。理由を書きましょう。

(　　)

(三) ① トッコが、「わたしの声をまねしてる。」と思ったのは、何だったのですか。 (10×2)

(　　)

② うれしくなってとありますが、なぜうれしくなったのですか。

(　　)

(四) このお話の場面に当てはまるものに〇、そうでないものに×をしましょう。 (10×3)

(　) 「こらっ、まねするな。」トッコが手をふり上げると、男の子は、「こらっ、まねするな。」と言って、手をふり上げました。

(　) 「だれか、あたしの声をまねしてる。」トッコは、おもしろくなって、何度も何度もよんでみました。

(　) 「おーい、山びこーっ。」トッコは、かすりの着物を着た男の子によびかけました。

(五) ① かすりの着物を着た男の子が立っているのに出会ったときのトッコの気持ちに合うものに〇をしましょう。どれも当てはまらないと思ったときは、自分の意見を[　]に書きましょう。 (10)

(　) びっくりして、こわい。

(　) ふしぎだけど、うれしい。

(　) 知らない子だけれど、おもしろい子どもだな。

[　　]

② どうしてそれに〇をしましたか。その理由を書きましょう。 (10)

(　　)

つり橋わたれ

(3)

名前

　トッコも、知らないうちに、つり橋をトントンわたっていました。つり橋はゆれましたが、トッコは、もうこわいと思いませんでした。

　つり橋をわたりおえると、男の子は、林の中へかけこんでいきました。トッコも、いそいでおいかけました。

　でも、もう、男の子のすがたは見当たりませんでした。

　しらかばのこずえが、サヤサヤ鳴り、ほおの木の広い葉を通してくる日の光が、トッコの顔を緑色にそめました。

「おーい、どこにいるのーっ。」

トッコはよびました。

　すると、林のおくから、

「おーい、どこにいるのーっ。」

という声が、聞こえてきました。そして、また、どっと風がふきました。

「なんだ、おめえか。」

　そばの山つつじの後ろから、サブがひょっこり顔を出しました。ミヨとタケシも出てきました。

「今、男の子を見なかった?」

「いんや、どんな子だい。」

「着物を着た子。」

「今どき、着物を着てるやつなんか、いるもんか。

ゆめ見てたんとちがうか。」

アハハハと、山の子たちはわらいました。

「おめえ、つり橋わたれたから、いっしょに遊んでやるよ。」

と、サブが言いました。

　それからです、トッコが山のくらしが楽しくなったのは。

　でも、トッコは、もう一度、着物を着た男の子と遊びたいと思いました。ところが、いくらよんでも、遠くの方でまねをするだけで、あの子は、もうすがたを見せませんでした。

（学校図書　みんなと学ぶ小学校国語　3年（上）　長崎源之助）

つり橋わたれ (1)(2)(3)

名前

「つり橋わたれ」(1)(2)(3)を読んで、答えましょう。

(一) このお話に出てくる登場人物を全部書きましょう。(10)

(　　　　)

(二) このお話の主人公はだれですか。(8)(　　　　)

(三) トッコはなぜ、はじめはつり橋をわたれなかったのですか。(10)

(　　　　)

(四) なぜサブたちは、「くやしかったら、つり橋わたれ。」と、トッコにはやしたてたのですか。(10)

(　　　　)

(五) このお話に出てきた、着物を着た男の子は、何(だれ)だと思いますか。あなたの考えを書きましょう。(10)

(　　　　)

(六) ① つり橋をわたったときのトッコに当てはまるものを、○でかこみましょう。(8)

こわかった ・ こわくなかった ・ おずおずとわたった
トントンわたった ・ 足もとを見ていた ・ 前を見ていた

② トッコがなぜ、つり橋をわたれたのか、あなたの考えたことを書きましょう。(10)

(　　　　)

(七) このお話を読んでわかることには○、そうでないことには×をしましょう。(8×3)

(　) トッコは、つり橋をわたれて、着物を着た男の子と遊ぶようになった。

(　) トッコは、つり橋をわたることができなかったが、山のくらしが楽しくなった。

(　) トッコは、つり橋をわたれて、山の子どもたちと遊ぶようになった。

(八) 山のくらしが楽しくなったのは、どんなことがあってからですか。(10)

(　　　　)

解答

※本書にかかれている解答はあくまでも一例です。
答えは、文意があっていれば、◯をして下さい。

「思ったこと」「考えたこと」などは様々なとらえ方があります。児童の思いをよく聞いて◯をつけて下さい。

※本書にかかれている解答はあくまでも一例です。答えは、文意があっていれば、○をして下さい。
「思ったこと」「考えたこと」などは様々なとらえ方があります。児童の思いをよく聞いて○をつけて下さい。

P6

ちいちゃんのかげおくり(1)

上の文章を読んで、答えましょう。

(一) お父さんがちいちゃんに教えてくれた遊びは、何といいますか。
（かげおくり）

(二) ① 出征する前の日、先祖のはかまいりに行ったのは、だれですか。
（お父さん）（ちいちゃん）（お兄ちゃん）（お母さん）

② はかまいりに行ったとき、かげおくりを知っていた人はだれですか。また、知らなかった人はだれですか。
知っていた人（お父さん）（お母さん）
知らなかった人（お兄ちゃん）（ちいちゃん）

(三) かげおくりって、どんな遊びですか。
（十、数える間、かげぼうしをじっと見つめる。十、と言ったら、空を見上げる。すると、かげぼうしがそっくり空にうつって見える遊び。）

P7

ちいちゃんのかげおくり(2)

上の文章を読んで、答えましょう。

(一) みんなとは、だれのことですか。
（お父さん、お母さん、ちいちゃん、お兄ちゃん）

(二) 目を落としました。とは、どのようにすることですか。当てはまるものに○をしましょう。
（　）たいせつなものを見ること
（○）下を見ること
（　）めがねを落とすこと

(三) はじめに数えだしたのは、だれですか。
（お父さん）

(四) つぎに数えたのは、だれですか。
（お母さん）

P8

ちいちゃんのかげおくり(3)

上の文章を読んで、答えましょう。

(一) すうっと空に上がったのは何ですか。
（白い四つのかげぼうし）

(二) お兄ちゃんやちいちゃんは、それを見て、何と言いましたか。
（「すごうい。」）

(三) お父さんは、何と言いましたか。
（「今日の記念写真だなあ。」）

(四) お母さんは、何と言いましたか。
（「大きな記念写真だこと。」）

(五) 何が記念写真なのですか。
（空に上がった白い四つのかげぼうし）

P9

ちいちゃんのかげおくり(4)

上の文章を読んで、答えましょう。

(一) 次の日、お父さんは、何のために列車に乗りましたか。
（いくさに行くため。）

(二) 「体の弱いお父さんまで、いくさに行かなければならないなんて。」というのは、どんな意味を表していますか。当てはまるものに○をしましょう。
（　）体の弱いお父さんが、いくさに行って体をじょうぶにするということ。
（○）体の強い人はもちろん、体の弱いお父さんもみんないくさに行くということ。
（　）体の弱いお父さんだけ、いくさに行くということ。

(三) いくさがはげしくなって、町の空は、どのようにかわりましたか。
かげおくりの遊べる空 ⇩（しょういだんやばくだんをつんだひこうきが、とんでくる空）
楽しい所 ⇩（とてもこわい所）

P10

ちいちゃんのかげおくり(5)

上の文章を読んで、答えましょう。

(一) はじめにお母さんは、ちいちゃんとお兄ちゃんと、どのようにして走りましたか。
（両手につないで、走った。）

(二) 風があつくなってきました。ほのおのうずが追いかけてきます。のときについて答えましょう。
① お母さんは、どのようにして走りましたか。
（ちいちゃんをだき上げて走った。）
② お母さんは、何と言いましたか。
（「お兄ちゃん、はぐれちゃだめよ。」）

(三) お兄ちゃんが転びました。足から血が出ています。ひどいけがです。のときについて答えましょう。
① お母さんは、どのようにして走りましたか。
（(ちいちゃんをおろして、)お兄ちゃんをおんぶして走った。）
② お母さんは、何と言いましたか。
（「さあ、ちいちゃん、母さんとしっかり走るのよ。」）

P11

ちいちゃんのかげおくり(6)

上の文章を読んで、答えましょう。

(一) ちいちゃんは、どうしてお母さんとはぐれてしまったのでしょう。
（たくさんの人に追いぬかれたり、ぶつかったりして。）

(二) 「お母ちゃんは、後から来るよ。」と言ったのは、だれですか。
（知らないおじさん）

(三) たくさんの人が集まっていたのは、どこですか。
（暗い橋の下）

(四) ちいちゃんは、どうして、ひとりぼっちになりましたか。
（お母さんらしい人は、お母さんではなかったから。）

P12

ちいちゃんのかげおくり(7)

上の文章を読んで、答えましょう。

(一) 朝、町の様子は、どうなっていましたか。
（すっかりかわっていた。(あちこち、けむりがのこっている。)）

(二) どこがうちなのか――。につづきを書いて、文にしましょう。
（わかりません。）

(三) ちいちゃんに声をかけてくれたのは、どこのだれですか。
（はす向かいのうちのおばさん）

(四) ちいちゃんの家は、どうなっていましたか。
（やけ落ちてなくなっていた。）

P13

ちいちゃんのかげおくり(8)

上の文章を読んで、答えましょう。

(一) 「お母ちゃんたち、ここに帰ってくるの。」と聞いてくれたのはだれですか。
（おばさん）

(二) また深くうなずきました。とありますが、ちいちゃんの気持ちは、つぎのどれですか。当てはまるものに○をしましょう。
（　）お母ちゃんたちがだいじょうぶか、とても心配で、声も出ない。
（○）きっとお母ちゃんたちはここに帰ってくると、としんじている。
（　）できればおばさんのそばにいたい。

(三) ざつのうの中には、何が入っていましたか。
（ほしいい）

(四) ちいちゃんは夜になると、どんなところでねむりましたか。
（こわれかかった(暗い)ぼうくうごうの中）

P14

ちいちゃんのかげおくり(9)

上の文章を読んで、答えましょう。

(一) ちいちゃんは、目がさめたとき、どんな気がしましたか。
（暑いような寒いような気がした。）

(二) ① 目がさめたのは、いつですか。○をしましょう。
（　）朝早く（○）昼間（　）夕方
② ①のことがわかる文を、上の文からぬき書きしましょう。
（いつの間にか、太陽は、高く上がっていました。）

(三) ア・イの青い空からふってきました。というのは、どういうことでしょう。
（青い空から(お父さんやお母さんの声が聞こえてきた。)）

※本書にかかれている解答はあくまでも一例です。答えは、文意があっていれば、○をして下さい。
「思ったこと」「考えたこと」などは様々なとらえ方があります。児童の思いをよく聞いて○をつけて下さい。

P15

ちいちゃんのかげおくり(10)　名前［　　］

ちいちゃんは、ふらふらする足をふみしめて立ち上がると、たった一つのかげぼうしを見つめながら、数えだしました。

「ひとうつ、ふたあつ、みいっつ。」

いつの間にか、お父さんのひくい声が、重なって聞こえだしました。

「ようっつ、いつうつ、むうっつ。」

お母さんの高い声も、それに重なって聞こえだしました。

「ななあつ、やあっつ、ここのうつ。」

お兄ちゃんのわらいそうな声も、重なってきました。

（光村図書 国語3年（下） あおぞら あまん きみこ）

上の文章を読んで、答えましょう。

(一) ちいちゃんが立ち上がって、見つめていたのは、何ですか。

（たった一つのかげぼうし）

(二) ア重なって聞こえだしました。とありますが、何に、何が、重なって聞こえだしたのですか。

（「ひとうつ、ふたあつ、みいっつ。」と数える）ちいちゃんの声に、お父さんの(ひくい)声が、重なって聞こえだした。）

(三) 「ようっつ、いつうつ、むうっつ。」は、だれの声ですか。

（ちいちゃんとお父さんとお母さん）

15

P16

ちいちゃんのかげおくり(11)　名前［　　］

「とお。」

ちいちゃんが空を見上げると、青い空に、くっきりと白いかげが四つ。

「お父ちゃん。」

ちいちゃんはよびました。

「お母ちゃん、お兄ちゃん。」

そのとき、ア体がすうっとすきとおって、空にすいこまれていくのが分かりました。

（光村図書 国語3年（下） あおぞら あまん きみこ）

上の文章を読んで、答えましょう。

(一) ちいちゃんは、何と言って、空を見上げましたか。

（とお。）

(二) 青い空に見えたものは、どんなものですか。

（くっきりと白いかげが四つ）

(三) ちいちゃんがよんだのは、だれですか。

「お父ちゃん」

「お母ちゃん」

「お兄ちゃん」

(四) ア体がすうっとすきとおって、空にすいこまれていくのが分かりました。から、どんなことがわかりますか。

（略）

16

P17

ちいちゃんのかげおくり(12)　名前［　　］

一面の空の色。ちいちゃんは、空色の花畑の中に立っていました。見回しても、見回しても、花畑。

「きっと、ここ、空の上よ。」

と、ちいちゃんは思いました。

「ああ、あたし、おなかがすいて軽くなったから、ういたのね。」

そのとき、向こうから、お父さんとお母さんとお兄ちゃんが、わらいながら歩いてくるのが見えました。

「なあんだ。みんな、こんな所にいたから、来なかったのね。」

ちいちゃんは、きらきらわらいだしました。わらいながら、花畑の中を走りだしました。

（光村図書 国語3年（下） あおぞら あまん きみこ）

上の文章を読んで、答えましょう。

(一) ① ちいちゃんは、どこに立っていましたか。

（空色の花畑の中）

② ちいちゃんは、そこをどこだと思いましたか。

（空の上）

(二) 向こうから歩いてきたのは、だれですか。

（お父さん）（お母さん）（お兄ちゃん）

(三) ちいちゃんが、わらいながら、花畑の中を走りだしたのは、なぜですか。

（お父さんとお母さんとお兄ちゃんの所へ行くため。）

17

P18

ちいちゃんのかげおくり(13)　名前［　　］

夏のはじめのある朝、こうして、小さな女の子の命が、ア空にきえました。

それから何十年。町には、前よりもいっぱい家がたっています。ちいちゃんが一人でかげおくりをした所は、小さな公園になっています。

青い空の下、今日も、お兄ちゃんやちいちゃんぐらいの子どもたちが、きらきらわらい声を上げて、遊んでいます。

（光村図書 国語3年（下） あおぞら あまん きみこ）

上の文章を読んで、答えましょう。

(一) 小さな女の子は、だれのことですか。

（ちいちゃん）

(二) ア命が、空にきえました。とは、どういうことですか。

（死んだ。）

(三) それから何十年たって、ちいちゃんが一人でかげおくりをした所は、どうなっていますか。

（小さな公園になった。）

(四) (三)の所で遊んでいる子どもたちのようすがわかる文をぬき出して書きましょう。

（お兄ちゃんやちいちゃんぐらいの子どもたちが、きらきらわらい声を上げて、遊んでいます。）

18

P19

モチモチの木(1)　名前［　　］

おくびょう豆太

まったく、豆太ほどおくびょうなやつはない。もう五つにもなったんだから、夜中に、一人でせっちんぐらいに行けたっていい。

ところが、豆太は、せっちんは表にあるし、表には大きなモチモチの木がつっ立っていて、空いっぱいのかみの毛をバサバサとふるって、両手を「わあっ。」とあげるからって、夜中には、じさまについてってもらわないと、一人じゃしょうべんもできないのだ。

・せっちん　べんじょのこと。

（光村図書 国語3年（下） あおぞら 斎藤 隆介）

上の文章を読んで、答えましょう。

(一) 豆太のとしは、いくつですか。

（五つ）

(二) 豆太は、なぜおくびょうと言われましたか。

（夜中に、一人でせっちんに行けないから。）

(三) 豆太が一人じゃしょうべんもできないのは、モチモチの木が、夜中にどのようになるからですか。

（空いっぱいのかみの毛をバサバサとふるって、両手を「わあっ。」とあげるから。）

※「モチモチの木」の教材は、学校図書の二十七年度版3年生国語教科書にも掲載されています。

19

P20

モチモチの木(2)　名前［　　］

じさまは、ぐっすりねむっている真夜中に、豆太が「じさまぁ。」って、どんなに小さい声で言っても、「しょんべんか。」と、すぐ目をさましてくれる。いっしょにねている一まいしかないふとんを、ぬらされちまうよりいいからなぁ。

それに、とうげのりょうし小屋に、自分とたった二人でくらしている豆太が、かわいそうで、かわいかったからだろう。

けれど、豆太のおとうだって、くまと組みうちして、頭をぶっさかれて死んだほどのきもすけだったし、じさまだって、六十四の今、まだ青じしを追っかけて、きもをひやすような岩から岩へのとびうつりだって、見事にやってのける。

それなのに、どうして豆太だけが、こんなにおくびょうなんだろうか――。

・きもすけ　どきょうのある人のこと。
・青じし　かもしかのこと。

（光村図書 国語3年（下） あおぞら 斎藤 隆介）

上の文章を読んで、答えましょう。

(一) 真夜中に、じさまがすぐ目をさましてくれるのは、なぜですか。

（一まいしかないふとんを、ぬらされるよりいいから。）

(二) じさまと豆太がくらしているのは、どこですか。

（とうげのりょうし小屋）

(三) 豆太のおとうは、どんな人でしたか。上の文からぬき出して書きましょう。

（くまと組みうちして、頭をぶっさかれて死んだほどのきもすけ）

(四) 六十四才になったじさまが、今でも見事にやってのけることは、どんなことですか。

（青じしを追っかけて、きもをひやすような岩から岩へのとびうつり）

20

P21

モチモチの木(3)　名前［　　］

やい、木ぃ

モチモチの木ってのはな、豆太がつけた名前だ。小屋のすぐ前に立っている、でっかいでっかい木だ。

秋になると、茶色いぴかぴか光った実を、いっぱいふり落としてくれる。その実を、じさまが、木うすでついて、石うすでひいてこなにする。こなにしたやつをもちにこねあげて、ふかして食べると、ほっぺたが落っこちるほどうまいんだ。

（光村図書 国語3年（下） あおぞら 斎藤 隆介）

上の文章を読んで、答えましょう。

(一) 「モチモチの木」について答えましょう。

・名前はだれがつけましたか。

（豆太）

・立っているのはどこですか。

（小屋のすぐ前）

(二) モチモチの木の実について答えましょう。

① どうやって食べますか。

（(実を)木うすでついて、石うすでひいてこなにして、もちにこねあげて、ふかして食べる。）

② ふかして食べるとうまいということを、どのように表していますか。

（ほっぺたが落っこちるほどうまいんだ。）

21

P22

モチモチの木(4)　名前［　　］

「やい、木ぃ、モチモチの木ぃ、実ぃ落とせぇ。」

なんて、昼間は木の下に立って、かた足で足ぶみして、いばってさいそくしたりするくせに、夜になると、豆太はもうだめなんだ。木がおこって、両手で、「お化けぇ。」って、上からおどかすんだ。夜のモチモチの木は、そっちを見ただけで、もう、しょんべんなんか出なくなっちまう。

じさまが、しゃがんだひざの中に豆太をかかえて、

「ああ、いい夜だ。星に手がとどきそうだ。おく山じゃぁ、しかやくまめらが、鼻ちょうちん出して、ねっこけてやがるべ。それ、シイーッ。」

って言ってくれなきゃ、とっても出やしない。しないでねると、あしたの朝、とこの中がこう水になっちまうもんだから、じさまは、かならずそうしてくれるんだ。五つになって「シー」なんて、みっともないやなぁ。

でも、豆太は、そうしなくっちゃだめなんだ。

（光村図書 国語3年（下） あおぞら 斎藤 隆介）

上の文章を読んで、答えましょう。

(一) 豆太は、木に何と言って、さいそくするのですか。その言葉をぬき出して書きましょう。

「やい、木ぃ、モチモチの木ぃ、実ぃ落とせぇ。」

(二) 何が、夜中になると「お化けぇ。」っておどかすのですか。

（モチモチの木）

(三) 夜のモチモチの木は、そっちを見ただけで、もう、しょんべんなんか出なくなっちまうわけは、つぎのうちどれですか。当てはまるものに○をしましょう。

（　）星に手がとどきそうないい夜で、うっとりするから。

（○）モチモチの木が、上からおどかすお化けに見えて、こわいから。

（　）昼間に豆太がいばって、さいそくしたりするから。

22

P23

モチモチの木(5)　名前［　　］

霜月二十日のばん

そのモチモチの木に、ア今夜は、灯がともるばんなんだそうだ。じさまが言った。

「霜月の二十日のうしみつにゃぁ、モチモチの木に灯がともる。起きてて見てみろ。そりゃぁ、きれいだ。おらも、子どものころに見たことがある。死んだおまえのおとうも見たそうだ。山の神様のお祭りなんだ。それは、一人の子どもしか、見ることはできねえ。それも、勇気のある子どもだけだ。」

「――それじゃぁ、おらは、とってもだめだ――。」

豆太は、ちっちゃい声で、なきそうに言った。だって、じさまもおとうも見たんなら、自分も見たかったけど、こんな冬の真夜中に、モチモチの木を、それも、たった一人で見に出るなんて、イとんでもねえ話だ。ぶるぶるだ。

・霜月　十一月の古いよび名。
・うしみつ　真夜中のこと。

（光村図書 国語3年（下） あおぞら 斎藤 隆介）

上の文章を読んで、答えましょう。

(一) ア今夜というのは、いつのことですか。

（霜月の二十日のうしみつ）

(二) モチモチの木に灯がともることを、じさまは何だと言っていますか。

（山の神様のお祭り）

(三) 豆太が「――それじゃぁ、おらは、とってもだめだ――。」と言ったのは、じさまが何と言ったからですか。上の文からぬき出して書きましょう。

（一人の子どもしか、見ることはできねえ。それも、勇気のある子どもだけだ。）

(四) イとんでもねえ話だ。ぶるぶるだ。は、どういうことですか。当てはまるものに○をしましょう。

（　）ぶるぶるぶるぶるふるえるくらい寒いので、いいやだ。

（○）ぜったいできない。ぶるぶるふるえるくらい、こわい。

23

※本書にかかれている解答はあくまでも一例です。答えは、文意があっていれば、○をして下さい。
「思ったこと」「考えたこと」などは様々なとらえ方があります。児童の思いをよく聞いて○をつけて下さい。

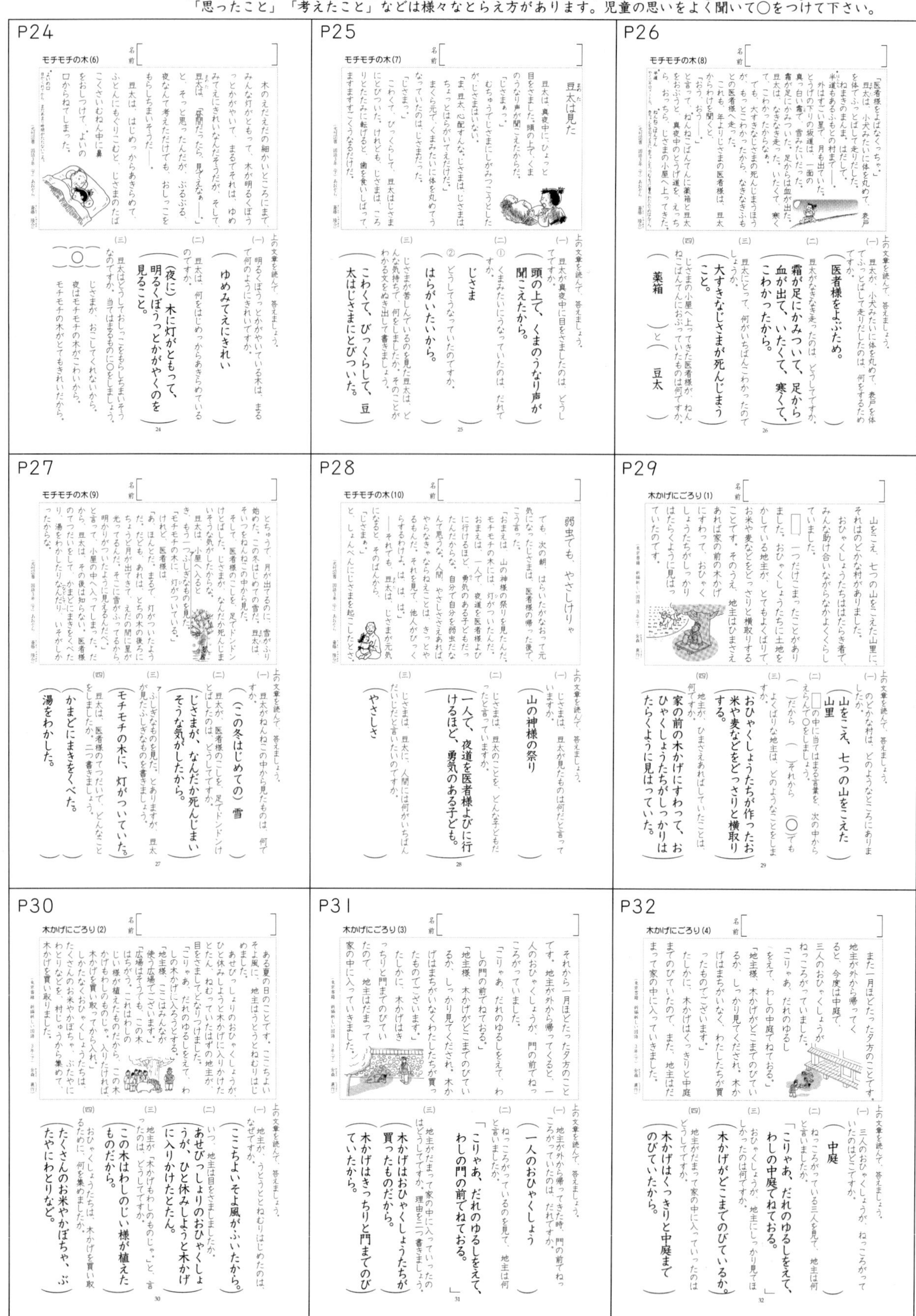

P24

モチモチの木(6)　名前［　　］

木のえだえだの細かいところにまで、みんな灯がともって、木が明るくぼうっとかがやいて、まるでそれは、ゆめみてえにきれいなんだそうだが、そして、豆太は、「昼間だったら、見てえなぁ――。」と、そっと思ったんだが、ぶるぶる、夜なんて考えただけでも、おしっこをもらしちまいそうだ――。

豆太は、はじめっからあきらめて、ふとんにもぐりこむと、じさまのたばこくさいむねん中に鼻をおしつけて、よいの口からねてしまった。

上の文章を読んで、答えましょう。

(一) 明るくぼうっとかがやいている木は、まるで何のようにきれいですか。
（ゆめみてえにきれい）

(二) 豆太は、何をはじめっからあきらめているのですか。
（(夜に) 木に灯がともって、明るくぼうっとかがやくのを見ること。）

(三) 豆太はどうしておしっこをもらしちまいそうなのですか。当てはまるものに○をしましょう。
（　）じさまが、おこしてくれないから。
（○）夜はモチモチの木がこわいから。
（　）モチモチの木がとてもきれいだから。

24

P25

モチモチの木(7)　名前［　　］

豆太は見た

豆太は、真夜中に、ひょっと目をさました。頭の上で、くまのうなり声が聞こえたからだ。

「じさまぁっ。」

むちゅうでじさまにしがみつこうとしたが、じさまはいない。

「ま、豆太、心配すんな。じさまは、じさまは、ちょっとはらがいてえだけだ。」

まくら元で、くまみたいに体を丸めてうなっていたのは、じさまだった。

「じさまっ。」

こわくて、びっくらして、豆太はじさまにとびついた。けれども、じさまは、ころりとたたみに転げると、歯を食いしばって、ますますすごくうなるだけだ。

上の文章を読んで、答えましょう。

(一) 豆太が真夜中に目をさましたのは、どうしてですか。
（頭の上で、くまのうなり声が聞こえたから。）

(二) ① くまみたいになっていたのは、だれですか。
（じさま）
② どうしてうなっていたのですか。
（はらがいたいから。）

(三) じさまが苦しんでいるのを見た豆太は、どんな気持ちで、何をしましたか。そのことがわかる文をぬき出して書きましょう。
（こわくて、びっくらして、豆太はじさまにとびついた。）

25

P26

モチモチの木(8)　名前［　　］

「医者様をよばなくっちゃ。」

豆太は、小犬みたいに体を丸めて、表戸を体でふっとばして走りだした。

ねまきのまんま。はだしで。半道もあるふもとの村まで――。

外はすごい星で、月も出ていた。とうげの下りの坂道は、一面の真っ白い霜で、雪みたいだった。霜が足にかみついた。足からは血が出た。豆太は、なきなき走った。いたくて、寒くて、こわかったからなあ。

でも、大すきなじさまの死んじまうほうが、もっとこわかったから、なきなきふもとの医者様へ走った。

これも、年よりじさまの医者様は、豆太からわけを聞くと、

「おう、おう――。」

と言って、ねんねこばんてんに薬箱と豆太をおぶうと、真夜中のとうげ道を、えっちら、おっちら、じさまの小屋へ上ってきた。

上の文章を読んで、答えましょう。

(一) 豆太が、小犬みたいに体を丸めて、表戸を体でふっとばして走りだしたのは、何をするためですか。
（医者様をよぶため。）

(二) 豆太がなきなき走ったのは、どうしてですか。
（霜が足にかみついて、足から血が出て、いたくて、寒くて、こわかったから。）

(三) 豆太にとって、何がいちばんこわかったのでしょうか。
（大すきなじさまが死んじまうこと。）

(四) じさまの小屋へ上ってきた医者様が、ねんねこばんてんにおぶっていたものは何ですか。
（薬箱）と（豆太）

26

P27

モチモチの木(9)　名前［　　］

とちゅうで、月が出てるのに、雪がふり始めた。この冬はじめての雪だ。豆太は、そいつをねんねこの中から見た。

そして、医者様のこしを、足でドンドンけとばした。じさまが、なんだか死んじまいそうな気がしたからな。

豆太は、小屋へ入るとき、もう一つふしぎなものを見た。

「モチモチの木に、灯がついている。」

けれど、医者様は、

「あ、ほんとだ。まるで、灯がついたようだ。だども、あれは、とちの木の後ろにちょうど月が出てきて、えだの間に星が光ってるんだ。そこに雪がふってるから、明かりがついたように見えるんだべ。」

と言って、小屋の中へ入ってしまった。だから、豆太は、その後は知らない。医者様のてつだいをして、かまどにまきをくべたり、湯をわかしたりなんだり、いそがしかったからな。

上の文章を読んで、答えましょう。

(一) 豆太がねんねこの中から見たものは、何ですか。
（(この冬はじめての) 雪）

(二) 豆太が、医者様のこしを、足でドンドンけとばしたのは、どうしてですか。
（じさまが、なんだか死んじまいそうな気がしたから。）

(三) ふしぎなものを見た、とありますが、豆太が見たふしぎなものを書きましょう。
（モチモチの木に、灯がついていた。）

(四) 豆太は、医者様のてつだいで、どんなことをしましたか。二つ書きましょう。
（かまどにまきをくべた。）
（湯をわかした。）

27

P28

モチモチの木(10)　名前［　　］

弱虫でも、やさしけりゃ

でも、次の朝、はらいたがなおって元気になったじさまは、医者様の帰った後で、こう言った。

「おまえは、山の神様の祭りを見たんだ。モチモチの木には、灯がついたんだ。おまえは、一人で、夜道を医者様よびに行けるほど、勇気のある子どもだったんだからな。自分で自分を弱虫だなんて思うな。人間、やさしささえあれば、やらなきゃならねえことは、きっとやるもんだ。それを見て、他人がびっくらするわけよ。は、は、は。」

――それでも、豆太は、じさまが元気になると、そのばんから、

「じさまぁ。」

と、しょんべんにじさまを起こしたとさ。

上の文章を読んで、答えましょう。

(一) じさまは、豆太が見たものは何だと言っていますか。
（山の神様の祭り）

(二) じさまは、豆太のことを、どんな子どもだったと言っていますか。
（一人で、夜道を医者様よびに行けるほど、勇気のある子ども。）

(三) じさまは、豆太に、人間には何がいちばんだいじだと言いたいのですか。
（やさしさ）

28

P29

木かげにごろり(1)　名前［　　］

山をこえ、七つの山をこえた山里に、それはのどかな村がありました。おひゃくしょうたちははたらき者で、みんな助け合いながらなかよくくらしていました。

□一つだけこまったことがありました。おひゃくしょうたちに土地をかしている地主が、とてもよくばりなことです。お米や麦などをどっさりと横取りするのです。そのうえ、地主はひまさえあれば家の前の木かげにすわって、おひゃくしょうたちがしっかりはたらくように見はっていたのです。

上の文章を読んで、答えましょう。

(一) のどかな村は、どのようなところにありましたか。
（山をこえ、七つの山をこえた山里）

(二) □の中に当てはまる言葉を、次の中からえらんで○をしましょう。
（　）だから　（　）それから　（○）でも

(三) よくばりな地主は、どのようなことをしますか。
（おひゃくしょうたちが作ったお米や麦などをどっさりと横取りする。）

(四) 地主が、ひまさえあればしていたことは、何ですか。
（家の前の木かげにすわって、おひゃくしょうたちがしっかりはたらくように見はっていた。）

29

P30

木かげにごろり(2)　名前［　　］

ある夏の日のことです。ここちよいそよ風に、地主はうとうととねむりはじめました。

あせびっしょりのおひゃくしょうが、ひと休みしようと木かげに入りかけたとたん、ねむっていたはずの地主が、目をさましてどなりつけました。

「こりゃあ、だれのゆるしをえて、わしの木かげに入ろうとする。」

「地主様、ここはみんなが使う広場でございます。」

「広場はそうでも、この木はちがう。これはわしのじい様が植えたものだから、この木かげもわしのものじゃ。入りたければ、木かげを買い取ってから入れ。」

しかたなくおひゃくしょうたちは、たくさんのお米やかぼちゃ、ぶたやにわとりなどを、村じゅうから集めて、木かげを買い取りました。

上の文章を読んで、答えましょう。

(一) 地主が、うとうととねむりはじめたのは、なぜですか。
（ここちよいそよ風がふいたから。）

(二) いつ、地主は目をさましましたか。
（あせびっしょりのおひゃくしょうが、ひと休みしようと木かげに入りかけたとたん。）

(三) 地主が「木かげもわしのものじゃ。」と、言ったのは、どうしてですか。
（この木はわしのじい様が植えたものだから。）

(四) おひゃくしょうたちは、木かげを買い取るために、何を集めましたか。
（たくさんのお米やかぼちゃ、ぶたやにわとりなど。）

30

P31

木かげにごろり(3)　名前［　　］

それから一月ほどたった夕方のことです。地主が外から帰ってくると、一人のおひゃくしょうが、門の前でねっころがっていました。

「こりゃあ、だれのゆるしをえて、わしの門の前でねておる。」

「地主様、木かげがどこまでのびているか、しっかり見てくだされ。木かげはまちがいなくわたしたちが買ったものでございます。」

たしかに、木かげはきっちりと門までのびていたので、地主はだまって家の中に入っていきました。

上の文章を読んで、答えましょう。

(一) 地主が外から帰ってきた時、門の前でねっころがっていたのは、だれですか。
（一人のおひゃくしょう）

(二) ねっころがっているのを見て、地主は何と言いましたか。
（「こりゃあ、だれのゆるしをえて、わしの門の前でねておる。」）

(三) 地主がだまって家の中に入っていったのはどうしてですか。理由を二つ書きましょう。
（木かげはおひゃくしょうたちが買ったものだから。）
（木かげはきっちりと門までのびていたから。）

31

P32

木かげにごろり(4)　名前［　　］

また一月ほどたった夕方のことです。地主が外から帰ってくると、今度は中庭で、三人のおひゃくしょうがねっころがっていました。

「こりゃあ、だれのゆるしをえて、わしの中庭でねておる。」

「地主様、木かげがどこまでのびているか、しっかり見てくだされ。木かげはまちがいなく、わたしたちが買ったものでございます。」

たしかに、木かげはくっきりと中庭までのびていたので、また、地主はだまって家の中に入っていきました。

上の文章を読んで、答えましょう。

(一) 三人のおひゃくしょうが、ねっころがっていたのはどこですか。
（中庭）

(二) ねっころがっている三人を見て、地主は何と言いましたか。
（「こりゃあ、だれのゆるしをえて、わしの中庭でねておる。」）

(三) おひゃくしょうが、地主にしっかり見てほしかったのは何ですか。
（木かげがどこまでのびているか。）

(四) 地主がだまって家の中に入っていったのはどうしてですか。
（木かげはくっきりと中庭までのびていたから。）

32

※本書にかかれている解答はあくまでも一例です。答えは、文意があっていれば、〇をして下さい。
「思ったこと」「考えたこと」などは様々なとらえ方があります。児童の思いをよく聞いて〇をつけて下さい。

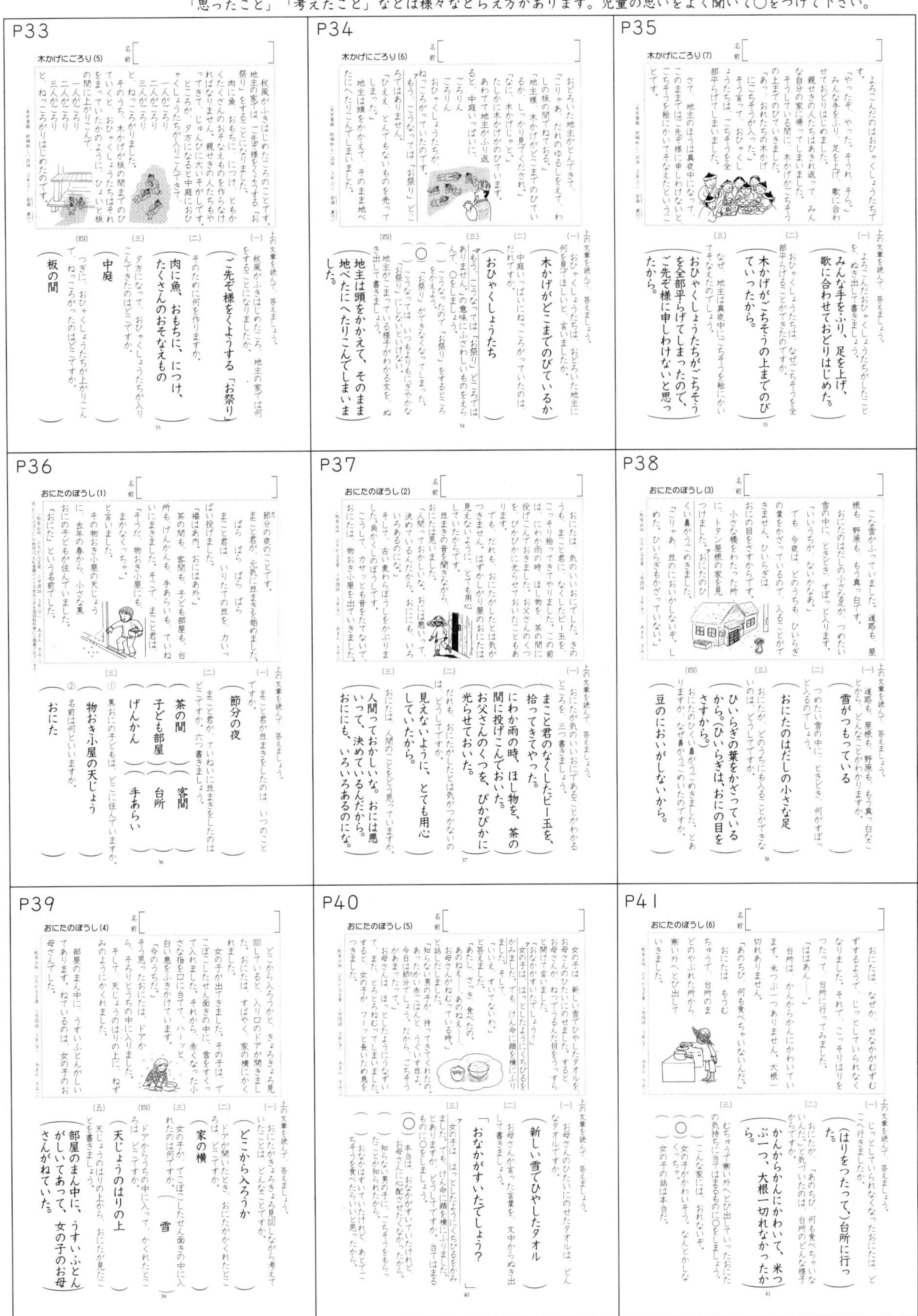

P33

木かげにごろり(5)　名前

秋風がふきはじめたころのことです。地主の家では、ご先ぞ様をくようする「お祭り」をすることになりました。

肉に魚、おそなえのおもちに、にっけ、ともかくたくさんのおそなえものを作らなければなりません。親せきの人たちもやってきて、じゅんびに大いそがしです。

ところが、夕方になると中庭におひゃくしょうたちが入りこんできて、

一人がごろり
二人がごろり
三人がごろり

と、ねっころがりました。

そのうち、木かげが板の間までのびていくと、おひゃくしょうたちはそれをまっていたかのように、ひょいと板の間に上がりこんで、

一人がごろり
二人がごろり
三人がごろり

と、ねっころがりはじめたのです。

上の文章を読んで、答えましょう。

(一) 秋風がふきはじめたころ、地主の家では何をすることになりましたか。
（ご先ぞ様をくようする「お祭り」）

(二) そのために何を作りますか。
（肉に魚、おもちに、につけ、たくさんのおそなえもの）

(三) 夕方になって、おひゃくしょうたちが入りこんできたのはどこですか。
（中庭）

(四) つぎに、おひゃくしょうたちが上がりこんで、ねっころがったのはどこですか。
（板の間）

P34

木かげにごろり(6)　名前

おどろいた地主がとんできて、

「こりゃあ、だれのゆるしをえて、わしの板の間でねておる。」

「地主様、木かげがどこまでのびているか、しっかり見てくだされ。」

「なに、木かげじゃと。」

たしかに木かげがのびています。

あわてて地主がふり返ると、中庭いっぱいに

ごろりん
ごろりん

おひゃくしょうたちが、ねっころがっていたのです。

アもう、こうなっては「お祭り」どころではありませんでした。

「ひええ、とんでもないものを売ってしまった。」

地主は頭をかかえて、そのまま地べたにへたりこんでしまいました。

上の文章を読んで、答えましょう。

(一) おひゃくしょうたちは、おどろいた地主に何を見てほしいと、言いましたか。
（木かげがどこまでのびているか）

(二) 中庭いっぱいにねっころがっていたのは、だれですか。
（おひゃくしょうたち）

(三) 「アもう、こうなっては「お祭り」どころではありません」の意味にふさわしいものをえらんで、〇をしましょう。
（　）こうなったので「お祭り」をするところをかえよう。
（〇）こうなったので「お祭り」ができなくなってしまった。
（　）こうなっては、いつもよりもにぎやかな「お祭り」にしないといけない。

(四) 地主がこまっている様子がわかる文を、ぬき出して書きましょう。
（地主は頭をかかえて、そのまま地べたにへたりこんでしまいました。）

P35

木かげにごろり(7)　名前

よろこんだのはおひゃくしょうたちです。

「やったぞ、やった。そうれ、そら。」

みんな手をふり、足を上げ、歌に合わせておどりはじめました。

親せきの人たちはあきれ返って、みんな自分の家に帰ってしまいました。

そうしている間に、木かげがごちそうの上までのびていきました。

「あっ、おれたちの木かげにごちそうが入った。」

そう言って、おひゃくしょうたちは、ごちそうを全部平らげてしまいました。

さて、地主のほうは真夜中になって、このままではご先ぞ様に申しわけないと、ごちそうを絵にかいてそなえたということです。

上の文章を読んで、答えましょう。

(一) よろこんだおひゃくしょうたちがしたことを、ぬき出して書きましょう。
（みんな手をふり、足を上げ、歌に合わせておどりはじめた。）

(二) おひゃくしょうたちは、なぜごちそうを全部平らげることができたのですか。
（木かげがごちそうの上までのびていったから。）

(三) なぜ、地主は真夜中にごちそうを絵にかいてそなえたのでしょう。
（おひゃくしょうたちがごちそうを全部平らげてしまったので、ご先ぞ様に申しわけないと思ったから。）

P36

おにたのぼうし(1)　名前

節分の夜のことです。まこと君が、元気に豆まきを始めました。

ぱら　ぱら　ぱら　ぱら

まこと君は、いりたての豆を、力いっぱい投げました。

「福はあ内。おにはあ外。」

茶の間も、客間も、子ども部屋も、台所も、げんかんも、手あらいも、ていねいにまきました。そこで、まこと君は、

「そうだ、物おき小屋にも、まかなくっちゃ。」

と言いました。

その物おき小屋の天じょうに、去年の春から、小さな黒おにの子どもが住んでいました。

「おにた」という名前でした。

上の文章を読んで、答えましょう。

(一) まこと君が豆まきをしたのは、いつのことですか。
（節分の夜）

(二) まこと君が、ていねいに豆まきをしたのはどこですか。六つ書きましょう。
（茶の間）（客間）
（子ども部屋）（台所）
（げんかん）（手あらい）

(三) ① 黒おにの子どもは、どこに住んでいますか。
（物おき小屋の天じょう）
② 名前は何といいますか。
（おにた）

P37

おにたのぼうし(2)　名前

おにたは、気のいいおにでした。きのうも、まこと君に、なくしたビー玉を、こっそり拾ってきてやりました。この前は、にわか雨の時、ほし物を、茶の間に投げこんでおきました。お父さんのくつを、ぴかぴかに光らせておいたこともあります。

でも、だれも、おにたがしたとは気がつきません。はずかしがり屋のおにたは、見えないように、とても用心していたからです。

豆まきの音を聞きながら、おにたは思いました。

「人間っておかしいな。おには悪いって、決めているんだから。おににも、いろいろあるのにな。」

そして、古い麦わらぼうしをかぶりました。角かくしのぼうしです。

こうして、カサッとも音をたてないで、おにたは、物おき小屋を出ていきました。

上の文章を読んで、答えましょう。

(一) おにたが気のいいおにであることがわかるところを、三つ書きましょう。
（まこと君のなくしたビー玉を、拾ってきてやった。）
（にわか雨の時、ほし物を、茶の間に投げこんでおいた。）
（お父さんのくつを、ぴかぴかに光らせておいた。）

(二) だれも、おにたがしたとは気がつかないのは、どうしてですか。
（見えないように、とても用心していたから。）

(三) おにたは、人間のことをどう思っていますか。
（人間っておかしいな。おには悪いって、決めているんだから。おににも、いろいろあるのにな。）

P38

おにたのぼうし(3)　名前

こな雪がふっていました。道路も、屋根も、野原も、もう真っ白です。

おにたのはだしの小さな足が、つめたい雪の中に、ときどき、すぽっと入ります。

「いいうちが、ないかなあ。」

でも今夜は、どのうちも、ひいらぎの葉をかざっているので、入ることができません。ひいらぎは、おにの目をさすからです。

小さな橋をわたった所に、トタン屋根の家を見つけました。アおにたのひくい鼻がうごめきました。

「こりゃあ、豆のにおいがしないぞ。しめた。ひいらぎもかざっていない。」

上の文章を読んで、答えましょう。

(一) 道路も、屋根も、野原も、もう真っ白なことから、どんなことがわかりますか。
（雪がつもっている）

(二) つめたい雪の中に、ときどき、何がすぽっと入るのでしょう。
（おにたのはだしの小さな足）

(三) おにたが、どのうちにも入ることができないのは、どうしてですか。
（ひいらぎの葉をかざっているから。（ひいらぎは、おにの目をさすから。））

(四) アおにたのひくい鼻がうごめきました。とありますが、なぜ鼻がうごめいたのですか。
（豆のにおいがしないから。）

P39

おにたのぼうし(4)　名前

どこから入ろうかと、きょろきょろ見回していると、入り口のドアが開きました。おにたは、すばやく、家の横にかくれました。

女の子が出てきました。その子は、でこぼこしたせん面きの中に、雪をすくって入れました。それから、赤くなった小さな指を口に当てて、ハーッと、白い息をふきかけています。

「今のうちだ。」

そう思ったおにたは、ドアから、そろりとうちの中に入りました。そして、天じょうのはりの上に、ねずみのようにかくれました。

部屋のまん中に、うすいふとんがしいてあります。ねているのは、女の子のお母さんでした。

上の文章を読んで、答えましょう。

(一) おにたがきょろきょろ見回しながら考えていたことは、どんなことですか。
（どこから入ろうか）

(二) ドアが開いたとき、おにたがかくれたところは、どこですか。
（家の横）

(三) 女の子が、でこぼこしたせん面きの中に入れたのは何ですか。
（雪）

(四) ドアからうちの中に入って、かくれたところは、どこですか。
（天じょうのはりの上）

(五) 天じょうのはりの上から、おにたが見たことを書きましょう。
（部屋のまん中に、うすいふとんがしいてあって、女の子のお母さんがねていた。）

P40

おにたのぼうし(5)　名前

女の子は、新しい雪でひやしたタオルを、お母さんのひたいにのせました。すると、お母さんが、ねつでうるんだ目をうっすらと開けて言いました。

「アおなかがすいたでしょう?」

女の子は、はっとしたようにくちびるをかみました。でも、けん命に顔を横にふりました。そして、

「いいえ、すいてないわ。」

と答えました。

「あたし、さっき、食べたの。あのねえ……、あのねえ……、お母さんがねむっている時。」

と話しだしました。

「知らない男の子が、持ってきてくれたの。あったかい赤ごはんと、うぐいす豆よ。今日は節分でしょう。だから、ごちそうがあまったって。」

お母さんは、ほっとしたようにうなずいて、また、とろとろねむってしまいました。すると、女の子が、フーッと長いため息をつきました。

上の文章を読んで、答えましょう。

(一) お母さんのひたいにのせたタオルは、どんなタオルですか。
（新しい雪でひやしたタオル）

(二) お母さんが言った言葉を、文中からぬき出して書きましょう。
（「おなかがすいたでしょう?」）

(三) 女の子は、はっとしたようにくちびるをかみました。でも、けん命に顔を横にふりました。とありますが、どうしてですか。当てはまるものに〇をしましょう。
（〇）本当は、おなかがすいていたけれど、お母さんに心配させたくなかったから。
（　）知らない男の子に、ごちそうをもらったから。
（　）おなかはすいていたけれど、あとでごちそうを食べたらいいと思ったから。

P41

おにたのぼうし(6)　名前

おにたは、なぜか、せなかがむずむずするようで、じっとしていられなくなりました。それで、こっそりはりをつたって、台所に行ってみました。

「ははあん——。」

台所は、かんからかんにかわいています。米つぶ一つありません。大根一切れありません。

「あのちび、何も食べちゃいないんだ。」

おにたは、もうむちゅうで、台所のまどのやぶれた所から、寒い外へとび出していきました。

上の文章を読んで、答えましょう。

(一) じっとしていられなくなったおにたは、どこへ行きましたか。
（（はりをつたって、）台所に行った。）

(二) おにたが、「あのちび、何も食べちゃいないんだ。」と気づいたのは、台所のどんな様子からですか。
（かんからかんにかわいて、米つぶ一つ、大根一切れなかったから。）

(三) むちゅうで寒い外へとび出していったおにたの気持ちに当てはまるものに〇をしましょう。
（　）こんな家には、おれないぞ。
（〇）女の子がかわいそう。なんとかしなくっちゃ。
（　）女の子の話は本当だ。

※本書にかかれている解答はあくまでも一例です。答えは、文意があっていれば、○をして下さい。
「思ったこと」「考えたこと」などは様々なとらえ方があります。児童の思いをよく聞いて○をつけて下さい。

P42

おにたのぼうし(7)　名前［　　　］

それからしばらくして、入り口をトントンとたたく音がします。

「今ごろ、だれかしら？」

女の子が出ていくと、雪まみれの麦わらぼうしを深くかぶった男の子が立っていました。そして、ふきんをかけたおぼんのような物をさし出したのです。

「節分だから、ごちそうがあまったんだ。」

おにたは、一生けん命、さっき女の子が言ったとおりに言いました。

女の子はびっくりして、もじもじしました。

「あたしにくれるの？」

そっとふきんを取ると、温かそうな赤ごはんと、うぐいす色のに豆が、湯気をたてています。

女の子の顔が、ぱっと赤くなりました。そして、にこっとわらいました。


（教育出版　ひろがる言葉　小学国語　3年（下）　あまん　きみこ）

上の文章を読んで、答えましょう。

(一) 入り口に立っていたのは、どのような人ですか。
（雪まみれの麦わらぼうしを深くかぶった男の子）

(二) おにたが言った言葉をぬき出して書きましょう。
「節分だから、ごちそうがあまったんだ。」

(三) おにたがさし出した物の中には、何が入っていましたか。
（温かそうな赤ごはんと、うぐいす色のに豆）

(四) 女の子の顔が、ぱっと赤くなったのは、なぜでしょう。あてはまるものに○をしましょう。
（　）ごはんやに豆が温かかったから。

（○）さっき自分がお母さんに言ったとおりになってびっくりしたけど、うれしかったから。

（　）男の子がかわいかったから。

42

P43

おにたのぼうし(8)　名前［　　　］

女の子がはしを持ったまま、ふっと何か考えこんでいます。

「どうしたの？」

おにたが心配になってきくと、

「もう、みんな、豆まきすんだかな、と思ったの。」

と答えました。

「あたしも、豆まき、したいなあ。」

「なんだって？」

おにたはとび上がりました。

「だって、おにが来れば、きっと、お母さんの病気が悪くなるわ。」

おにたは、手をだらんと下げて、ふるふるっと、悲しそうに身ぶるいして言いました。

「おにだって、いろいろあるのに。おにだって……。」


（教育出版　ひろがる言葉　小学国語　3年（下）　あまん　きみこ）

上の文章を読んで、答えましょう。

(一) 女の子は、はしを持ったまま、何を考えこんでいたのでしょう。
（もう、みんな、豆まきすんだかな。）

(二) 女の子はなぜ、「あたしも、豆まき、したいなあ。」と言ったのでしょう。
（豆まきをして、おにを追い出して、早くお母さんの病気をなおしたいから。(おにが来ればお母さんの病気が悪くなると思っているから。)）

(三) 「おにだって、いろいろあるのに。おにだって……。」と言った時の、おにたの様子を書きましょう。
（手をだらんと下げて、ふるふるっと、悲しそうに身ぶるいして言った。）

43

P44

おにたのぼうし(9)　名前［　　　］

氷がとけたように、急におにたがいなくなりました。あとには、あの麦わらぼうしだけが、ぽつんとのこっています。

「へんねえ。」

女の子は、立ち上がって、あちこちさがしました。そして、

「このぼうし、わすれたわ。」

それを、ひょいと持ち上げました。

「まあ、黒い豆！　まだあったかい……。」

お母さんが目をさまさないように、女の子は、そっと、豆をまきました。

「福はあ内。おにはあ外。」

麦わらぼうしから、黒い豆をまきながら、女の子は、

「さっきの子は、きっと神様だわ。そうよ、神様よ……。」

と考えました。

「だから、お母さんだって、もうすぐよくなるわ。」

ぱら　ぱら　ぱら　ぱら
ぱら　ぱら　ぱら　ぱら
とてもしずかな豆まきでした。


（教育出版　ひろがる言葉　小学国語　3年（下）　あまん　きみこ）

上の文章を読んで、答えましょう。

(一) 急におにたがいなくなったことを、女の子はどのように言っていますか。
（「へんねえ。」）

P57

(二) おにたがのこしていった麦わらぼうしを持ち上げると、何を見つけましたか。
（黒い豆）

(三) 女の子がそっと豆まきをしたのは、どうしてですか。
（お母さんが目をさまさないように。）

(四) 女の子は、麦わらぼうしをわすれた子のことを、どのように考えましたか。
（さっきの子は、きっと神様だわ。）

44

P46

きつつきの商売 (1)

上の文章を読んで、答えましょう。

(一) きつつきがえりすぐりの木を見つけてきてこしらえたものは、何ですか。⑩
（かんばん）

(二) きつつきのお店の名前は、何といいますか。⑩
（おとや）

(三) どんなことをするお店ですか。⑩
（できたての音、すてきないい音を聞かせるお店。）

(四) 四分音ぷ一こにつき、「いくら」ですか。⑩
（百リル）

(五) 真っ先にお店にやって来たのは、だれですか。くわしく書きましょう。⑩
（茶色い耳をぴんと立てた野うさぎ）

(六) はじめてのおきゃくさんは、何の音を、どれだけちゅうもんしましたか。⑩
（ぶなの音を四分音ぷ分）

(七) きつつきがおきゃくさんをつれていったのは、どこですか。⑩
（ぶなの森）

(八) ア〜ウの言葉はそれぞれ何をさしていますか。(10×3)
ア その（おとや）
イ こう（「できたての音、すてきないい音、お聞かせします。四分音ぷ一こにつき、どれでも百リル。」）
ウ そう（「へええ。どれでも百リル。どんな音があるのかしら。」）

P47

きつつきの商売 (2)

上の文章を読んで、答えましょう。

(一) きつつきが野うさぎを立たせたところは、どこですか。⑩
（大きなぶなの木の下）

(二) きつつきの止まったところは、どこですか。⑩
（大きなぶなの木のてっぺん近くのみき）

(三) 「さあ、いきますよ。いいですか。」と、声をかけたのは、だれですか。⑩
（きつつき）

(四) こっくりうなずいたのは、だれですか。⑩
（野うさぎ）

(五) ① きつつきは、何を力いっぱいたたきましたか。(10×2)
（ぶなの木のみき）
② どこを使って、力いっぱいたたきましたか。
（くちばし）

(六) ① こだました音は、どんな音ですか。(10×2)
（コーン）
② 音は、どこにこだましましたか。
（ぶなの森）

(七) ア うんと長い時間がすぎてゆきました。のあいだ、野うさぎときつつきはどうしていたか、書きましょう。(10×2)
野うさぎ（きつつきを見上げたまま、だまって聞いていた。）

きつつき（うっとり聞いていた。）

P48

きつつきの商売 (3)

上の文章を読んで、答えましょう。

(一) きつつきは、何を思いつきましたか。⑩
（新しいメニュー）

(二) ぶなの木のうろから顔を出して、空を見上げているのは、だれですか。⑩
（きつつき）

(三) ① ぶなの木のねもとにいたのは、だれですか。(10×3)
（野ねずみのかぞく）
② ①は、何をかたにかついでいますか。
（たちつぼすみれの葉っぱのかさ）
③ ①が、顔じゅうびしょぬれなのは、どうしてですか。
（かさをかたにかついで、上を見上げているから）

(四) あいうえはだれが言っているのですか。(5×4)
あ（野ねずみのかぞく）　い（きつつき）
う（野ねずみのかぞく）　え（きつつき）

(五) 新しいメニューについて答えましょう。(10×3)
① メニューに書こうか書くまいか、きつつきが考えていたのは、どうしてですか。
（もしかしたら、あしたはできないかもしれないから。）
② 新しいメニューのことを、きつつきは何と言っていますか。
（とくとく、とくべつメニュー）
③ そのメニューは、いくらですか。
（ただ）

※本書にかかれている解答はあくまでも一例です。答えは、文意があっていれば、○をして下さい。
「思ったこと」「考えたこと」などは様々なとらえ方があります。児童の思いをよく聞いて○をつけて下さい。

P49

きつつきの商売 (4)

上の文章を読んで、答えましょう。

(一) 店に来たおきゃくさんについて答えましょう。(10×6)

① おきゃくさんは、おとやがどんなお店だと聞いていたのですか。

（すてきないい音を聞かせてもらえる店。）

② おきゃくさんが、雨でできないと言っていることを、四つ書きましょう。

（おせんたく）（おにわのおそうじ）（草の実あつめ）（おすもう）

③ 店に来たおきゃくさんは、だれですか。

（野ねずみのかぞく）

(二) おきゃくさんが来たとき、きつつきはどこにいましたか。(10)

（木のうろ）

(三) 今日聞かせてもらう音のことを、何とよんでいますか。(10)

（とくとく、とくべつメニュー）

(四) 「さあ、おねがいいたします。」と言っているのは、だれですか。(10)

（野ねずみ（のお父さん）（のお母さん））

(五) 「かしこまりました。」は、どういう意味ですか。当てはまるものに○をしましょう。(10)

（○）ひきうけることを、ていねいに言っている。

（　）きんちょうして、こまってしまっている。

P50

きつつきの商売 (5)

上の文章を読んで、答えましょう。

(一) きらきらしたきれいな目をしているのは、だれですか。(10)

（十ぴきの子ねずみたち）

(二) ① きつつきは、今日の音のことを何と言っていますか。(10×2)

（（今日だけの）とくべつな音）

② どのようにして聞くように言いましたか。

（お口をとじて、目をとじて、聞いてください。）

(三) 聞こえてきた音を、文中から書き出しましょう。(7×4)

ぶなの葉っぱ（シャバシャバシャバ。）

じめん（パシパシピチピチ。）

葉っぱのかさ（パリパリパリ。）

ぶなの森のおくふかくから（ドウドウドウ。ザワザワザワ。）

(四) 「パシパシピチピチ。」は、何が何にあたる音ですか。(10)

（雨が地面にあたる音）

(五) 「パリパリパリ。」は、何が何にあたる音ですか。(10)

（雨が葉っぱのかさにあたる音）

(六) 聞こえてきたのは、何の音ですか。(10)

（雨の音）

(七) 野ねずみたちは、その音をどのようにして聞いていましたか。(12)

（にこにこうなずいて、それから、目を開けたりとじたりしながら。）

P51

三年とうげ (1)

上の文章を読んで、答えましょう。

(一) 上の文に書かれているとうげは、何とよばれていましたか。(10)

（三年とうげ）

(二) どんなとうげですか。(10)

（あまり高くない、なだらかなとうげ）

(三) 春、とうげからふもとまでさきみだれる花は何ですか。三つ書きましょう。(5×3)

（すみれ）（たんぽぽ）（ふでりんどう）

(四) 秋、とうげからふもとまで美しく色づく葉は何ですか。三つ書きましょう。(5×3)

（かえで）（がまずみ）（ぬるで）

(五) だれだってため息の出るほど、よいながめになるのは、何がどうなるころですか。(10×2)

春…（れんげつつじのさくころ）

秋…（白いすすきの光るころ）

(六) 言いつたえでは、三年とうげで転ぶとどうなるのでしょう。二つ書きましょう。(10×2)

（三年きりしか　生きられぬ。）

（長生きしたくも　生きられぬ。）

(七) みんな、三年とうげをこえるときは、なぜ転ばないように、おそるおそる歩いたのですか。(10)

（（長生きしたくても）三年きりしか生きられないから。）

P52

三年とうげ (2)

上の文章を読んで、答えましょう。

(一) ① 上の文に書かれているきせつはいつですか。(10×2)

（秋）

② そのきせつのことを、ちがう言い方でどんなころと言っていますか。

（白いすすきの光るころ）

(二) おじいさんは、どこへ何をしに行きましたか。(10×2)

どこへ（となり村）へ　何をしに（反物を売り）に

(三) ア足を急がせました。とは、どういう様子ですか。当てはまる文に○をしましょう。(10)

（　）転ばないように、足に気をつけました。

（○）早足で歩きました。

（　）あわてて足をバタバタさせました。

(四) 日がくれてきた様子が書いてある文を、文中からぬき出して書きましょう。(10)

（お日さまが西にかたむき、夕やけ空がだんだん暗くなりました。）

(五) おじいさんは、なぜ転んでしまったのですか。(10)

（石につまずいた。）

(六) ① 転んでしまったおじいさんは、どうなりましたか。(10×2)

（真っ青になり、がたがたふるえた。）

② それからおじいさんは、どうしましたか。

（家にすっとんでいき、おばあさんにしがみつき、おいおいないた。）

(七) どうしておじいさんは、おいおいないたのですか。(10)

（三年とうげで転んだので、あと三年きりしか生きられないから。）

P53

三年とうげ (3)

上の文章を読んで、答えましょう。

(一) おじいさんが病気になりました。おばあさんはどうしましたか。(15)

（お医者をよぶやら、薬を飲ませるやら、つきっきりで看病した。）

(二) ①～④の□の中に入る言葉を、[ ]からえらんで書きましょう。(5×4)

①（とうとう）②（けれども）③（しばらく）④（そして）

[しばらく　けれども　とうとう　そして]

(三) みまいに来たのは、だれですか。(10)

（水車屋のトルトリ）

(四) ふとんから顔を出したときのおじいさんは、トルトリに何と言いましたか。(10)

（「どうすればなおるんじゃ。」）

(五) アおいらの言うとおりにすれば、とありますが、何をすればよいのでしょう。(15)

（三年とうげで、もう一度転ぶ。）

(六) イおじいさんの病気はきっとなおるよ。とありますが、どうしてきっとなおるのですか。(15)

（一度転ぶと三年生きる。二度転べば六年、三度転べば九年、四度転べば十二年。何度も転べば、うんと長生きできるから。）

(七) ふとんからはね起きたおじいさんは、どうしたのでしょうか。(15)

（三年とうげに行き、わざとひっくりかえり、転んだ。）

※本書にかかれている解答はあくまでも一例です。答えは、文意があっていれば、○をして下さい。
「思ったこと」「考えたこと」などは様々なとらえ方があります。児童の思いをよく聞いて○をつけて下さい。

P54 三年とうげ (4)

上の文章を読んで、答えましょう。

(一) 歌はどこから聞こえてきましたか。⑩
（ぬるでの木のかげ（から））

(二) 歌は、それぞれ何年、長生きできると言っていますか。(6×3)
一ぺん転べば（三 年）十ぺん転べば（三十 年）百ぺん転べば（三百 年）

(三) おじいさんがすっかりうれしくなったのは、どうしてですか。⑫
（転べば転ぶほど長生きできると歌っているから。）

(四) ア こけて 転んで ひざついて しりもちついて でんぐりがえり、のとおり、おじいさんが転んだ様子がわかるところをぬき出して書きましょう。⑩
（ころりん、ころりん、すってんころり、ぺったんころりん、ひょいころ、ころりん）

(五) ① あんまりうれしくなったおじいさんは、とうげからふもとまで、どのように転がり落ちたでしょう。(10×2)
（ころころころりん）
② そして、おじいさんは何と言いましたか。
（「もう、わしの病気はなおった。百年も、二百年も、長生きができるわい。」）

(六) さいごにおじいさんとおばあさんは、どうなりましたか。⑩
（二人なかよく、幸せに、長生きした。）

(七) イ だれだったのでしょうね。とありますが、あなたはだれだったと思いますか。また、そう思った理由も書きましょう。(10×2)

例
だれ（トルトリ）
理由（おじいさんに長生きしてほしかったから。）

P55 ちいちゃんのかげおくり (1)

上の文章を読んで、答えましょう。

(一) ちいちゃんたちが、はかまいりに行ったのは、どんな日のことでしたか。⑩
（お父さんが出征する前の日）

(二) ① お父さんが青い空を見上げて、何とつぶやきましたか。(10×2)
（「かげおくりのよくできそうな空だなあ。」）
② それは、いつのことですか。
（先祖のはかまいりに行った、その帰り道）

(三) 「かげおくり」について答えましょう。
① どんな遊びか、せつめいしているところのはじめと終わりを書きましょう。(5×2)
「十、数える間 〜 うつって見える。」
② せつめいしてくれたのは、だれですか。⑩
（お父さん）
③ 「みんなでやってみましょう。」と、言いだしたのは、だれですか。⑩
（お母さん）

(四) ① かげぼうしは、いくつありましたか。⑩
（四つ）
② だれのかげぼうしですか。四つ書きましょう。(5×4)
（お父さん）（お母さん）
（ちいちゃん）（お兄ちゃん）

(五) 「ようっつ、いつうつ、むうっつ。」は、だれとだれの声ですか。⑩
（お父さんとお母さん）

P56 ちいちゃんのかげおくり (2)

上の文章を読んで、答えましょう。

(一) みんなでいくつまで数えた時、かげぼうしが空にあがりましたか。⑩
（とお）

(二) 目の動きといっしょに、白い四つのかげぼうしはどうなりましたか。⑩
（すうっと空に上がった。）

(三) 白い四つのかげは、だれのものですか。(5×4)
（お父さん）（お母さん）
（ちいちゃん）（お兄ちゃん）

(四) 空に上がった四つのかげを見て、お父さんやお母さんは何と言いましたか。(5×2)
お父さん「今日の記念写真だなあ。」
お母さん「大きな記念写真だこと。」

(五) ちいちゃんとお兄ちゃんは、どんなかげおくりをして遊びましたか。(10×3)
（ばんざいをしたかげおくり）
（かた手をあげたかげおくり）
（足を開いたかげおくり）

(六) 広い空がこわい所にかわってしまったのは、どうしてですか。（ ）に、言葉を書きましょう。(5×4)
（いくさ）がはげしくなって、この町の空にも、（しょういだん）や（ばくだん）をつんだ（ひこうき）が、とんでくるようになったから。

P57 ちいちゃんのかげおくり (3)

上の文章を読んで、答えましょう。

(一) 「さあ、いそいで。」は、なぜいそぐのですか。⑩
（くうしゅうからにげるため。）

(二) ① ちいちゃんたちが外に出ると、どんな様子でしたか。(10×2)
（もう、赤い火が、あちこちに上がっていた。）
② そのとき、お母さんは、どうしましたか。
（ちいちゃんとお兄ちゃんを両手につないで、走った。）

(三) ア——のように、お母さんがちいちゃんをだき上げて走ったときの、まわりの様子がわかる文を二つ、ぬき書きしましょう。(10×2)
（風があつくなってきました。）
（ほのおのうずが追いかけてきます。）

(四) イ——て、お兄ちゃんが転んだとき、お母さんはお兄ちゃんをどうしましたか。⑩
（おんぶした。）

(五) ① ウ——て、ちいちゃんは、どうしてお母さんとはぐれてしまったのですか。(10×3)
（たくさんの人に追いぬかれたり、ぶつかったりしたから。）
② その後、ちいちゃんをだいて走ってくれたのは、だれですか。
（知らないおじさん）
③ その人と、どこまで行きましたか。
（暗い橋の下）

(六) エ——て、ちいちゃんが、またひとりぼっちになったのは、どうしてですか。⑩
（見つかったと思ったお母さんらしい人は、お母さんではなかったから。）

P58 ちいちゃんのかげおくり (4)

上の文章を読んで、答えましょう。

(一) ① 「ちいちゃんじゃないの。」と声をかけてくれたのは、だれでしたか。(10×4)
（はす向かいのうちのおばさん）
② おばさんに「お母ちゃんは。お兄ちゃんは。」とたずねられたちいちゃんは、何と言いましたか。
（「おうちのとこ。」）
③ 二人でどこへ行ったのですか。
（ちいちゃんの家）
④ そこは、どうなっていましたか。
（やけ落ちてなくなっていた。）

(二) ① 二つの ア には、同じ言葉が入ります。□の中からえらんで書きましょう。(10×2)
かるく・ゆっくり・はやく・深く
ア 深く
② それは、どういう気持ちを表していますか。正しいものに○をしましょう。
（○）ぜったいお母さんたちは帰ってくると思っている。
（ ）またひとりぼっちになるのかと、とても心配している。
（ ）おばちゃんにありがとうと思っている。

(三) ちいちゃんがねむったのは、どんなところですか。⑩
（こわれかかった暗いぼうくうごうの中）

(四) ① イ・ウ・エの□の中に当てはまる言葉を、□からえらんで書き入れましょう。(6×3)
夜・夕方・昼・朝
くもった イ 朝 が来て、ウ 昼 がすぎ、また、暗い エ 夜 が来ました。
② ①の文から、どんなことがわかりますか。⑫
（また（さらに）一日がすぎた。）

※本書にかかれている解答はあくまでも一例です。答えは、文意があっていれば、○をして下さい。
「思ったこと」「考えたこと」などは様々なとらえ方があります。児童の思いをよく聞いて○をつけて下さい。

P59

ちいちゃんのかげおくり (5)

上の文章を読んで、答えましょう。

(一) 「まぶしいな。」と思ったのは、どうしてですか。(10)
（明るい光が顔に当たったから）

(二) 目がさめたときのちいちゃんの様子はどうでしたか。文中より二つぬき出して書きましょう。(10×2)
（暑いような寒いような気がしました。）

（ひどくのどがかわいています。）

(三) 青い空からふってきたものは何ですか。二つ書きましょう。(10×2)
（お父さんの声）（お母さんの声）

(四) ちいちゃんは、ふらふらする足をふみしめて立ち上がり、何をしようとしたのですか。(10)
（かげおくりをしようとした。（たった一つのかげぼうしを見つめながら、数えだした。））

(五) ちいちゃんの声に重なって聞こえだしたのは、だれのどんな声でしたか。全部書きましょう。(10×3)
（お父さんのひくい声）

（お母さんの高い声）

（お兄ちゃんのわらいそうな声）

(六) 体がすうっとすきとおって、空にすいこまれていったちいちゃんは、どうなったのですか。(10)
例（天国へ行った。お父ちゃんたちのところへ行った。）

P60

ちいちゃんのかげおくり (6)

上の文章を読んで、答えましょう。

(一) ① アここは、どこですか。(10)
（花畑）

② それは、何色をしていますか。(10)
（空色）

③ アここのことを、ちいちゃんはどこだと思っていますか。(10)
（空の上）

④ そこにいたのは、だれですか。みんな書きましょう。(10×3)
（お父さん）（お母さん）（お兄ちゃん）

(二) ① イ小さな女の子の命が、空にきえました。とありますが、だれが、どうなったことですか。(10×2)
だれが（ちいちゃんが）
どうなった（死んだ）

② 女の子の命が空にきえたことを、ちいちゃんは、自分ではどうなったと言っていますか。文中からぬき出して書きましょう。(10)
「ああ、あたし、おなかがすいて軽くなったから、ういたのね。」

(三) それから何十年もたって、子どもたちが楽しそうに遊んでいる様子が書かれているところをぬき出して書きましょう。(10)
（きらきらわらい声を上げて、遊んでいます。）

P61

モチモチの木 (1)

上の文章を読んで、答えましょう。

(一) 豆太は、なぜおくびょうと言われましたか。(15)
（夜中に、一人でせっちんに行けないから。）

(二) 豆太が、夜中にせっちんに行くときは、どうしていますか。(15)
（じさまについてってもらう。）

(三) モチモチの木は夜中になると、どのようになるのですか。(15)
（空いっぱいのかみの毛をバサバサとふるって、両手を「わあっ。」とあげる。）

(四) 真夜中に、豆太が「じさまぁ。」って、どんなに小さい声で言ってても、「しょんべんか。」と、すぐ目をさましてくれるわけを、二つえらんで○をしましょう。(10×2)
（○）豆太が、かわいそうで、かわいかったから。

（　）豆太がおくびょうで、しかたないから。

（　）モチモチの木が両手を「わあっ。」とあげておどかすから。

（○）いっしょにねている一まいしかないふとんを、ぬらされるよりいいから。

(五) ア イ の中に入る言葉を、□からえらんで書きましょう。(10×2)
ア（それに）
イ（それなのに）

それなのに　それに　なぜなら　だから

(六) 六十四才になっても、じさまが見事にやってのけることは、どんなことですか。(15)
（青じしを追っかけて、きもをひやすような岩から岩へのとびうつり）

P62

モチモチの木 (2)

上の文章を読んで、答えましょう。

(一) モチモチの木について書かれていることで、正しいもの三つに○をしましょう。(10×3)
（　）じさまが、名前をつけた。

（○）豆太が、名前をつけた。

（○）小屋のすぐ前に立っている。

（○）秋になると、茶色いぴかぴか光った実を、いっぱいふり落としてくれる。

（　）秋になると、緑の葉っぱが黄色にかわる。

(二) モチモチの木の実でもちを作って食べるとおいしいということを、文中ではどのように表していますか。(10)
（ほっぺたが落っこちるほどうまいんだ。）

(三) アイは、それぞれだれの言葉ですか。(10×2)
ア「やい、木ぃ、モチモチの木ぃ、実ぃ落とせぇ。」（豆太）
イ「お化けぇ。」（モチモチの木）

(四) ウそっちは、何をさしますか。(10)
（モチモチの木）

(五) 豆太は、夜にモチモチの木を見ただけで、どうなってしまうのですか。(10)
（もう、しょんべんなんか出なくなっちまう。）

(六) 豆太がしょんべんをしないでねると、どうなるのですか。(10)
（あしたの朝、とこの中がこう水になっちまう。）

(七) エ に入る言葉に○をしましょう。(10)
（　）それから（○）でも（　）また

P63

モチモチの木 (3)

上の文章を読んで、答えましょう。

(一) ① 霜月というのは、むかしの何月のことですか。(10×2)
（十一月）

② きせつはいつですか。
（冬）

(二) 「うしみつ」のころに、当てはまるものに○をしましょう。(10)
（○）真夜中（　）明け方（　）夕方

(三) ① 霜月の二十日のうしみつに、モチモチの木に何がおこるのですか。(10×2)
（灯がともる。）

② ①のことを、じさまは何だと言っていますか。
（山の神様のお祭り）

(四) アそれは、何をさしますか。(10)
（灯がともったモチモチの木）

(五) 豆太が「――それじゃぁ、おらは、とってもだめだ――。」と言ったのは、じさまが何と言ったからですか。文中からぬき出して書きましょう。(10)
（一人の子どもしか、見ることはできねえ。それも、勇気のある子どもだけだ。）

(六) とんでもねえ話だ。は、何がとんでもないのでしょうか。文中からぬき出して書きましょう。(10)
（こんな冬の真夜中に、モチモチの木を、それも、たった一人で見に出るなんて。）

(七) 豆太の気持ちに当てはまる文に、二つ○をしましょう。(10×2)
（○）モチモチの木に灯がともるのを、じさまもおとうも見たんなら、自分も見たいけど、こわい。

（○）真夜中に一人でモチモチの木を見るなんて、こわくてできない。

（　）いつか勇気を出して見に行こう。

※本書にかかれている解答はあくまでも一例です。答えは、文意があっていれば、○をして下さい。
「思ったこと」「考えたこと」などは様々なとらえ方があります。児童の思いをよく聞いて○をつけて下さい。

P64 モチモチの木 (4)

上の文章を読んで、答えましょう。

(一) ① 豆太が目をさましたのは、いつですか。(10×2)
(真夜中)
② それは、どうしてですか。
(頭の上でくまのうなり声が聞こえたから。)

(二) くまのうなり声と思ったのは、だれのうなり声でしたか。(10)
(じさま)

(三) あ・いの□の中に入る言葉を、□からえらんで書きましょう。(10×2)
① (けれども) ② (もっと)
[だから　けれども　それで　もっと]

(四) じさまがますますすごくうなるのを見た豆太は、どう思いましたか。文中からぬき出して書きましょう。(10)
(「医者様をよばなくっちゃ。」)

(五) 外はどんな様子でしたか。(10)
(すごい星で、月も出ていた。)

(六) 豆太がなきなき走ったのは、どうしてですか。(10)
(いたくて、寒くて、こわかったから。)

(七) 豆太は、何がいちばんこわかったのでしょうか。(10)
(大すきなじさまが死んじまうこと。)

(八) アおぶうを、わかりやすく書きなおしましょう。(10)
(おんぶする)

P65 モチモチの木 (5)

上の文章を読んで、答えましょう。

(一) 豆太がねんねこの中から見たふしぎなものは、何ですか。(15)
(モチモチの木に、灯がついていること。)

(二) 豆太が医者様のこしを、足でドンドンけとばしたのはなぜですか。(10)
(じさまが、なんだか死んじまいそうな気がしたから。)

(三) 医者様は、モチモチの木の灯のことを、どうせつめいしていますか。文中からぬき出して書きましょう。(15)
(あれは、とちの木の後ろにちょうど月が出てきて、えだの間に星が光ってるんだ。そこに雪がふってるから、明かりがついたように見えるんだべ。)

(四) ① じさまは、豆太が見たものを、何だと言っていますか。□に書きましょう。(10)
[山の神様の祭り]
② じさまは、豆太が①を見ることができたのは、どうしてだと言っていますか。(15)
(おまえは、一人で、夜道を医者様よびに行けるほど、勇気のある子どもだったんだからな。)

(五) アそれに当てはまるものに○をしましょう。(10)
(　) 自分で自分を弱虫だなんて思わないこと。
(　) モチモチの木の灯
(○) 人間、やさしささえあれば、やらなきゃならねえことは、きっとやるもんだ。

(六) イそのばんとは、いつのばんのことでしょう。(10)
(じさまが元気になったばんから。)

(七) 上の文で、じさまが豆太にいちばん言いたかったことは何だと思いますか。文中からぬき出して書きましょう。(15)
(人間、やさしささえあれば、やらなきゃならねえことは、きっとやるもんだ。)
例 (自分で自分を弱虫だなんて思うな。)

P66 すいせんのラッパ (1)

上の文章を読んで、答えましょう。

(一) 上の文章のきせつは、いつですか。(10)
(春(のまん中))

(二) すいせんは、どこにさいていましたか。(10)
(池のそば)

(三) ① ア「だって、まちきれないもの。」は、何がまちきれないのですか。(10×2)
(すいせんが、ラッパをふくこと。)
② イそっちは、どこをさしていますか。
(すいせんの葉っぱ)

(四) ① 今日は、どういう日ですか。(10×2)
(すいせんが、今年はじめてラッパをふく日。)
② なぜ、すいせんはそうするのですか。
(冬の間ねむっていたかえるたちに、春ですよ起きなさいと知らせてあげるため。)

(五) すいせんが、もうすぐだというように、うんうん、うなずきながら、じゅんびしているようすを三つ書きましょう。(10×3)
(お日さまの高さをはかる。)
(風のはやさをしらべる。)
(ラッパをプーとふいたりする。)

(六) ありたちは、どこでまっていますか。(10)
((すいせんの) 葉っぱの上)

P67 すいせんのラッパ (2)

上の文章を読んで、答えましょう。

(一) ア(うん、今だ!)の「今」とは、どのようなときですか。文中からぬき出して書きましょう。(10)
(あたたかい風が、さあっとふきわたり、日の光が、一面にちりました。)

(二) ① すいせんのラッパは何色ですか。(10×2)
(金色)
② ラッパはどんな音がしましたか。□に六文字で書きましょう。
[すきとおった] 音

(三) イ(あ、あそこだ、あそこだ。)について答えましょう。(10×2)
① 「あそこ」とは、どこですか。
(池のそばのつつじの根元)
② だれがささやいたのですか。
(ありたち)

(四) 「むくっ。むくむくっ。」と、とび起きたのはだれですか。(10)
(グローブみたいなかえる)

(五) ①の「やあ、今年もありがとう。」の気持ちに合う文に、○をしましょう。(10)
(　) 今年もかえるの横綱になれてうれしい。
(　) 今年もありたちに見つけてもらえてよかった。
(○) 今年もすいせんのふくラッパで目をさませてうれしい。

(六) あ～おは、それぞれだれが言った言葉でしょう。ありたちの言葉には○、グローブみたいなかえるの言葉には△を、(　)に書き入れましょう。(6×5)
あ(△) い(△) う(△)
え(○) お(○)

P68 すいせんのラッパ (3)

上の文章を読んで、答えましょう。

(一) すいせんのふくラッパはどんな音ですか。□に六文字で書きましょう。(10)
[うきうきする] 音

(二) (一)の音がながれて、あたりはどうなりましたか。(10)
(まぶしく光った。)

(三) ① ア(あ、こんどは、あそこ!)の「あそこ」とは、どこですか。(10×4)
(かき根のすみっこのおち葉)
② おち葉の中からとび起きたのは、だれですか。
(みどり色のリボンのようなかえる)
③ ありたちは、そのかえるのことを、何とよんでいますか。
(かえるのダンサー)
④ どうしてそうよんだのかがわかる言葉を、文中からぬき出して書きましょう。
(「へえ!　おどりおどっているみたい。」)

(四) あ～えは、それぞれだれが言った言葉でしょう。ありたちの言葉には○、みどり色のリボンのようなかえるの言葉には△を、(　)に書き入れましょう。(3×4)
あ(△) い(△) う(○) え(○)

(五) イいよいよと同じ意味の言葉に、○をしましょう。(8)
(　)しっかりと (　)ゆっくりと (○)ますます

(六) ① ウ(あれ…か…な?)の「あれ」は、どこですか。(10×2)
(すいせんのそばの土)
② そこからとび起きたのは、だれですか。
(豆つぶみたいなかえる)

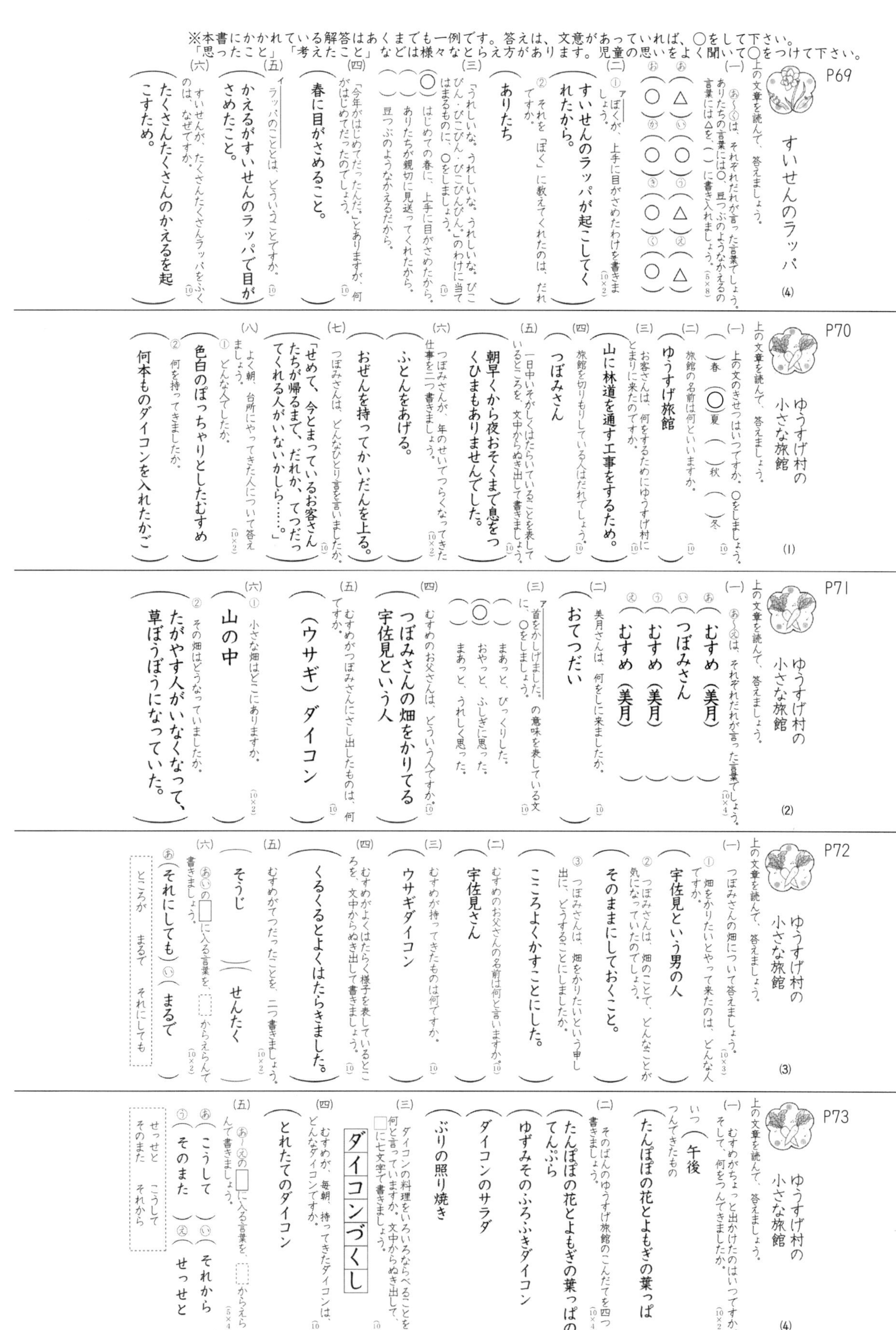

※本書にかかれている解答はあくまでも一例です。答えは、文意があっていれば、〇をして下さい。
「思ったこと」「考えたこと」などは様々なとらえ方があります。児童の思いをよく聞いて〇をつけて下さい。

P69 すいせんのラッパ (4)

上の文章を読んで、答えましょう。

(一) あ〜くは、それぞれだれが言った言葉でしょう。ありたちの言葉には〇、豆つぶのようなかえるの言葉には△を、( )に書き入れましょう。(5×8)

あ(△) い(〇) う(△) え(△) お(〇) か(〇) き(〇) く(〇)

(二) ① アぼくが、上手に目がさめたわけを書きましょう。(10×2)

(すいせんのラッパが起こしてくれたから。)

② それを「ぼく」に教えてくれたのは、だれですか。

(ありたち)

(三) 「うれしいな。うれしいな。うれしいな。ぴこぴん・ぴこぴん・ぴこぴん。」のわけに当てはまるものに、〇をしましょう。(10)

(〇) はじめての春に、上手に目がさめたから。
( ) ありたちが親切に見送ってくれたから。
( ) 豆つぶのようなかえるだから。

(四) 「今年がはじめてだったんだ。」とありますが、何がはじめてだったのでしょう。(10)

(春に目がさめること。)

(五) イラッパのこととは、どういうことですか。(10)

(かえるがすいせんのラッパで目がさめたこと。)

(六) すいせんが、たくさんたくさんラッパをふくのは、なぜですか。(10)

(たくさんたくさんのかえるを起こすため。)

P70 ゆうすげ村の小さな旅館 (1)

上の文章を読んで、答えましょう。

(一) 上の文のきせつはいつですか。〇をしましょう。(10)

( )春 (〇)夏 ( )秋 ( )冬

(二) 旅館の名前は何といいますか。(10)

(ゆうすげ旅館)

(三) お客さんは、何をするためにゆうすげ村にとまりに来たのですか。(10)

(山に林道を通す工事をするため。)

(四) 旅館を切りもりしている人はだれでしょう。(10)

(つぼみさん)

(五) 一日中いそがしくはたらいていることを表しているところを、文中からぬき出して書きましょう。(10)

(朝早くから夜おそくまで息をつくひまもありませんでした。)

(六) つぼみさんが、年のせいでつらくなってきた仕事を二つ書きましょう。(10×2)

(ふとんをあげる。)
(おぜんを持ってかいだんを上る。)

(七) つぼみさんは、どんなひとり言を言いましたか。(10)

(「せめて、今とまっているお客さんたちが帰るまで、だれか、てつだってくれる人がいないかしら……。」)

(八) よく朝、台所にやってきた人について答えましょう。(10×2)

① どんな人でしたか。

(色白のぽっちゃりとしたむすめ)

② 何を持ってきましたか。

(何本ものダイコンを入れたかご)

P71 ゆうすげ村の小さな旅館 (2)

上の文章を読んで、答えましょう。

(一) あ〜えは、それぞれだれが言った言葉でしょう。(10×4)

あ(むすめ(美月)) い(つぼみさん) う(むすめ(美月)) え(むすめ(美月))

(二) 美月さんは、何をしに来ましたか。(10)

(おてつだい)

(三) ア首をかしげました。の意味を表している文に、〇をしましょう。(10)

( ) まあっと、びっくりした。
(〇) おやっと、ふしぎに思った。
( ) まあっと、うれしく思った。

(四) むすめのお父さんは、どういう人ですか。(10)

(つぼみさんの畑をかりてる宇佐見という人)

(五) むすめがつぼみさんにさし出したものは、何ですか。(10)

((ウサギ)ダイコン)

(六) ① 小さな畑はどこにありますか。(10×2)

(山の中)

② その畑はどうなっていましたか。

(たがやす人がいなくなって、草ぼうぼうになっていた。)

P72 ゆうすげ村の小さな旅館 (3)

上の文章を読んで、答えましょう。

(一) つぼみさんの畑について答えましょう。(10×3)

① 畑をかりたいとやって来たのは、どんな人ですか。

(宇佐見という男の人)

② つぼみさんは、畑のことで、どんなことが気になっていたのでしょう。

(そのままにしておくこと。)

③ つぼみさんは、畑をかりたいという申し出に、どうすることにしましたか。

(こころよくかすことにした。)

(二) むすめのお父さんの名前は何と言いますか。(10)

(宇佐見さん)

(三) むすめが持ってきたものは何ですか。(10)

(ウサギダイコン)

(四) むすめがよくはたらく様子を表しているところを、文中からぬき出して書きましょう。(10)

(くるくるとよくはたらきました。)

(五) むすめがてつだったことを、二つ書きましょう。(10×2)

(そうじ) (せんたく)

(六) あいの□に入る言葉を、[ ]からえらんで書きましょう。(10×2)

あ(それにしても) い(まるで)

[ところが　まるで　それにしても]

P73 ゆうすげ村の小さな旅館 (4)

上の文章を読んで、答えましょう。

(一) むすめがちょっと出かけたのはいつですか。そして、何をつんできましたか。(10×2)

いつ(午後)
つんできたもの(たんぽぽの花とよもぎの葉っぱ)

(二) そのばんのゆうすげ旅館のこんだてを四つ書きましょう。(10×4)

(たんぽぽの花とよもぎの葉っぱのてんぷら)
(ゆずみそのふろふきダイコン)
(ダイコンのサラダ)
(ぶりの照り焼き)

(三) ダイコンの料理をいろいろならべることを何と言っていますか。文中からぬき出して、□に七文字で書きましょう。(10)

ダイコンづくし

(四) むすめが、毎朝、持ってきたダイコンは、どんなダイコンですか。(10)

(とれたてのダイコン)

(五) あ〜えの□に入る言葉を、[ ]からえらんで書きましょう。(5×4)

あ(こうして) い(それから) う(そのまた) え(せっせと)

[せっせと　こうして　そのまた　それから]

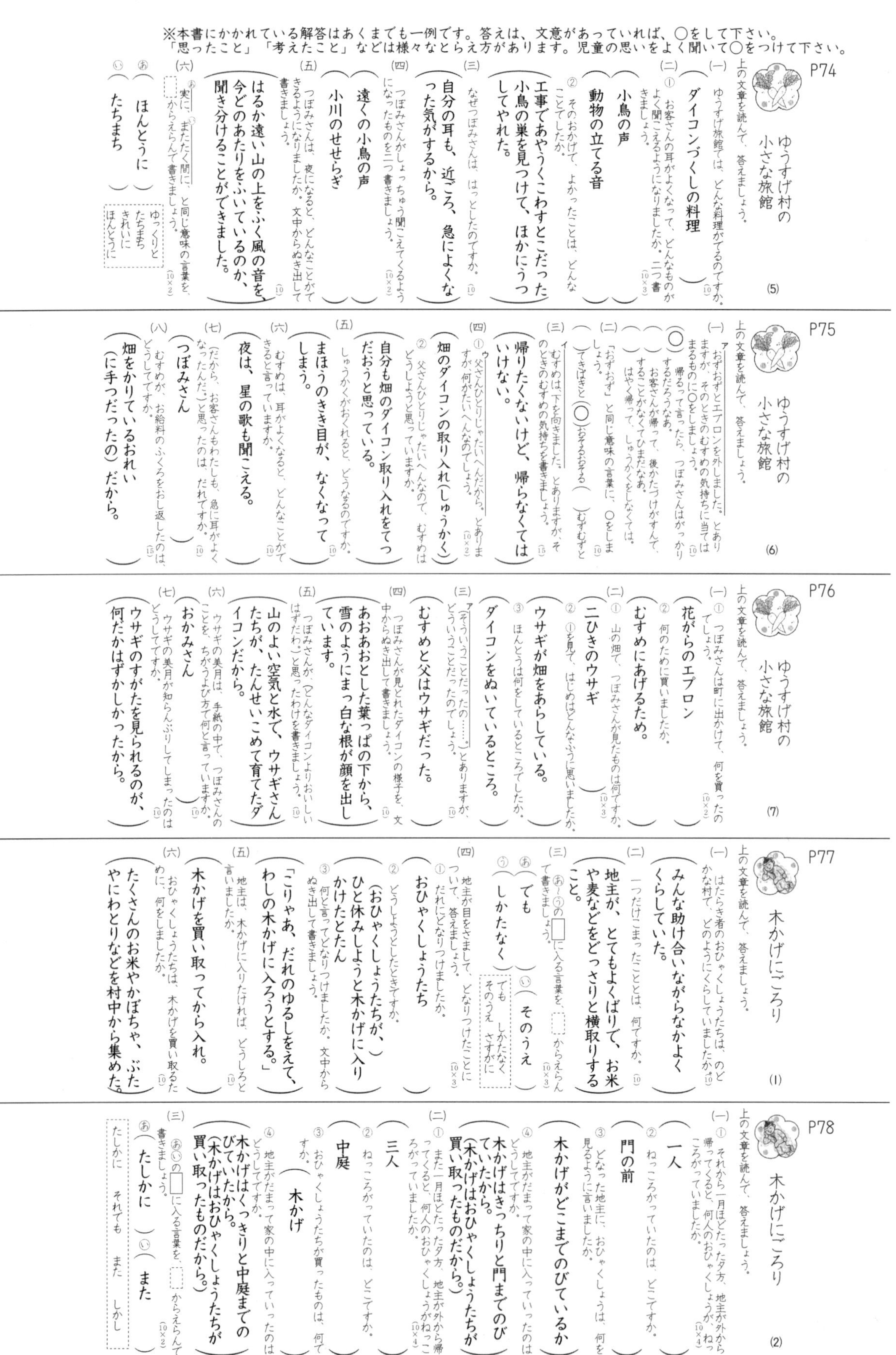

※本書にかかれている解答はあくまでも一例です。答えは、文意があっていれば、〇をして下さい。
「思ったこと」「考えたこと」などは様々なとらえ方があります。児童の思いをよく聞いて〇をつけて下さい。

P74 ゆうすげ村の小さな旅館 (5)

上の文章を読んで、答えましょう。

(一) ゆうすげ旅館では、どんな料理がでるのですか。(10)
（ダイコンづくしの料理）

(二) ① お客さんの耳がよくなって、どんなものがよく聞こえるようになりましたか。二つ書きましょう。(10×3)
（小鳥の声）
（動物の立てる音）
② そのおかげで、よかったことは、どんなことでしたか。
（工事であやうくこわすとこだった小鳥の巣を見つけて、ほかにうつしてやれた。）

(三) なぜつぼみさんは、はっとしたのですか。(10)
（自分の耳も、近ごろ、急によくなった気がするから。）

(四) つぼみさんがしょっちゅう聞こえてくるようになったものを二つ書きましょう。(10×2)
（遠くの小鳥の声）
（小川のせせらぎ）

(五) つぼみさんは、夜になると、どんなことができるようになりましたか。文中からぬき出して書きましょう。(10)
（はるか遠い山の上をふく風の音を、今どのあたりをふいているのか、聞き分けることができました。）

(六) あ実に、いまたたく間に、と同じ意味の言葉を、□からえらんで書きましょう。(10×2)
あ（ほんとうに）
い（たちまち）
［ゆっくりと　たちまち　きれいに　ほんとうに］

P75 ゆうすげ村の小さな旅館 (6)

上の文章を読んで、答えましょう。

(一) アおずおずとエプロンを外しました。とありますが、そのときのむすめの気持ちに当てはまるものに〇をしましょう。(10)
（〇）帰るって言ったら、つぼみさんはがっかりするだろうなあ。
（　）お客さんが帰って、後かたづけがすんで、することがなくてひまだなあ。
（　）はやく帰って、しゅうかくをしなくては。

(二) 「おずおず」と同じ意味の言葉に、〇をしましょう。(10)
（　）てきぱきと　（〇）おそるおそる　（　）むずむずと

(三) イむすめは、下を向きました。とありますが、そのときのむすめの気持ちを書きましょう。(15)
（帰りたくないけど、帰らなくてはいけない。）

(四) ① ウ父さんひとりじゃたいへんだから。とありますが、何がたいへんなのでしょう。(10×2)
（畑のダイコンの取り入れ（しゅうかく））
② 父さんひとりじゃたいへんなので、むすめはどうしようと思っていますか。
（自分も畑のダイコン取り入れをてつだおうと思っている。）

(五) しゅうかくがおくれると、どうなるのですか。(10)
（まほうのきき目が、なくなってしまう。）

(六) むすめは、耳がよくなると、どんなことができると言っていますか。(10)
（夜は、星の歌も聞こえる。）

(七) 「だから、お客さんもわたしも、急に耳がよくなったんだ。」と思ったのは、だれですか。(10)
（つぼみさん）

(八) むすめが、お給料のふくろをおし返したのは、どうしてですか。(15)
（畑をかりているおれい（に手つだったの）だから。）

P76 ゆうすげ村の小さな旅館 (7)

上の文章を読んで、答えましょう。

(一) ① つぼみさんは町に出かけて、何を買ったのでしょう。(10×2)
（花がらのエプロン）
② 何のために買いましたか。
（むすめにあげるため。）

(二) ① 山の畑で、つぼみさんが見たものは何ですか。(10×3)
（二ひきのウサギ）
② ①を見て、はじめはどんなふうに思いましたか。
（ウサギが畑をあらしている。）
③ ほんとうは何をしているところでしたか。
（ダイコンをぬいているところ。）

(三) 「そういうことだったの……。」とありますが、どういうことだったのでしょう。(10)
（むすめと父はウサギだった。）

(四) つぼみさんが見とれたダイコンの様子を、文中からぬき出して書きましょう。(10)
（あおあおとした葉っぱの下から、雪のようにまっ白な根が顔を出しています。）

(五) つぼみさんが、「どんなダイコンよりおいしいはずだわ。」と思ったわけを書きましょう。(10)
（山のよい空気と水で、ウサギさんたちが、たんせいこめて育てたダイコンだから。）

(六) ウサギの美月は、手紙の中で、つぼみさんのことを、ちがうよび方で何と言っていますか。(10)
（おかみさん）

(七) ウサギの美月が知らんぷりしてしまったのは、どうしてですか。(10)
（ウサギのすがたを見られるのが、何だかはずかしかったから。）

P77 木かげにごろり (1)

上の文章を読んで、答えましょう。

(一) はたらき者のおひゃくしょうたちは、のどかな村で、どのようにくらしていましたか。(10)
（みんな助け合いながらなかよくくらしていた。）

(二) 一つだけこまったことは、何ですか。(10)
（地主が、とてもよくばりで、お米や麦などをどっさりと横取りすること。）

(三) あ～うの□に入る言葉を、□からえらんで書きましょう。(10×3)
あ（でも）
い（そのうえ）
う（しかたなく）
［でも　しかたなく　そのうえ　さすがに］

(四) 地主が目をさまして、どなりつけたことについて、答えましょう。(10×3)
① だれにどなりつけましたか。
（おひゃくしょうたち）
② どうしようとしたときですか。
（おひゃくしょうたちが、ひと休みしようと木かげに入りかけたとたん）
③ 何と言ってどなりつけましたか。文中からぬき出して書きましょう。
（「こりゃあ、だれのゆるしをえて、わしの木かげに入ろうとする。」）

(五) 地主は、木かげに入りたければ、どうしろと言いましたか。(10)
（木かげを買い取ってから入れ。）

(六) おひゃくしょうたちは、木かげを買い取るために、何をしましたか。(10)
（たくさんのお米やかぼちゃ、ぶたやにわとりなどを村中から集めた。）

P78 木かげにごろり (2)

上の文章を読んで、答えましょう。

(一) ① それから一月ほどたった夕方、地主が外から帰ってくると、何人のおひゃくしょうが、ねっころがっていましたか。(10×4)
（一人）
② ねっころがっていたのは、どこですか。
（門の前）
③ どなった地主に、おひゃくしょうは、何を見るように言いましたか。
（木かげがどこまでのびているか）
④ 地主がだまって家の中に入っていったのはどうしてですか。
（木かげはきっちりと門までのびていたから。（木かげはおひゃくしょうたちが買い取ったものだから。））

(二) ① また一月ほどたった夕方、地主が外から帰ってくると、何人のおひゃくしょうがねっころがっていましたか。(10×4)
（三人）
② ねっころがっていたのは、どこですか。
（中庭）
③ おひゃくしょうたちが買ったものは、何ですか。
（木かげ）
④ 地主がだまって家の中に入っていったのはどうしてですか。
（木かげはくっきりと中庭までのびていたから。（木かげはおひゃくしょうたちが買い取ったものだから。））

(三) あいの□に入る言葉を、□からえらんで書きましょう。(10×2)
あ（たしかに）
い（また）
［たしかに　それでも　また　しかし］

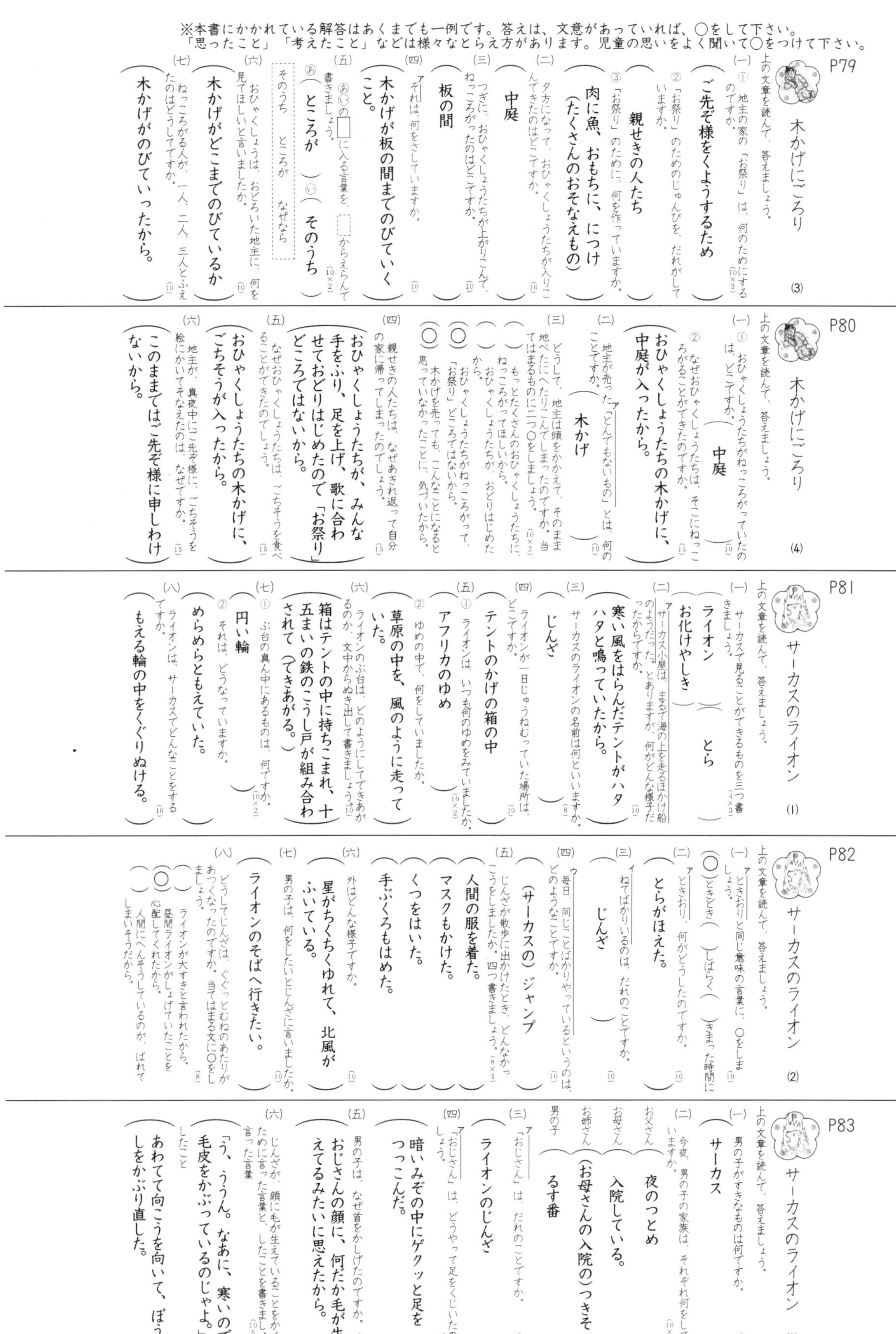

※本書にかかれている解答はあくまでも一例です。答えは、文意があっていれば、○をして下さい。
「思ったこと」「考えたこと」などは様々なとらえ方があります。児童の思いをよく聞いて○をつけて下さい。

P79 木かげにごろり (3)

上の文章を読んで、答えましょう。

(一) ① 地主の家の「お祭り」は、何のためにするのですか。(10×3)
（ご先ぞ様をくようするため）
② 「お祭り」のためのじゅんびを、だれがしていますか。
（親せきの人たち）
③ 「お祭り」のために、何を作っていますか。
（肉に魚、おもちに、につけ（たくさんのおそなえもの））

(二) 夕方になって、おひゃくしょうたちが入りこんできたのはどこですか。(10)
（中庭）

(三) つぎに、おひゃくしょうたちが上がりこんで、ねっころがったのはどこですか。(10)
（板の間）

(四) ア それは、何をさしていますか。(10)
（木かげが板の間までのびていくこと。）

(五) あいの□に入る言葉を、□からえらんで書きましょう。(10×2)
あ（ところが）い（そのうち）
そのうち　ところが　なぜなら

(六) おひゃくしょうは、おどろいた地主に、何を見てほしいと言いましたか。(10)
（木かげがどこまでのびているか）

(七) ねっころがる人が、一人、二人、三人とふえたのはどうしてですか。(10)
（木かげがのびていったから。）

P80 木かげにごろり (4)

上の文章を読んで、答えましょう。

(一) ① おひゃくしょうたちがねっころがっていたのは、どこですか。(10)
（中庭）
② なぜおひゃくしょうたちは、そこにねっころがることができたのですか。(15)
（おひゃくしょうたちの木かげに、中庭が入ったから。）

(二) 地主が売った ア「とんでもないもの」とは、何のことですか。(10)
（木かげ）

(三) どうして、地主は頭をかかえて、そのまま地べたにへたりこんでしまったのですか。当てはまるものに二つ○をしましょう。(10×2)
（　）もっとたくさんのおひゃくしょうたちに、ねっころがってほしいから。

（　）おひゃくしょうたちが、おどりはじめたから。

（○）おひゃくしょうたちがねっころがって、「お祭り」どころではないから。

（○）木かげを売っても、こんなことになると思っていなかったことに、気づいたから。

(四) 親せきの人たちは、なぜあきれ返って自分の家に帰ってしまったのでしょう。(15)
（おひゃくしょうたちが、みんな手をふり、足を上げ、歌に合わせておどりはじめたので「お祭り」どころではないから。）

(五) なぜおひゃくしょうたちは、ごちそうを食べることができたのでしょう。(15)
（おひゃくしょうたちの木かげに、ごちそうが入ったから。）

(六) 地主が、真夜中にご先ぞ様に、ごちそうを絵にかいてそなえたのは、なぜですか。(15)
（このままではご先ぞ様に申しわけないから。）

P81 サーカスのライオン (1)

上の文章を読んで、答えましょう。

(一) サーカスで見ることができるものを三つ書きましょう。(4×3)
（ライオン）（とら）（お化けやしき）

(二) ア サーカス小屋は、まるで海の上を走るほかけ船のようだった。とありますが、何がどんな様子だったからですか。(10)
（寒い風をはらんだテントがハタハタと鳴っていたから。）

(三) サーカスのライオンの名前は何といいますか。(8)
（じんざ）

(四) ライオンが一日じゅうねむっていた場所は、どこですか。(10)
（テントのかげの箱の中）

(五) ① ライオンは、いつも何のゆめをみていましたか。(10×2)
（アフリカのゆめ）
② ゆめの中で、何をしていましたか。
（草原の中を、風のように走っていた。）

(六) ライオンのぶ台は、どのようにしてできあがるのか、文中からぬき出して書きましょう。(10)
（箱はテントの中に持ちこまれ、十五まいの鉄のこうし戸が組み合わされて（できあがる。））

(七) ① ぶ台の真ん中にあるものは、何ですか。(10×2)
（円い輪）
② それは、どうなっていますか。
（めらめらともえていた。）

(八) ライオンは、サーカスでどんなことをするのですか。(10)
（もえる輪の中をくぐりぬける。）

P82 サーカスのライオン (2)

上の文章を読んで、答えましょう。

(一) ア ときおりと同じ意味の言葉に、○をしましょう。(10)
（○）ときどき（　）しばらく（　）きまった時間に

(二) ア ときおり、何がどうしたのですか。(10)
（とらがほえた。）

(三) イ ねてばかりいるのは、だれのことですか。(10)
（じんざ）

(四) ウ 毎日、同じことばかりやっているというのは、どのようなことですか。(10)
（（サーカスの）ジャンプ）

(五) じんざが散歩に出かけたとき、どんなかっこうをしましたか。四つ書きましょう。(8×4)
（人間の服を着た。）（マスクもかけた。）（くつをはいた。）（手ぶくろもはめた。）

(六) 外はどんな様子ですか。(10)
（星がちくちくゆれて、北風がふいている。）

(七) 男の子は、何をしたいとじんざに言いましたか。(10)
（ライオンのそばへ行きたい。）

(八) どうしてじんざは、ぐぐっとむねのあたりがあつくなったのですか。当てはまる文に○をしましょう。(8)
（　）ライオンが大すきと言われたから。

（○）昼間ライオンがしょげていたことを心配してくれたから。

（　）人間にへんそうしているのが、ばれてしまいそうだから。

P83 サーカスのライオン (3)

上の文章を読んで、答えましょう。

(一) 男の子がすきなものは何ですか。(10)
（サーカス）

(二) 今夜、男の子の家族は、それぞれ何をしていますか。(10×4)
お父さん（夜のつとめ）
お母さん（入院している。）
お姉さん（（お母さんの入院の）つきそい）
男の子（るす番）

(三) ア「おじさん」は、だれのことですか。(10)
（ライオンのじんざ）

(四) ア「おじさん」は、どうやって足をくじいたのでしょう。(10)
（暗いみぞの中にゲクッと足をつっこんだ。）

(五) 男の子は、なぜ首をかしげたのですか。(10)
（おじさんの顔に、何だか毛が生えてるみたいに思えたから。）

(六) じんざが、顔に毛が生えていることをかくすために言った言葉と、したことを書きましょう。(10×2)
言った言葉（「う、ううん。なあに、寒いので毛皮をかぶっているのじゃよ。」）

したこと（あわてて向こうを向いて、ぼうしをかぶり直した。）

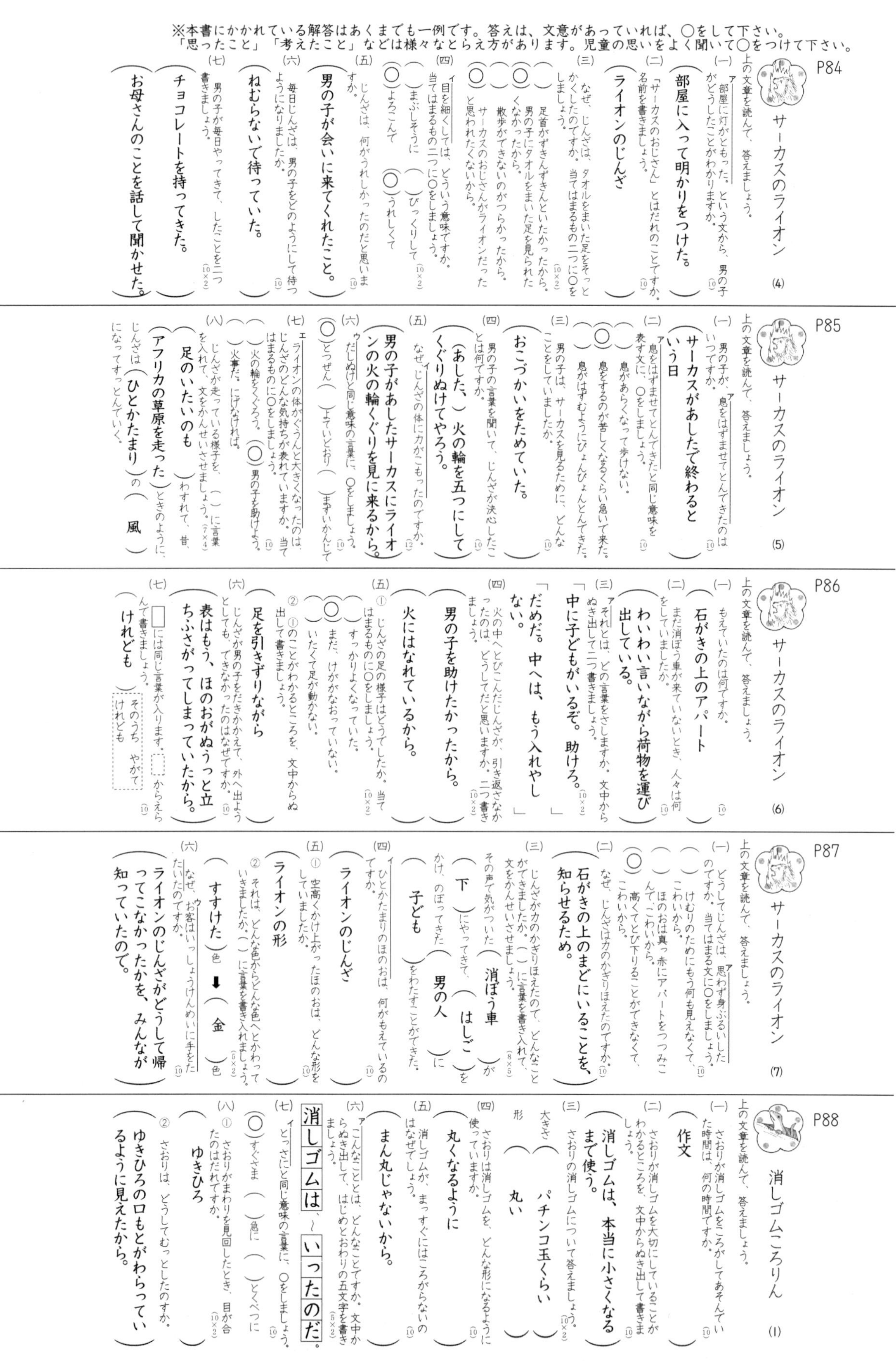

※本書にかかれている解答はあくまでも一例です。答えは、文意があっていれば、○をして下さい。
「思ったこと」「考えたこと」などは様々なとらえ方があります。児童の思いをよく聞いて○をつけて下さい。

P84 サーカスのライオン (4)

上の文章を読んで、答えましょう。

(一) ア部屋に灯がともった。という文から、男の子がどうしたことがわかりますか。(10)
（部屋に入って明かりをつけた。）

(二) 「サーカスのおじさん」とはだれのことですか。名前を書きましょう。(10)
（ライオンのじんざ）

(三) なぜ、じんざは、タオルをまいた足をそっとかくしたのですか。当てはまるもの二つに○をしましょう。(10×2)
（　）足首がずきんずきんといたかったから。
（○）男の子にタオルをまいた足を見られたくなかったから。
（　）散歩ができないのがつらかったから。
（○）サーカスのおじさんがライオンだったと思われたくないから。

(四) イ目を細くしては、どういう意味ですか。当てはまるもの二つに○をしましょう。(10×2)
（　）まぶしそうに　（　）びっくりして
（○）よろこんで　（○）うれしくて

(五) じんざは、何がうれしかったのだと思いますか。(10)
（男の子が会いに来てくれたこと。）

(六) 毎日じんざは、男の子をどのようにして待つようになりましたか。(10)
（ねむらないで待っていた。）

(七) 男の子が毎日やってきて、したことを二つ書きましょう。(10×2)
（チョコレートを持ってきた。）
（お母さんのことを話して聞かせた。）

P85 サーカスのライオン (5)

上の文章を読んで、答えましょう。

(一) 男の子が、ア息をはずませてとんできたのはいつですか。(10)
（サーカスがあしたで終わるという日）

(二) ア息をはずませてとんできたと同じ意味を表す文に、○をしましょう。(10)
（　）息があらくなって歩けない。
（○）息をするのが苦しくなるくらい急いで来た。
（　）息がはずむようにぴょんぴょんとんできた。

(三) 男の子は、サーカスを見るために、どんなことをしていましたか。(10)
（おこづかいをためていた。）

(四) 男の子の言葉を聞いて、じんざが決心したことは何ですか。(10)
（（あした、）火の輪を五つにしてくぐりぬけてやろう。）

(五) なぜ、イじんざの体に力がこもったのですか。(12)
（男の子があしたサーカスにライオンの火の輪くぐりを見に来るから。）

(六) ウだしぬけと同じ意味の言葉に、○をしましょう。(10)
（○）とつぜん　（　）よていどおり　（　）まずいかんじて

(七) エライオンの体がぐうんと大きくなったのは、じんざのどんな気持ちが表れていますか。当てはまるものに○をしましょう。(10)
（　）火の輪をくぐろう。（○）男の子を助けよう。
（　）火事だ。にげなければ。

(八) じんざが走っている様子を、（　）に言葉を入れて、文をかんせいさせましょう。(7×4)
（足のいたいのも）わすれて、昔、（アフリカの草原を走った）ときのように、
じんざは（ひとかたまり）の（風）になってすっとんでいく。

P86 サーカスのライオン (6)

上の文章を読んで、答えましょう。

(一) もえていたのは何ですか。(10)
（石がきの上のアパート）

(二) まだ消ぼう車が来ていないとき、人々は何をしていましたか。(10)
（わいわい言いながら荷物を運び出している。）

(三) アそれとは、どの言葉をさしますか。文中からぬき出して二つ書きましょう。(10×2)
「中に子どもがいるぞ。助けろ。」

「だめだ。中へは、もう入れやしない。」

(四) 火の中へとびこんだじんざが、引き返さなかったのは、どうしてだと思いますか。二つ書きましょう。(10×2)
（男の子を助けたかったから。）
（火にはなれているから。）

(五) ① じんざの足の様子はどうでしたか。当てはまるものに○をしましょう。(10×2)
（　）すっかりよくなっていた。
（○）まだ、けががなおっていない。
（　）いたくて足が動かない。
② ①のことがわかるところを、文中からぬき出して書きましょう。
（足を引きずりながら）

(六) じんざが男の子をだきかかえて、外へ出ようとしても、できなかったのはなぜですか。(10)
（表はもう、ほのおがぬうっと立ちふさがってしまっていたから。）

(七) □には同じ言葉が入ります。□からえらんで書きましょう。(10)
（けれども）
［そのうち　やがて　けれども］

P87 サーカスのライオン (7)

上の文章を読んで、答えましょう。

(一) どうしてじんざは、ア思わず身ぶるいしたのですか。当てはまる文に○をしましょう。(10)
（　）けむりのためにもう何も見えなくて、こわいから。
（　）ほのおは真っ赤にアパートをつつみこんで、こわいから。
（○）高くてとび下りることができなくて、こわいから。

(二) なぜ、じんざは力のかぎりほえたのですか。(10)
（石がきの上のまどにいることを、知らせるため。）

(三) じんざが力のかぎりほえたので、どんなことができましたか。（　）に言葉を書き入れて、文をかんせいさせましょう。(8×5)
その声で気がついた（消ぼう車）が（下）にやってきて、（はしご）をかけ、のぼってきた（男の人）に（子ども）をわたすことができた。

(四) イひとかたまりのほのおは、何がもえているのですか。(10)
（ライオンのじんざ）

(五) ① 空高くかけ上がったほのおは、どんな形をしていましたか。(10)
（ライオンの形）
② それは、どんな色からどんな色へとかわっていきましたか。（　）に言葉を書き入れましょう。(5×2)
（すすけた）色　⬇　（金）色

(六) なぜ、ウお客はいっしょうけんめいに手をたたいたのですか。(10)
（ライオンのじんざがどうして帰ってこなかったかを、みんなが知っていたので。）

P88 消しゴムころりん (1)

上の文章を読んで、答えましょう。

(一) さおりが消しゴムをころがしてあそんでいた時間は、何の時間ですか。(10)
（作文）

(二) さおりが消しゴムを大切にしていることがわかるところを、文中からぬき出して書きましょう。(10)
（消しゴムは、本当に小さくなるまで使う。）

(三) さおりの消しゴムについて答えましょう。(10×2)
大きさ（パチンコ玉くらい）
形（丸い）

(四) さおりは消しゴムを、どんな形になるように使っていますか。(10)
（丸くなるように）

(五) 消しゴムが、まっすぐにはころがらないのはなぜでしょう。(10)
（まん丸じゃないから。）

(六) アこんなこととは、どんなことですか。文中からぬき出して、はじめとおわりの五文字を書きましょう。(5×2)
［消しゴムは］、～［いったのだ］。

(七) イとっさにと同じ意味の言葉に、○をしましょう。(10)
（○）すぐさま　（　）急に　（　）とくべつに

(八) ① さおりがまわりを見回したとき、目が合ったのはだれですか。(10×2)
（ゆきひろ）
② さおりは、どうしてむっとしたのですか。
（ゆきひろの口もとがわらっているように見えたから。）

※本書にかかれている解答はあくまでも一例です。答えは、文意があっていれば、○をして下さい。
「思ったこと」「考えたこと」などは様々なとらえ方があります。児童の思いをよく聞いて○をつけて下さい。

P89 消しゴムころりん (2)

上の文章を読んで、答えましょう。

(一) さおりが「きっと、ゆきひろは、消しゴムがあなの中におちるところを見たのだ」と思ったのは、ゆきひろのどんな様子からですか。（10）

（目を大きくしていたから。）

(二) さおりが口をとがらせたわけを二つえらんで、○をしましょう。（5×2）

（○）ゆきひろが、「あなに入るなんてすごいね。」とかの顔をしなかったから。

（　）ゆきひろが、消しゴムがあなの中におちるところを見たから。

（○）ゆきひろが、見ていないふりをして、一人でわらったから。

(三) あなの中はどんな様子ですか。二つ書きましょう。（10×2）

（まっ暗。）（ゆびをつっこんでさがせる深さではない。）

(四) ① あなからひょいと出てきたのは、何ですか。（10×2）

（やもり）

② その時のさおりの様子はどうでしたか。

（思わずりょう足がうき上がり、声が出そうになった。）

(五) ア話が通じたみたいだった。とありますが、どんな話でしたか。文中からぬき出して書きましょう。（10）

（消しゴムをそこにおとしたんだけど、拾ってきてくれない。）

(六) やもりがかかえている消しゴムと、さおりの消しゴムについて答えましょう。（10×3）

同じところ（大きさ）

ちがうところ ｛やもりがかかえている消しゴム（まっ白）　さおりの消しゴム（よごれている。）｝

P90 消しゴムころりん (3)

上の文章を読んで、答えましょう。

(一) アその動作にあたるところを、文中からぬき出して書きましょう。（10）

（やもりは、白い消しゴムをかた手でかかえ、もうかた方の手の人さしゆびでさおりをゆびさし、次にかかえた消しゴムをゆびさした。）

(二) イこれは、何のことですか。（10）

（(やもりがかかえた)白い消しゴム）

(三) ウこれは、何のことですか。（10）

（さおりの消しゴム）

(四) エそれは、何をさしますか。（10）

（さおりがうなずいたこと。）

(五) ① やもりがあなの中からもってきた消しゴムは二つあります。どんな消しゴムでしたか。（10×3）

（白い消しゴム）（さおりの消しゴム）

② さおりがやもりから受け取ったのは、どちらの消しゴムですか。

（さおりの消しゴム）

(六) オむねがどきどきしたのは、だれですか。（10）

（さおり）

(七) さおりは、どんなできごとを、カしんじられないと思ったのでしょう。（10）

（やもりが出てきて、消しゴムをひろってくれて、さおりにむかってさし上げたこと。）

(八) なぜ、やもりは「これもあげる。」と言っているようだったのでしょう。（10）

（同じしせいでさおりを見上げ、大きくうなずいたから。）

P91 消しゴムころりん (4)

上の文章を読んで、答えましょう。

(一) 次のやもりの動作は、どんなことを表していますか。（10×2）

① 右手をかるくにぎって細かくゆらせる。

（えん筆で書くこと）

② りょう手を顔の前で交差させる。

（書きまちがえること）

(二) さおりは、やもりがジェスチャーで何を教えてくれているのだとわかりましたか。（15）

（消しゴムで、書きまちがえたところを消せるということ。）

(三) 次の言葉は、それぞれ何をさしますか。（10×2）

アそこ（さっき右手をゆらせた場所）

イこれ（白い消しゴム）

(四) ウプレゼントは、だれがだれに、何をプレゼントしたのですか。（10×3）

だれ（やもり）が　だれ（さおり）に　何（白い消しゴム）をプレゼントした。

(五) さおりと目が合ったゆきひろは、どうしたのですか。（15）

（あわてて原こう用紙に目をもどし、ほおづえをついて考えているふりをした。）

P92 消しゴムころりん (5)

上の文章を読んで、答えましょう。

(一) さおりはだれのことで、アまたむっとしたのですか。（10）

（ゆきひろ）

(二) さおりが原こう用紙をゆきひろの方へずらせたのは、何のためでしょう。（10）

（原こう用紙(に書いたこと)をゆきひろに見せるため。）

(三) イううんと首をふったゆきひろは、言葉で表すと、何と言ったのでしょう。（10）

「見ていないよ。」

(四) ① 原こう用紙の右のはしに書いた文を、やもりがくれた白い消しゴムで消すと、どうなりましたか。（10×2）

（最後の〈でしょ〉だけが消えた。）

② それを、さおりが自分の消しゴムで消すと、どうなりましたか。

（ちゃんと消えた。）

(五) ウゆきひろはいつだってそうなのだ。は、どういうことですか。（10）

（さおりに対して、はっきりしない。）

(六) さおりが、ちょっとわるかったかなと思って、消すことにした文を、文中からぬき出して書きましょう。（10）

〈そんなゆきひろはすきじゃない〉

(七) エええ？　まって、まって。おしまいのところだけ消えるってわけ？と思ったさおりの気持ちに当てはまるものに、○をしましょう。（10）

（○）おしまいのところだけ消えて、〈ゆきひろはすき〉になったので、おどろいてこまっている。

（　）ちゃんと消えないので、おこっている。

（　）〈ゆきひろはすきじゃない〉と思っていたから。

(八) あいの□に入る言葉を、[　]からえらんで書きましょう。（10×2）

あ（そして）い（ところが）

[さすがに　ところが　また　そして]

P93 消しゴムころりん (6)

上の文章を読んで、答えましょう。

(一) アべつの言葉にあたる言葉を、文中からぬき出して書きましょう。（15）

〈ゆきひろなんてきらいです〉

(二) イさおりはどきどきしながら、とありますが、どうしてどきどきしたのですか。よいと思うものに○をしましょう。（10）

（○）ゆきひろのことがほんとうはすきだから。

（　）ゆきひろのことがきらいだから。

（　）〈ゆきひろはすきじゃない〉と思っていたから。

(三) ウどの字も消えなかった。とありますが、消えなかった字をすべて書き出しましょう。（15）

〈ゆきひろなんて　すき　です〉

(四) エあれにあたることを、文中からぬき出して書きましょう。（15）

（あのやもりのジェスチャー）

(五) やもりのくれた白い消しゴムは、どんな消しゴムだったのですか。（15）

（まちがったことは消えるが、本当のことは消えない消しゴム）

(六) さおりが小さな小さな字で書いた文を、文中からぬき出して書きましょう。（15）

〈ゆきひろはわたしのことをきらいです〉

(七) オどの文字も消えなかった。とありますが、消えなかった文字をすべて書き出しましょう。（15）

〈ゆきひろはわたしのことをすきです〉

※本書にかかれている解答はあくまでも一例です。答えは、文意があっていれば、○をして下さい。
「思ったこと」「考えたこと」などは様々なとらえ方があります。児童の思いをよく聞いて○をつけて下さい。

P94 消しゴムころりん (7)

上の文章を読んで、答えましょう。

(一) 「ゆきちゃん、この消しゴムね……。」の「……。」のところに当てはまる言葉を考えて、書いてみましょう。(15)

「やもりがくれたのよ。」

(二) アおずおずは、どんな様子ですか。よいと思うものに○をしましょう。(10)

( ) おもいきって消しゴムをつまんだ。
( ) おどろいて消しゴムをつまんだ。
(○) おそるおそる消しゴムをつまんだ。

(三) ゆきひろは、なぜ目を大きくして、かた手で口をおさえたのでしょう。(15)

(言わないはずのことを言ってしまって、おどろいたから。)

(四) イそのは、何をさしていますか。当てはまるところを文中からぬき出して書きましょう。(15)

(あわてて消しゴムをさおりにかえそうとした。)

(五) ウなんてことをとありますが、どんなことをしたのですか。(15)

(消しゴムを(あなに)おとした。)

(六) おちた消しゴムはどうなりましたか。文中からぬき出して書きましょう。(15)

(一度ゆかではずんで、さっきのあなにすぽっと入りこんでしまった。)

(七) ゆきひろは、なぜえんりょがちに、えがおになったのでしょう。(15)

例 (消しゴムをおとしたのに、さおりが「いいよ。」と言ってくれたから。)

P95 わすれられないおくりもの (1)

上の文章を読んで、答えましょう。

(一) あなぐまが、かしこくて、いつもみんなにたよりにされているのはなぜですか。(10)

(こまっている友だちは、だれでも、きっと助けてあげるから。)

(二) あいの□に入る言葉を、□からえらんで書きましょう。(10×2)

あ(それに) い(だから)

しかし　それに　だから

(三) あなぐまが、とてももの知りだということをどのように表していますか。文中からぬき出して、書きましょう。(10)

(知らないことはないというぐらい)

(四) あなぐまは、どんなことを知っていましたか。二つ書きましょう。(10×2)

(自分の年だと、死ぬのがそう遠くはないこと。)
(死んで体がなくなっても、心はのこること。)

(五) あなぐまが、死ぬことをおそれてはいないのは、どうしてでしょう。(15)

(死んで体がなくなっても、心はのこることを知っていたから。)

(六) あなぐまは、自分が死ぬことを、友だちにどうように言っていますか。(15)

(自分がいつか長いトンネルのむこうに行ってしまう。)

(七) ア友だちの楽しそうな様子は、だれがどんなことをしている様子ですか。(15)

(もぐらとかえるのかけっこ)

P96 わすれられないおくりもの (2)

上の文章を読んで、答えましょう。

(一) あなぐまが家に帰ってきたのは、いつですか。(10)

(夜)

(二) あなぐまが、家に帰ってからねてしまうまでにしたことを、五つ書きましょう。(10×5)

(月におやすみを言って、カーテンをしめた。)
(地下の部屋にゆっくり下りていった。)
(夕ごはんを食べた。)
(つくえにむかい、手紙を書いた。)
(ゆりいすをだんろのそばに引きよせて、しずかにゆらしていた。)

(三) ゆめの中であなぐまは、どこを走っているのですか。(10)

((どこまでもつづく)長いトンネル)

(四) ①あなぐまが、すっかり自由になったと感じたのは、どんな気がしたからですか。(10×2)

(ふっと地面からうき上がったような気がしたから。)

②またそれは、どんな感じでしたか。

(まるで、体が、なくなってしまったようで、すっかり自由になった感じ。)

(五) あいの□に入る言葉をえらんで、( )に書きましょう。(5×2)

あ(でも) い(とうとう)

でも　まるで　さて　もう　とうとう

P97 わすれられないおくりもの (3)

上の文章を読んで、答えましょう。

(一) あなぐまの友だちが、みんな心配して集まったわけを書きましょう。(10)

(あなぐまが、いつものように、おはようを言いに来てくれないから。)

(二) ①ア悲しい知らせとは、どんなことですか。(10×2)

(あなぐまが死んでしまったこと。)

②だれが知らせたのですか。

(きつね)

(三) あなぐまの手紙には、死ぬことを、どこへ行くと書いてありましたか。(10)

(長いトンネルのむこう)

(四) イ悲しまない者はいませんでした。はどういう意味ですか。同じ意味の文に、○をしましょう。(10)

( ) 悲しいと思う者はいなかった。
(○) みんなが悲しいと思った。
( ) みんなが悲しいとは思わなかった。

(五) もぐらがないている様子が書かれている文を、文中からぬき出して、書きましょう。(10)

(なみだは、あとからあとからほおをつたい、もうふをぐっしょりぬらします。)

(六) どんなことから、冬が始まったのかがわかりましたか。(10)

(雪がふったことから。)

(七) ウその夜とは、どんなことがあった日の夜のことですか。(10)

(あなぐまが死んだ日)

(八) 雪がおおいかくすことができたものと、できないものを書きましょう。(10×2)

できたもの (地上)
できないもの (心の中の悲しみ)

P98 わすれられないおくりもの (4)

上の文章を読んで、答えましょう。

(一) 「あなぐまは、いつでも、そばにいてくれたのに—。」の「—」の部分には、どんな言葉が入りますか。(10)

例 (今はもういない。)

(二) アそれは、何をさしていますか。(10)

(悲しまないこと)

(三) イにあてはまるきせつを、□からえらんで( )に書きましょう。(10)

(春)

春・夏　秋・冬

(四) もぐらが、あなぐまに教えてもらったことはどんなことですか。(10)

(一まいの紙から、手をつないだもぐらを切りぬくこと。)

(五) もぐらが、はさみを上手に使って、しまいにできるようになったことは何ですか。(10)

(しっかりと手をつないだもぐらのくさりが切りぬけたこと。)

(六) それぞれがとくいなことを書きましょう。(10×2)

もぐら (はさみを使うこと)
かえる (スケート)

(七) かえるは、ウスケートを、はじめてあなぐまに習った時のことを話しました。とありますが、それはどんなことでしたか。(10)

(あなぐまは、かえるが一人でりっぱにすべれるようになるまで、ずっとやさしく、そばについていてくれた。)

(八) あいの□に入る言葉をえらんで、( )に書きましょう。(10×2)

あ(はじめのうち) い(でも)

とても　はじめのうち　でも

※本書にかかれている解答はあくまでも一例です。答えは、文意があっていれば、○をして下さい。
「思ったこと」「考えたこと」などは様々なとらえ方があります。児童の思いをよく聞いて○をつけて下さい。

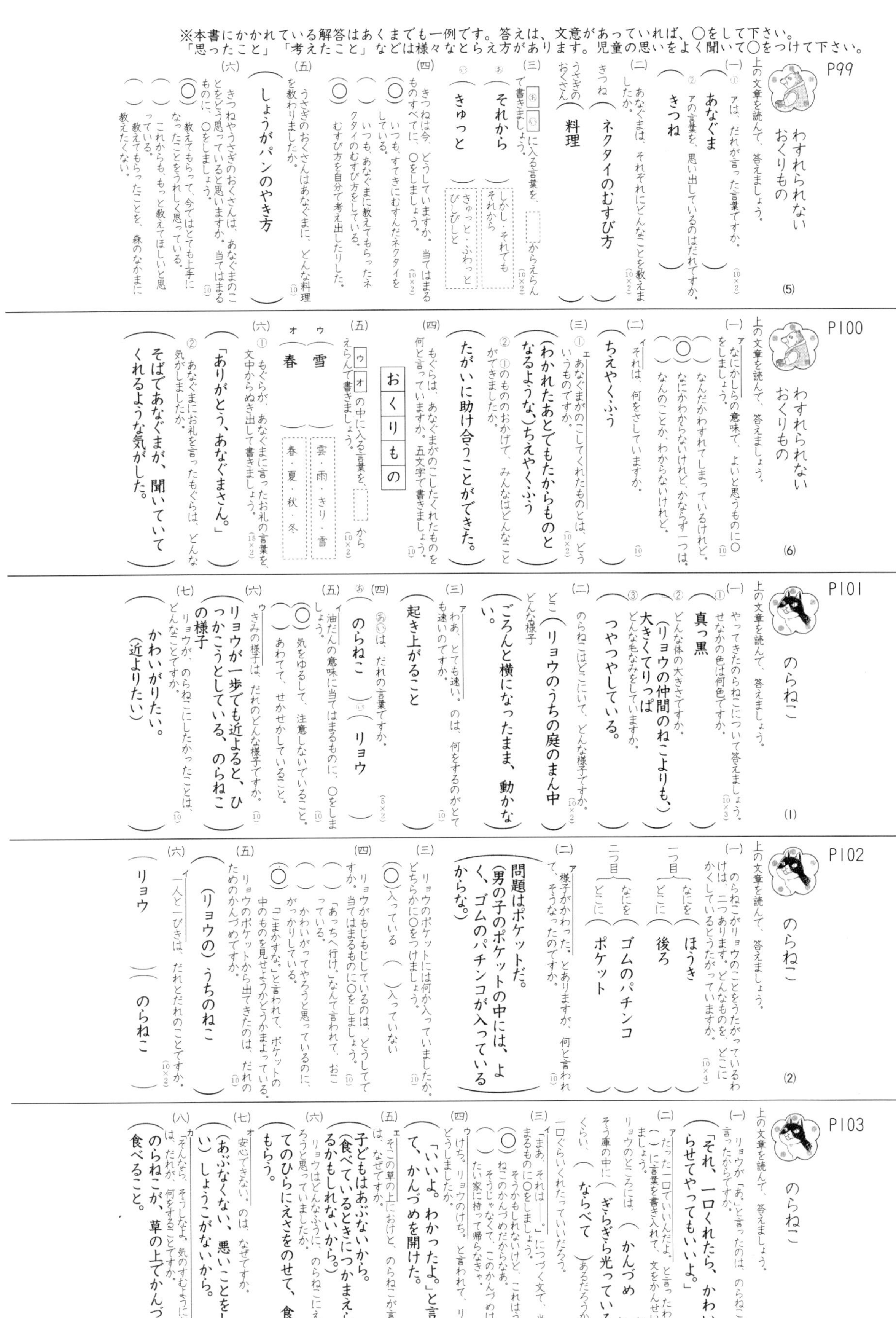

P99 わすれられない おくりもの (5)

上の文章を読んで、答えましょう。

(一) ① アは、だれが言った言葉ですか。(10×2)
（あなぐま）
② アの言葉を、思い出しているのはだれですか。
（きつね）

(二) あなぐまは、それぞれにどんなことを教えましたか。(10×2)
きつね（ネクタイのむすび方）
うさぎのおくさん（料理）

(三) あ い に入る言葉を、［ ］からえらんで書きましょう。(10×2)
あ（それから）［しかし・それでも それから］
い（きゅっと）［きゅっと・ふわっと びしびしと］

(四) きつねは今、どうしていますか。当てはまるものすべてに、○をしましょう。(10×2)
（○）いつも、すてきにむすんだネクタイをしている。

（ ）いつも、あなぐまに教えてもらったネクタイのむすび方をしている。

（○）むすび方を自分で考え出したりした。

(五) うさぎのおくさんはあなぐまに、どんな料理を教わりましたか。(10)
（しょうがパンのやき方）

(六) きつねやうさぎのおくさんは、あなぐまのことをどう思っていると思いますか。当てはまるものに、○をしましょう。(10)
（○）教えてもらって、今ではとても上手になったことをうれしく思っている。

（ ）これからも、もっと教えてほしいと思っている。

（ ）教えてもらったことを、森のなかまに教えたくない。

P100 わすれられない おくりもの (6)

上の文章を読んで、答えましょう。

(一) アなにかしらの意味で、よいと思うものに○をしましょう。(10)
（ ）なんだかわすれてしまっているけれど。

（○）なにかわからないけれど、かならず一つは。

（ ）なんのことか、わからないけれど。

(二) イそれは、何をさしていますか。(10)
（ちえやくふう）

(三) ① エあなぐまがのこしてくれたものとは、どういうものですか。(10×2)
（（わかれたあとでもたからものとなるような、）ちえやくふう）
② ①のものおかげで、みんなはどんなことができましたか。
（たがいに助け合うことができた。）

(四) もぐらは、あなぐまがのこしたくれたものを何と言っていますか。五文字で書きましょう。(10)
［おくりもの］

(五) ウ オ の中に入る言葉を、［ ］からえらんで書きましょう。(10×2)
ウ（雪）［雲・雨・きり・雪］
オ（春）［春・夏・秋・冬］

(六) ① もぐらが、あなぐまに言ったお礼の言葉を、文中からぬき出して書きましょう。(15×2)
（「ありがとう、あなぐまさん。」）
② あなぐまにお礼を言ったもぐらは、どんな気がしましたか。
（そばであなぐまが、聞いていてくれるような気がした。）

P101 のらねこ (1)

上の文章を読んで、答えましょう。

(一) やってきたのらねこについて答えましょう。(10×3)
① せなかの色は何色ですか。
（真っ黒）
② どんな体の大きさですか。
（（リョウの仲間のねこよりも、）大きくてりっぱ）
③ どんな毛なみをしていますか。
（つやつやしている。）

(二) のらねこはどこにいて、どんな様子ですか。(10×2)
どこ（リョウのうちの庭のまん中）
どんな様子（ごろんと横になったまま、動かない。）

(三) アわあ、とても速い。のは、何をするのがとても速いのですか。(10)
（起き上がること）

(四) あいは、だれの言葉ですか。(5×2)
あ（のらねこ）い（リョウ）

(五) イ油だんの意味に当てはまるものに、○をしましょう。(10)
（○）気をゆるして、注意しないでいること。

（ ）あわてて、せかせかしていること。

(六) ウきみの様子は、だれのどんな様子ですか。(10)
（リョウが一歩でも近よると、ひっかこうとしている、のらねこの様子）

(七) リョウが、のらねこにしたかったことは、どんなことですか。(10)
（かわいがりたい。（近よりたい））

P102 のらねこ (2)

上の文章を読んで、答えましょう。

(一) のらねこがリョウのことをうたがっているわけは、二つあります。どんなものを、どこにかくしているとうたがっていますか。(10×4)
一つ目 なにを（ほうき） どこに（後ろ）
二つ目 なにを（ゴムのパチンコ） どこに（ポケット）

(二) ア様子がかわった。とありますが、何と言われて、そうなったのですか。(10)
（問題はポケットだ。（男の子のポケットの中には、よく、ゴムのパチンコが入っているからな。））

(三) リョウのポケットには何か入っていましたか。どちらかに○をつけましょう。(10)
（○）入っている （ ）入っていない

(四) リョウがもじもじしているのは、どうしてですか。当てはまるものに○をしましょう。(10)
（ ）「あっちへ行け。」なんて言われて、おこっている。

（ ）かわいがってやろうと思っているのに、がっかりしている。

（○）「ごまかすな。」と言われて、ポケットの中のものを見せようかどうかまよっている。

(五) リョウのポケットから出てきたのは、だれのためのかんづめですか。(10)
（（リョウの）うちのねこ）

(六) イ一人と一ぴきは、だれとだれのことですか。(10×2)
（リョウ）（のらねこ）

P103 のらねこ (3)

上の文章を読んで、答えましょう。

(一) リョウが「あ。」と言ったのは、のらねこが何と言ったからですか。(10)
（「それ、一口くれたら、かわいがらせてやってもいいよ。」）

(二) アたった一口でいいんだよ。と言ったわけを、（ ）に言葉を書き入れて、文をかんせいさせましょう。(10×3)
リョウのところには、（かんづめ）がそう庫の中に（ぎらぎら光っている）くらい、（ならべて）あるだろうから、一口ぐらいくれたっていいだろう。

(三) イ「まあ、それは——。」につづく文で、当てはまるものに○をしましょう。(10)
（○）そうかもしれないけど、これはうちのねこのかんづめだからなあ。

（ ）そうじゃなくて、このかんづめはぜったい家に持って帰らなきゃ。

(四) ウけち。リョウのけち。と言われて、リョウはどうしましたか。(10)
（「いいよ。わかったよ。」と言って、かんづめを開けた。）

(五) エそこの草の上におけと、のらねこが言ったのは、なぜですか。(10)
（子どもはあぶないから。（食べているときにつかまえられるかもしれないから。））

(六) リョウはどんなふうに、のらねこにえさをやろうと思っていましたか。(10)
（てのひらにえさをのせて、食べてもらう。）

(七) オ安心できない。のは、なぜですか。(10)
（（あぶなくない、悪いことをしない）しょうこがないから。）

(八) カ「そんなら、そうしなよ。気のすむようにおしよ。」は、だれが、何をすることですか。(10)
（のらねこが、草の上でかんづめを食べること。）

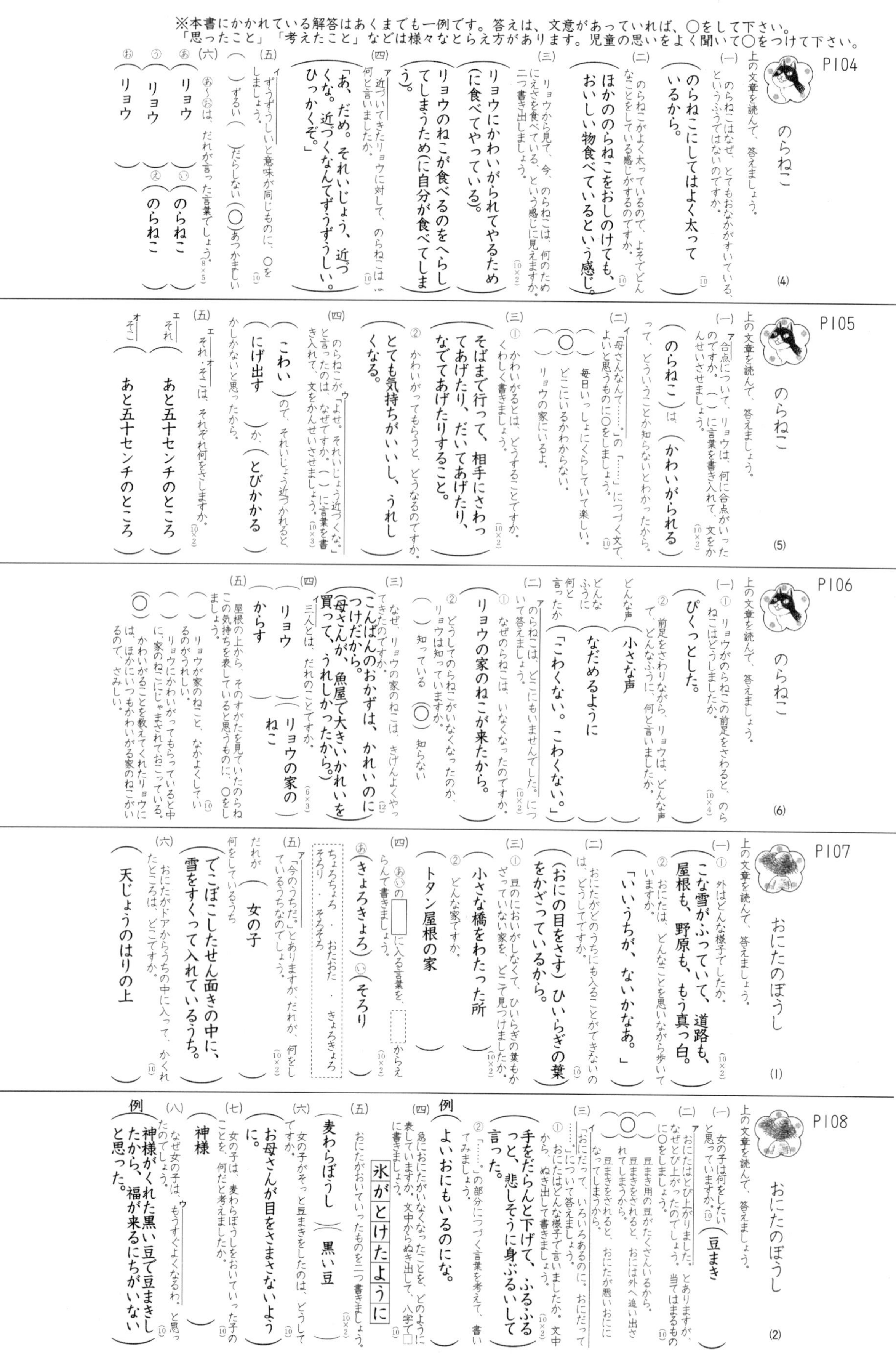

※本書にかかれている解答はあくまでも一例です。答えは、文意があっていれば、○をして下さい。
「思ったこと」「考えたこと」などは様々なとらえ方があります。児童の思いをよく聞いて○をつけて下さい。

P104 のらねこ (4)

上の文章を読んで、答えましょう。

(一) のらねこはなぜ、とてもおなかがすいている、というふうではないのですか。⑩

（のらねこにしてはよく太っているから。）

(二) のらねこがよく太っているので、よそでどんなことをしている感じがするのですか。⑩

（ほかののらねこをおしのけても、おいしい物食べているという感じ。）

(三) リョウから見て、今、のらねこは、何のためにえさを食べている、という感じに見えますか。二つ書き出しましょう。(10×2)

（リョウにかわいがられてやるため（に食べてやっている）。）

（リョウのねこが食べるのをへらしてしまうため（に自分が食べてしまう）。）

(四) ア近づいてきたリョウに対して、のらねこは、何と言いましたか。⑩

（「あ、だめ。それいじょう、近づくな。近づくなんてずうずうしい。ひっかくぞ。」）

(五) イずうずうしいと意味が同じものに、○をしましょう。⑩

（　）ずるい（　）だらしない（○）あつかましい

(六) あ～おは、だれが言った言葉でしょう。(8×5)

あ（リョウ）い（のらねこ）
う（リョウ）え（のらねこ）
お（リョウ）

P105 のらねこ (5)

上の文章を読んで、答えましょう。

(一) ア合点について、リョウは、何に合点がいったのですか。（　）に言葉を書き入れて、文をかんせいさせましょう。(10×2)

（のらねこ）は、（かわいがられる）って、どういうことか知らないとわかったから。

(二) イ「母さんなんて……。」の「……」につづく文で、よいと思うものに○をしましょう。⑩

（　）毎日いっしょにくらしていて楽しい。

（○）どこにいるかわからない。

（　）リョウの家にいるよ。

(三) ① かわいがるとは、どうすることですか。くわしく書きましょう。(10×2)

（そばまで行って、相手にさわってあげたり、だいてあげたり、なでてあげたりすること。）

② かわいがってもらうと、どうなるのですか。

（とても気持ちがいいし、うれしくなる。）

(四) のらねこがウ「よせ。それいじょう近づくな。」と言ったのは、なぜですか。（　）に言葉を書き入れて、文をかんせいさせましょう。(10×3)

（こわい）ので、それいじょう近づかれると、（にげ出す）か、（とびかかる）かしかないと思ったから。

(五) エそれ・オそこは、それぞれ何をさしますか。(10×2)

エそれ（あと五十センチのところ）
オそこ（あと五十センチのところ）

P106 のらねこ (6)

上の文章を読んで、答えましょう。

(一) ① リョウがのらねこの前足をさわると、のらねこはどうしましたか。(10×4)

（ぴくっとした。）

② 前足をさわりながら、リョウは、どんな声で、どんなふうに、何と言いましたか。

どんな声（小さな声）
どんなふうに（なだめるように）
何と言ったか（「こわくない。こわくない。」）

(二) アのらねこは、どこにもいませんでした。について答えましょう。(10×2)

① なぜのらねこは、いなくなったのですか。

（リョウの家のねこが来たから。）

② どうしてのらねこがいなくなったのか、リョウは知っていますか。

（　）知っている（○）知らない

(三) なぜ、リョウの家のねこは、きげんよくやってきたのですか。⑫

（こんばんのおかずは、かれいのつけだから。（母さんが、魚屋で大きいかれいを買って、うれしかったから。））

(四) イ三人とは、だれのことですか。(6×3)

（リョウ）（リョウの家のねこ）（からす）

(五) 屋根の上から、そのすがたを見ていたのらねこの気持ちを表していると思うものに、○をしましょう。⑩

（　）リョウが家のねこと、なかよくしているのがうれしい。

（　）リョウにかわいがってもらっていると中に、家のねこにじゃまされておこっている。

（○）かわいがることを教えてくれたリョウには、ほかにいつもかわいがる家のねこがいるので、さみしい。

P107 おにたのぼうし (1)

上の文章を読んで、答えましょう。

(一) ① 外はどんな様子でしたか。(10×2)

（こな雪がふっていて、道路も、屋根も、野原も、もう真っ白。）

② おにたは、どんなことを思いながら歩いていますか。

（「いいうちが、ないかなあ。」）

(二) おにたがどのうちにも入ることができないのは、どうしてですか。⑩

（（おにの目をさす）ひいらぎの葉をかざっているから。）

(三) ① 豆のにおいがしなくて、ひいらぎの葉もかざっていない家を、どこで見つけましたか。(10×2)

（小さな橋をわたった所）

② どんな家ですか。

（トタン屋根の家）

(四) あいの□に入る言葉を、［　］からえらんで書きましょう。(10×2)

［ちょろちょろ・おたおた・きょろきょろ・そろり・そろそろ］

あ（きょろきょろ）い（そろり）

(五) ア「今のうちだ。」とありますが、だれが、何をしているうちなのでしょう。(10×2)

だれが（女の子）
何をしているうち（でこぼこしたせん面きの中に、雪をすくって入れているうち。）

(六) おにたがドアからうちの中に入って、かくれたところは、どこですか。⑩

（天じょうのはりの上）

P108 おにたのぼうし (2)

上の文章を読んで、答えましょう。

(一) 女の子は何をしたいと思っていますか。⑩（豆まき）

(二) アおにたはとび上がりました。とありますが、なぜとび上がったのでしょう。当てはまるものに○をしましょう。⑩

（　）豆まき用の豆がたくさんいるから。

（　）豆まきをされると、おには外へ追い出されてしまうから。

（○）豆まきをされると、おにたが悪いおにになってしまうから。

(三) イ「おにだって、いろいろあるのに。おにだって……。」について答えましょう。(10×2)

① おにたはどんな様子で言いましたか。文中から、ぬき出して書きましょう。

（手をだらんと下げて、ふるふるっと、悲しそうに身ぶるいして言った。）

② 「……。」の部分につづく言葉を考えて、書いてみましょう。

例（よいおにもいるのにな。）

(四) 急におにたがいなくなったことを、どのように表していますか。文中からぬき出して、八字で□に書きましょう。⑩

氷がとけたように

(五) おにたがおいていったものを二つ書きましょう。(10×2)

（麦わらぼうし）（黒い豆）

(六) 女の子がそっと豆まきをしたのは、どうしてですか。⑩

（お母さんが目をさまさないように。）

(七) 女の子は、麦わらぼうしをおいていった子のことを、何だと考えましたか。⑩

（神様）

(八) なぜ女の子は、ウもうすぐよくなるわ。と思ったのでしょう。⑩

例（神様がくれた黒い豆で豆まきしたから、福が来るにちがいないと思った。）

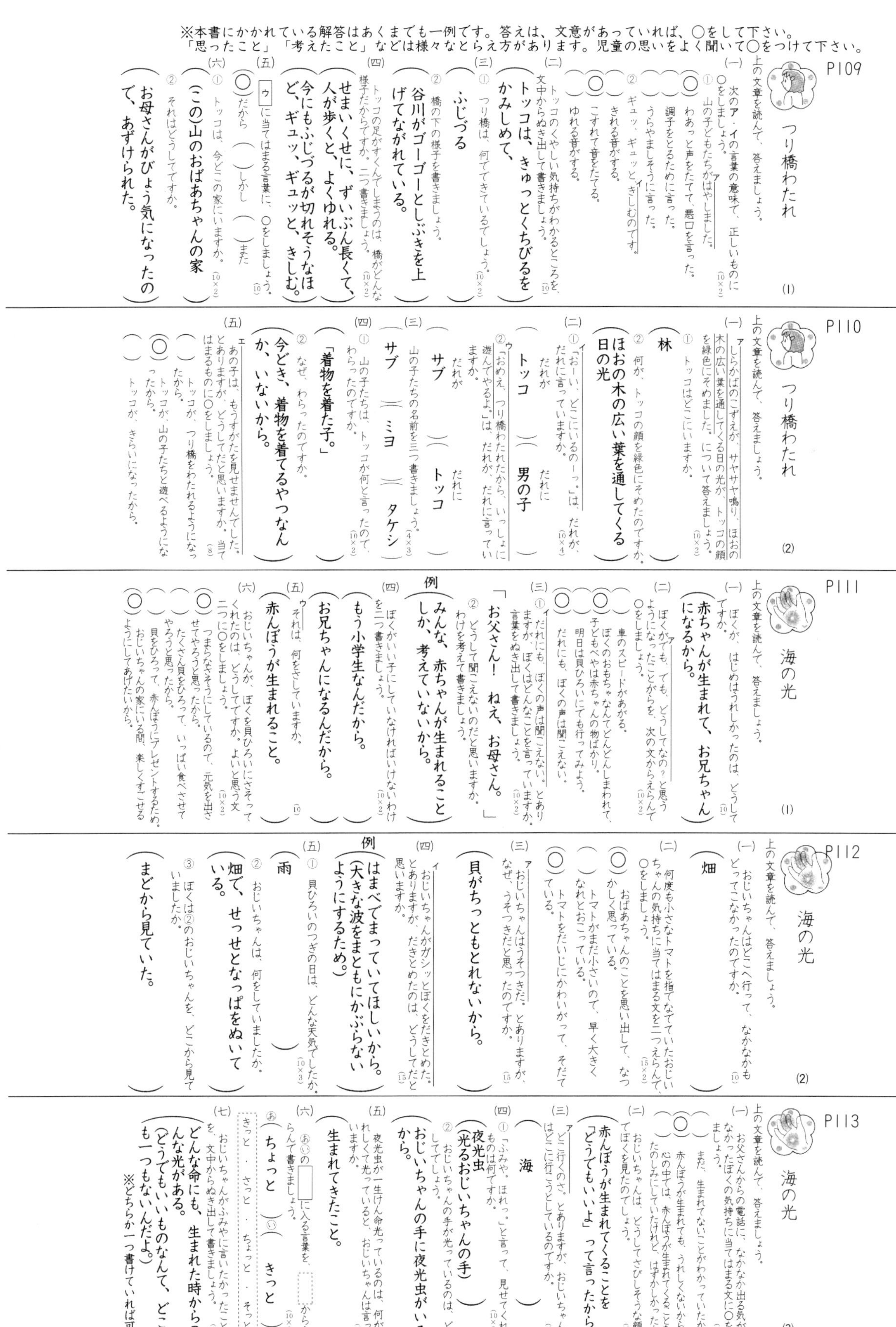

※本書にかかれている解答はあくまでも一例です。答えは、文意があっていれば、〇をして下さい。
「思ったこと」「考えたこと」などは様々なとらえ方があります。児童の思いをよく聞いて〇をつけて下さい。

P109 つり橋わたれ (1)

上の文章を読んで、答えましょう。

(一) 次のア・イの言葉の意味で、正しいものに〇をしましょう。(10×2)

① 山の子どもたちがはやしました。(ア)

(〇) わあっと声をたてて、悪口を言った。

( ) 調子をとるために言った。

( ) うらやましそうに言った。

② ギュッ、ギュッときしむのです。(イ)

( ) きれる音がする。

(〇) こすれて音をたてる。

( ) ゆれる音がする。

(二) トッコのくやしい気持ちがわかるところを、文中からぬき出して書きましょう。(10)

（**トッコは、きゅっとくちびるをかみしめて、**）

(三) ① つり橋は、何でできているでしょう。(10×2)

（**ふじづる**）

② 橋の下の様子を書きましょう。

（**谷川がゴーゴーとしぶきを上げてながれている。**）

(四) トッコの足がすくんでしまうのは、橋がどんな様子だからですか。二つ書きましょう。(10×2)

（**せまいくせに、ずいぶん長くて、人が歩くと、よくゆれる。**）

（**今にもふじづるが切れそうなほど、ギュッ、ギュッと、きしむ。**）

(五) [ウ]に当てはまる言葉に、〇をしましょう。(10)

(〇)だから ( )しかし ( )また

(六) ① トッコは、今どこの家にいますか。(10×2)

（**(この)山のおばあちゃんの家**）

② それはどうしてですか。

（**お母さんがびょう気になったので、あずけられた。**）

P110 つり橋わたれ (2)

上の文章を読んで、答えましょう。

(一) しらかばのこずえが、サヤサヤ鳴り、ほおの木の広い葉を通してくる日の光が、トッコの顔を緑色にそめました。(ア) について答えましょう。(10×2)

① トッコはどこにいますか。

（**林**）

② 何が、トッコの顔を緑色にそめたのですか。

（**ほおの木の広い葉を通してくる日の光**）

(二) ① 「おーい、どこにいるのーっ。」(イ)は、だれが、だれに言っていますか。(10×4)

だれが（**トッコ**） だれに（**男の子**）

② 「おめえ、つり橋わたれたから、いっしょに遊んでやるよ。」(ウ)は、だれが、だれに言っていますか。

だれが（**サブ**） だれに（**トッコ**）

(三) 山の子たちの名前を三つ書きましょう。(4×3)

（**サブ**）（**ミヨ**）（**タケシ**）

(四) ① 山の子たちは、トッコが何と言ったので、わらったのですか。(10×2)

（**「着物を着た子。」**）

② なぜ、わらったのですか。

（**今どき、着物を着てるやつなんか、いないから。**）

(五) あの子は、もうすがたを見せませんでした。(エ) とありますが、どうしてだと思いますか。当てはまるものに〇をしましょう。(8)

( ) トッコが、つり橋をわたれるようになったから。

(〇) トッコが、山の子たちと遊べるようになったから。

( ) トッコが、きらいになったから。

P111 海の光 (1)

上の文章を読んで、答えましょう。

(一) ぼくが、はじめはうれしかったのは、どうしてですか。(10)

（**赤ちゃんが生まれて、お兄ちゃんになるから。**）

(二) ぼくがでも、でも、どうしてなの？と思う(ア)ようになったことがらを、次の文からえらんで〇をしましょう。(10×2)

( ) 車のスピードがあがる。

(〇) ぼくのおもちゃなんてどんどんしまわれて、子どもべやは赤ちゃんの物ばかり。

( ) 明日は貝ひろいにでも行ってみよう。

(〇) だれにも、ぼくの声は聞こえない。

(三) ① だれにも、ぼくの声は聞こえない。(イ) とありますが、ぼくはどんなことを言っていますか。言葉をぬき出して書きましょう。(10×2)

「**お父さん！ ねえ、お母さん。**」

② どうして聞こえないのだと思いますか。わけを考えて書きましょう。

例（**みんな、赤ちゃんが生まれることしか、考えていないから。**）

(四) ぼくがいい子にしていなければいけないわけを二つ書きましょう。(10×2)

（**もう小学生なんだから。**）

（**お兄ちゃんになるんだから。**）

(五) それ(ウ)は、何をさしていますか。(10)

（**赤んぼうが生まれること。**）

(六) おじいちゃんが、ぼくを貝ひろいにさそってくれたのは、どうしてですか。よいと思う文二つに〇をしましょう。(10×2)

(〇) つまらなそうにしているので、元気を出させてやろうと思ったから。

( ) たくさん貝をひろって、いっぱい食べさせてやろうと思ったから。

( ) 貝をひろって、赤んぼうにプレゼントするため。

(〇) おじいちゃんの家にいる間、楽しくすごせるようにしてあげたいから。

P112 海の光 (2)

上の文章を読んで、答えましょう。

(一) おじいちゃんはどこへ行って、なかなかもどってこなかったのですか。(10)

（**畑**）

(二) 何度も小さなトマトを指でなでていたおじいちゃんの気持ちに当てはまる文を二つえらんで、〇をしましょう。(15×2)

(〇) おばあちゃんのことを思い出して、なつかしく思っている。

( ) トマトがまだ小さいので、早く大きくなれとおこっている。

(〇) トマトをだいじにかわいがって、そだてている。

(三) おじいちゃんはうそつきだ。(ア) とありますが、なぜ、うそつきだと思ったのですか。(15)

（**貝がちっともとれないから。**）

(四) おじいちゃんがガシッとぼくをだきとめた。(イ) とありますが、だきとめたのは、どうしてだと思いますか。(15)

例（**はまべでまっていてほしいから。(大きな波をまともにかぶらないようにするため。)**）

(五) ① 貝ひろいのつぎの日は、どんな天気でしたか。(10×3)

（**雨**）

② おじいちゃんは、何をしていましたか。

（**畑で、せっせとなっぱをぬいている。**）

③ ぼくは②のおじいちゃんを、どこから見ていましたか。

（**まどから見ていた。**）

P113 海の光 (3)

上の文章を読んで、答えましょう。

(一) お父さんからの電話に、なかなか出る気がしなかったぼくの気持ちに当てはまる文に〇をしましょう。(10)

( ) また、生まれてないことがわかっていたから。

(〇) 赤んぼうが生まれても、うれしくないから。

( ) 心の中では、赤んぼうが生まれてくることをたのしみにしていたけれど、はずかしかったから。

(二) おじいちゃんは、どうしてさびしそうな顔でぼくを見たのでしょう。(10)

（**赤んぼうが生まれてくることを「どうでもいいよ」って言ったから。**）

(三) どこ行くのさ。(ア) とありますが、おじいちゃんはどこに行こうとしているのですか。(10)

（**海**）

(四) ① 「ふみや。ほれっ。」と言って、見せてくれたものは何ですか。(10×2)

（**夜光虫(光るおじいちゃんの手)**）

② おじいちゃんの手が光っているのは、どうしてでしょう。

（**おじいちゃんの手に夜光虫がいるから。**）

(五) 夜光虫が一生けん命光っているのは、何がうれしくて光っていると、おじいちゃんは言っていますか。(15)

（**生まれてきたこと。**）

(六) あいの[ ]に入る言葉を、[ ]からえらんで書きましょう。(10×2)

あ（**ちょっと**） い（**きっと**）

[きっと・さっと・ちょっと・そっと]

(七) おじいちゃんがふみやに言いたかったことを、文中からぬき出して書きましょう。(15)

（**どんな命にも、生まれた時からこんな光がある。(どうでもいいものなんて、どこにも一つもないんだよ。)**）

※どちらか一つ書けていれば可

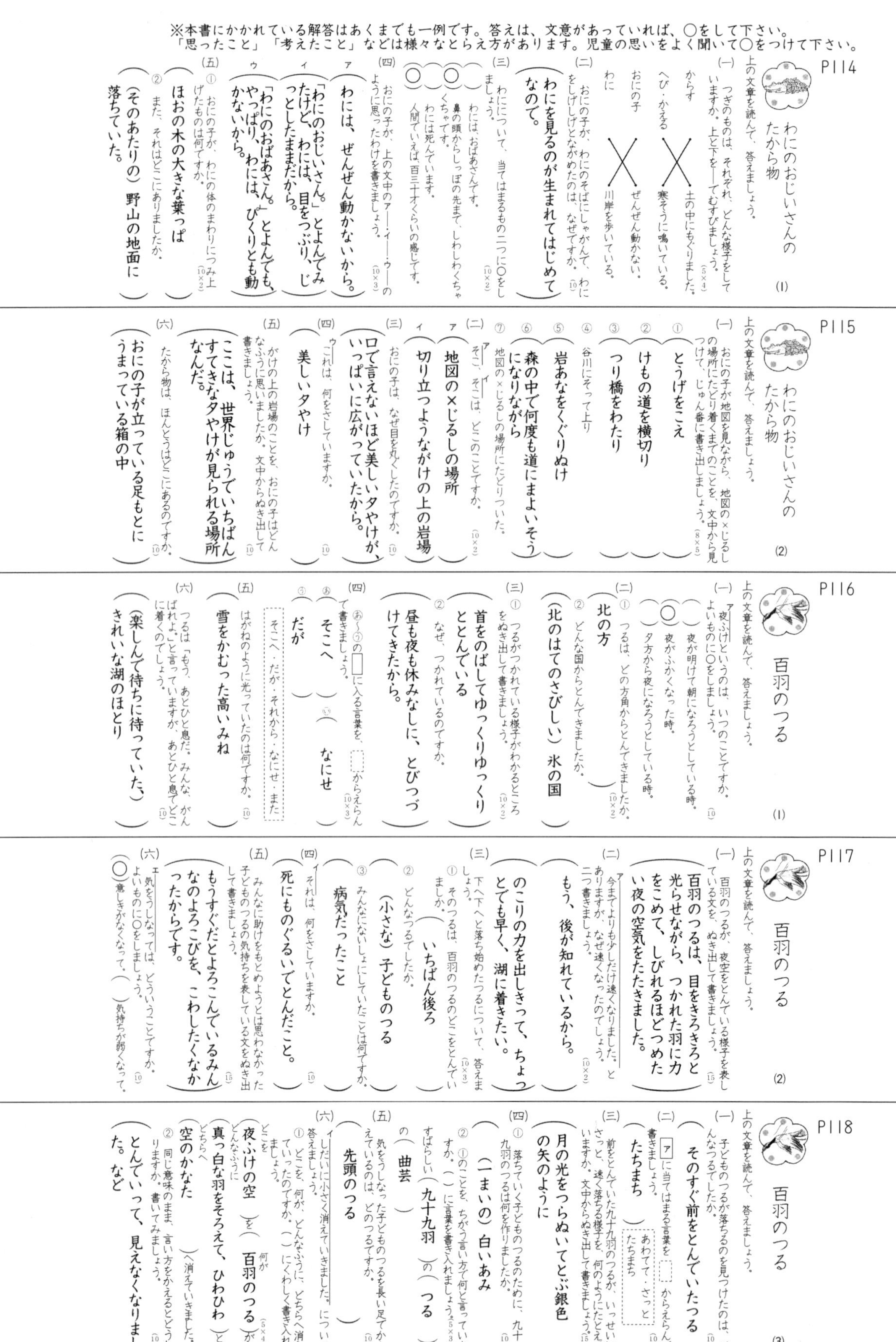

※本書にかかれている解答はあくまでも一例です。答えは、文意があっていれば、○をして下さい。
「思ったこと」「考えたこと」などは様々なとらえ方があります。児童の思いをよく聞いて○をつけて下さい。

P114 わにのおじいさんのたから物 (1)

上の文章を読んで、答えましょう。

(一) つぎのものは、それぞれ、どんな様子をしていますか。上と下を━でむすびましょう。(5×4)

からす ― 寒そうに鳴いている。
へび・かえる ― 土の中にもぐりました。
おにの子 ― 川岸を歩いている。
わに ― ぜんぜん動かない。

(二) おにの子が、わにのそばにしゃがんで、わにをしげしげとながめたのは、なぜですか。(10)
（わにを見るのが生まれてはじめてなので。）

(三) わにについて、当てはまるもの二つに○をしましょう。(10×2)
（　）わには、おばあさんです。

（○）鼻の頭からしっぽの先まで、しわしわくちゃくちゃです。

（　）わには死んでいます。

（○）人間でいえば、百三十才くらいの感じです。

(四) おにの子が、上の文中のア――イ――ウ――のように思ったわけを書きましょう。(10×3)
ア（わには、ぜんぜん動かないから。）

イ（「わにのおじいさん。」とよんでみたけど、わには、目をつぶり、じっとしたままだから。）

ウ（「わにのおばあさん。」とよんでも、やっぱり、わには、ぴくりとも動かないから。）

(五) ① おにの子が、わにの体のまわりにつみ上げたものは何ですか。(10×2)
（ほおの木の大きな葉っぱ）
② また、それはどこにありましたか。
（（そのあたりの）野山の地面に落ちていた。）

P115 わにのおじいさんのたから物 (2)

上の文章を読んで、答えましょう。

(一) おにの子が地図を見ながら、地図の×じるしの場所にたどり着くまでのことを、文中から見つけて、じゅん番に書き出しましょう。(8×5)
①（とうげをこえ）
②（けもの道を横切り）
③（つり橋をわたり）
④ 谷川にそって上り
⑤（岩あなをくぐりぬけ）
⑥（森の中で何度も道にまよいそうになりながら）
⑦ 地図の×じるしの場所にたどりついた。

(二) アそこ、イそこは、どこのことですか。(10×2)
ア（地図の×じるしの場所）
イ（切り立つようながけの上の岩場）

(三) おにの子は、なぜ目を丸くしたのですか。(10)
（口で言えないほど美しい夕やけが、いっぱいに広がっていたから。）

(四) ウこれは、何をさしていますか。(10)
（美しい夕やけ）

(五) がけの上の岩場のことを、おにの子はどんなふうに思いましたか。文中からぬき出して書きましょう。(10)
（ここは、世界じゅうでいちばんすてきな夕やけが見られる場所なんだ。）

(六) たから物は、ほんとうはどこにあるのですか。(10)
（おにの子が立っている足もとにうまっている箱の中）

P116 百羽のつる (1)

上の文章を読んで、答えましょう。

(一) ア夜ふけというのは、いつのことですか。よいものに○をしましょう。(10)
（　）夜が明けて朝になろうとしている時。

（○）夜がふかくなった時。

（　）夕方から夜になろうとしている時。

(二) ① つるは、どの方角からとんできましたか。(10×2)
（北の方）
② どんな国からとんできましたか。
（（北のはてのさびしい）氷の国）

(三) ① つるがつかれている様子がわかるところをぬき出して書きましょう。(10×2)
（首をのばしてゆっくりゆっくりとんでいる）
② なぜ、つかれているのですか。
（昼も夜も休みなしに、とびつづけてきたから。）

(四) あ～うの□に入る言葉を、[　]からえらんで書きましょう。(10×3)
あ（そこへ）　い（なにせ）　う（だが）
[そこへ・だが・それから・なにせ・また]

(五) はがねのように光っていたのは何ですか。(10)
（雪をかむった高いみね）

(六) つるは「もう、あとひと息だ。みんな、がんばれよ。」と言っていますが、あとひと息でどこに着くのでしょう。(10)
（（楽しんで待ちに待っていた、）きれいな湖のほとり）

P117 百羽のつる (2)

上の文章を読んで、答えましょう。

(一) 百羽のつるが、夜空をとんでいる様子を表している文を、ぬき出して書きましょう。(15)
（百羽のつるは、目をきろきろと光らせながら、つかれた羽に力をこめて、しびれるほどつめたい夜の空気をたたきました。）

(二) ア今までよりも少しだけ速くなりました。とありますが、なぜ速くなったのでしょう。二つ書きましょう。(10×2)
（もう、後が知れているから。）

（のこりの力を出しきって、ちょっとでも早く、湖に着きたい。）

(三) 下へ下へと落ち始めたつるについて、答えましょう。(10×3)
① そのつるは、百羽のつるのどこをとんでいましたか。
（いちばん後ろ）
② どんなつるでしたか。
（（小さな）子どものつる）
③ みんなにないしょにしていたことは何ですか。
（病気だったこと）

(四) イそれは、何をさしていますか。(10)
（死にものぐるいでとんだこと。）

(五) みんなに助けをもとめようとは思わなかった子どものつるの気持ちを表している文をぬき出して書きましょう。(15)
（もうすぐだとよろこんでいるみんなのよろこびを、こわしたくなかったからです。）

(六) エ気をうしなっては、どういうことですか。よいものに○をしましょう。(10)
（○）意しきがなくなって。（　）気持ちが弱くなって。

P118 百羽のつる (3)

上の文章を読んで、答えましょう。

(一) 子どものつるが落ちるのを見つけたのは、どんなつるでしたか。(10)
（そのすぐ前をとんでいたつる）

(二) アに当てはまる言葉を[　]からえらんで書きましょう。(10)
（たちまち）　[あわてて・さっと・たちまち]

(三) 前をとんでいた九十九羽のつるが、いっせいに、さっと、速く落ちる様子を、何のようにたとえていますか。文中からぬき出して書きましょう。(15)
（月の光をつらぬいてとぶ銀色の矢のように）

(四) ① 落ちていく子どものつるのために、九十九羽のつるは何を作りましたか。(10)
（（一まいの）白いあみ）
② ①のことを、ちがう言い方で何と言っていますか。（　）に言葉を書き入れましょう。(5×3)
すばらしい（九十九羽）の（つる）の（曲芸）

(五) 気をうしなった子どものつるを長い足でかかえているのは、どのつるですか。(10)
（先頭のつる）

(六) イしだいに小さく消えていきました。について答えましょう。
① どこを、何が、どんなふうに、どちらへ消えていったのですか。（　）にくわしく書き入れましょう。(5×4)
どこを（夜ふけの空）を　何が（百羽のつる）が　どんなふうに（真っ白な羽をそろえて、ひわひわ）と、どちらへ（空のかなた）へ消えていきました。
② 同じ意味のまま、言い方をかえるとどうなりますか。書いてみましょう。(10)
（とんでいって、見えなくなりました。など）

※本書にかかれている解答はあくまでも一例です。答えは、文意があっていれば、〇をして下さい。
「思ったこと」「考えたこと」などは様々なとらえ方があります。児童の思いをよく聞いて〇をつけて下さい。

P119 あらしの夜に (1)

上の文章を読んで、答えましょう。

(一) アおそいかかるとありますが、「何が」「何に」おそいかかるのですか。(8×3)

① 何が (水のつぶ(たち)) (あらし・雨)

② 何に (ヤギの体に)

(二) アおそいかかると同じ意味で使っている言葉を、文中から二つぬき出して書きましょう。(8×2)

(たたきつけてきた。)

(ぶつけてくる。)

(三) 白いヤギがもぐりこんだのは、どのようなところですか。(10)

(こわれかけた小さな小屋)

(四) イガタン！は、何の音ですか。(10)

(だれかが小屋の中に入ってくる音)

(五) ウハアハアは、だれの息づかいですか。(10)

(小屋の中に入ってくる者)

(六) エかたいものだとわかったのは、どのような音がしたからですか。文中からぬき出して書きましょう。(10)

(コツン)

(七) オの中に入る言葉を、□からえらんで書きましょう。(10)

[それでも それから それなら]

(それなら)

(八) カヤギにちがいないと思ったわけは、なぜですか。(10)

(かたいものがゆかをたたいてやってくる音を、ひづめの音と思ったから。(ひづめのある生き物だと思ったから。))

P120 あらしの夜に (2)

上の文章を読んで、答えましょう。

(一) アぴつれいは、正しくは何と言っているのですか。(10)

(しつれい)

(二) ① イあいてとは、だれのことですか。(8×2)

(オオカミ)

② イあいては、自分のことを、何とよんでいますか

(おいら)

(三) ウわたしがとびこんできたところは、どこですか。(10)

(小屋)

(四) エこんなにひどくなるとは、何がひどくなるのですか。(10)

(あらし)

(五) やってきたオオカミのとくちょうを、三つ書きましょう。(8×3)

(足をくじいて、つえをついている。)

(するどいきばをもっている。)

(ヤギの肉が大好物である。)

(六) 二ひきとも、あいてのことに気づかないのは、どうしてですか。(10)

(小屋の中がまっ暗だから。)

(七) あ〜えは、だれが言った言葉でしょう。(5×4)

あ (ヤギ) い (オオカミ)

う (オオカミ) え (ヤギ)

P121 地らいをふんだ ゾウ モタラ (1)

上の文章を読んで、答えましょう。

(一) モタラのしごとについて書かれている文をぬき出して書きましょう。(10)

(大きく太い木を、長くてじょうぶな鼻を使っておしたり、せなかにベルトをつけて力強く引いてはたらいています。)

(二) 昔から、人間とゾウは、どのようにくらしてきましたか。(10)

(たすけ合い、なかよくくらしてきた。)

(三) モタラがはたらいている所はどこですか。(10)

(タイとミャンマーの国きょう近くの、ふかい森の中)

(四) 次の時間は、人間も動物もどうしていますか。(10×2)

① 暑い日の午後 (休けいする。(すずしい木かげで昼ねをする。))

② すずしくなってから (はたらく。)

(五) モタラが、休けいする所はどんな所ですか。(10)

(森の中の草の上)

(六) とつぜん大地が大きな音をたててゆれ、葉っぱがおちたのは、何がおこったからですか。(10)

(地らいがばくはつしたから。)

(七) あ〜えの□に入る言葉を、□からえらんで書きましょう。(6×5)

あ (ゆったりゆったり)

い (しずかな、しずかな)

う (グラグラ、ドシーン)

え (バラバラ)

[・バラバラ ・ゆったりゆったり ・グラグラ、ドシーン ・しずかな、しずかな]

P122 地らいをふんだ ゾウ モタラ (2)

上の文章を読んで、答えましょう。

(一) 人々は、モタラのけがをどのように手当てしましたか。三つ書きましょう。(10×3)

(つめたい水できずをあらった。)

(薬をぬった。)

(ほうたいをまいた。)

(二) あ〜えの□に入る言葉を、□からえらんで書きましょう。(5×4)

あ (とても) い (ところが)

う (そんな) え (ようやく)

[とても そんな それから ところが ようやく]

(三) モタラがゾウ病院に行くために、トラックのまつ村まで歩いて行かなければならないのは、どうしてですか。(10)

(トラックは道のない森に入ってこられないから。)

(四) 何度もころぶモタラの体を、人間たちはどんなものを使ってたすけましたか。(10)

(竹や、太い木)

(五) モタラは、何本の足で立ち上がりましたか。(6)

(三本)

(六) アてらし出してくれました。とありますが、何が、何を、どのようにてらし出したのですか。(8×3)

何が (月) が 何を (夜の暗い道) を

どのように (まっすぐ、明るく) てらし出してくれました。

P123 里の春、山の春 (1)

上の文章を読んで、答えましょう。

(一) 春は、どこへ来ましたか。(10)

(野原)

(二) 春の様子を表している文を、ぬき出して書きましょう。(10)

(さくらがさき、小鳥は鳴いておりました。)

(三) 山のきせつは、いつですか。(10)

(冬)

(四) 山のいただきは、どんな様子ですか。(10)

(雪も白くのこっていました。)

(五) 山のおくには、何がすんでいましたか。(10)

(親子のシカ)

(六) ① ぼうやのシカがどんなものだか知らないものを、二つ書きましょう。(5×2)

(春) (花)

② 花をよく知らないのは、なぜでしょう。(10)

(見たことがないから。)

(七) ① ある日、ぼうやのシカはどこにいましたか。(10×2)

(山の中)

② 「ポーン。」という音は、どこから聞こえてきましたか

(遠くの方)

(八) 上の文章に出てくるシカは何頭ですか。(10)

(三頭)

※本書にかかれている解答はあくまでも一例です。答えは、文意があっていれば、○をして下さい。
「思ったこと」「考えたこと」などは様々なとらえ方があります。児童の思いをよく聞いて○をつけて下さい。

P124 里の春、山の春 (2)

上の文章を読んで、答えましょう。

(一) 「なんの音だろう。」は、だれの言葉ですか。⑩
（ぼうやのシカ）

(二) 「ボーン。」は、何の音ですか。⑩
（お寺のかね）

(三) (5×2)
① 野原が広がっていたところはどこですか。
（山の下）
② 野原の様子を表している文を、ぬき出して書きましょう。
（野原にはさくらの花がさいていて、よいかおりがしていました。）

(四) やさしいおじいさんがいた場所はどこですか。⑩
（一本のさくらの木の根方）

(五) アかんざしは、何でできていますか。⑩
（(角にむすびつけた)さくらのひとえだ）

(六) 「ボーンという音はお寺のかねだよ。」と教えてくれたのはだれですか。⑩
（お父さんジカとお母さんジカ）

(七) イその花とは、どんな花ですか。⑩
（子ジカの角についているさくらの花(かんざしの花)）

(八) 春は、どんなにおいがしていたところですか。⑩
（気持ちのよいにおいのしていたところ。）

(九) 上の文章に出てくる人や動物をすべて書きましょう。(5×4)
（ぼうやのシカ）（お父さんジカ）
（お母さんジカ）（おじいさん）

P125 きつねをつれて村祭り (1)

上の文章を読んで、答えましょう。

(一) ごんじいの仕事は、どんなことをする仕事ですか。くわしく書きましょう。⑩
（おもちゃをつんだ車を引いて、あっちこっちのお祭りに行って、おもちゃを売る仕事）

(二) ア に当てはまる文字を、次の□からえらんで書きましょう。⑩
風　［車・風・雨・声］

(三) イやれやれと思ったのは、ごんじいが何をしていたからですか。⑩
（おもちゃをつんだ車を引いてとうげまで上って来たから。）

(四) ウそのときとは、どんなときですか。⑩
（ひと休みしたとき。）

(五) ごんじいは、どこで、何をしているきつねに出会いましたか。(10×2)
① どこで
（(とうげの)やぶのかげ）
② 何をしている
（ちゅう返り）

(六) ごんじいが、エ目をぱちくりさせたわけを、次の□に言葉を入れて書きましょう。(6×5)
体 や 手 や 足 は人間の子どもなのに、顔 だけ きつね の男の子が立っていたからです。

(七) 「くふっ、うまく化けられないんじゃ。いいわい、だまされたふりをしてあげようかのう。」と思ったごんじいの気持ちに当てはまるものに○をしましょう。⑩
（○）まだ子どもでかわいいなあ。
（　）だまそうとして、なまいきだなあ。
（　）自分もだましてやろう。

P126 きつねをつれて村祭り (2)

上の文章を読んで、答えましょう。

(一) あ〜くはだれが言った言葉でしょう。(5×8)
あ（ごんじい）　い（こうた）
う（ごんじい）　え（お店の人）
お（こうた）　か（ごんじい）
き（ごんじい）　く（こうた）

(二) 「こん!　あっ、ちがった。ええと……、こうたじゃ。」と言ったこうたは、どうして自分の名前を「こん!」と言いまちがえたのでしょう。⑩
例（ほんとうは、こうたはきつねだから。）

(三) (10×3)
① ごんじいは、どこからお面を取り出しましたか。
（車につんだ箱の中）
② どんな顔をしたお面ですか。
（きつねの顔）
③ お面をだれにかぶせましたか。
（こうた）

(四) アこうたは、うれしそうに言いました。とありますが、こうたは、なぜうれしそうに言ったのですか。⑩
（ほんとうはきつねなのに、おまごさんだと思われたから。(うまくだませているから。)など）

(五) なぜごんじいは、あわててかけよると、こしの手ぬぐいを引きぬいて、こうたの顔にかぶせたのですか。⑩
（きつねだとばれてしまわないように。(お面を取るときつねの顔なので、手ぬぐいでかくそうとした。)）

P127 やまんばのにしき (1)

上の文章を読んで、答えましょう。

(一) 高い山について、答えましょう。(10×3)
① 何という名前の山ですか。（ちょうふくやま）
② 山の天気を書きましょう。
（夏のよく晴れた日でも、てっぺんに雲がかかって、晴れるということがない。）
③ 何が住んでいると言われていますか。（おそろしいやまんば）

(二) 月見をしていたばんの、天気のうつりかわる様子を、（　）に書きましょう。(10×3)
月のいいばんに、村じゅうの者が月見をしていた。
→（空がにわかにくもってきて、風はふきだす、雨はふりだす、しまいには、ひょうまでが音をたててふってきた。）
→ 子どもたちは、たまげてふとんにもぐりこみ、だき合ってふるえていた。
→（風がゴーッとふいた。）
→ 屋根をドロドロとふみ鳴らして、さけぶ声がした。あばれ者が村じゅうの屋根をとび歩き、ふみ鳴らしたが、やがてその声も遠くなった。
→（空はかりっと晴れて、もとのようにかあかあした月夜になった。）

(三) あばれ者は、何のために村に来たのでしょう。⑮
（「やまんばが子どもうんだで、もちついてこう。」と、村じゅうの者に知らせるため。）

(四) あばれ者は、もちついてこねば、何をすると言ったのでしょう。⑮
（人も馬もみな食いころす。）

(五) あ に入る言葉を、□からえらんで書きましょう。⑩
あ（すると）　［さすがに　すると　また　しかし］

P128 やまんばのにしき (2)

上の文章を読んで、答えましょう。

(一) 村じゅうが、一けんいくらと米を出して、つきあげたもちについて答えましょう。(10×2)
① もちを、どこに入れましたか。（平たいおけ）
② ①は、いくつありますか。（二つ）

(二) やまんばの所まで持っていく者がいないのは、どうしてですか。⑩
（やまんばが、おそろしいから。）

(三) アだれ言うとなくとは、どういう意味ですか。次の中からえらび、○をしましょう。⑩
（　）だれというのはわすれたが、村人の中の一人が言うには、
（　）声に出すのではなく、心の中で、
（○）だれが言い出したかはっきりしないまま、いつのまにか、

(四)
① やまんばのところへ、だれとだれが行くことになったのですか。名前を書きましょう。(10×2)
（だだはち）と（ねぎそべ）
② どうして、そう決まったのですか。⑩
（村じゅうきってのあばれんぼうで、いつもいばってばかりいたから。）
③ 二人が、行くのがいやだというわけを、どのように言っていますか。文中からぬき出して書きましょう。(10×2)
「でもおら、道を知らんし……。」

「んだ、道案内いねばなあ。」

(五) イそこでまた、みんなひたいをよせて、何を相談したのですか。⑩
（二人を道案内する者を決める相談）

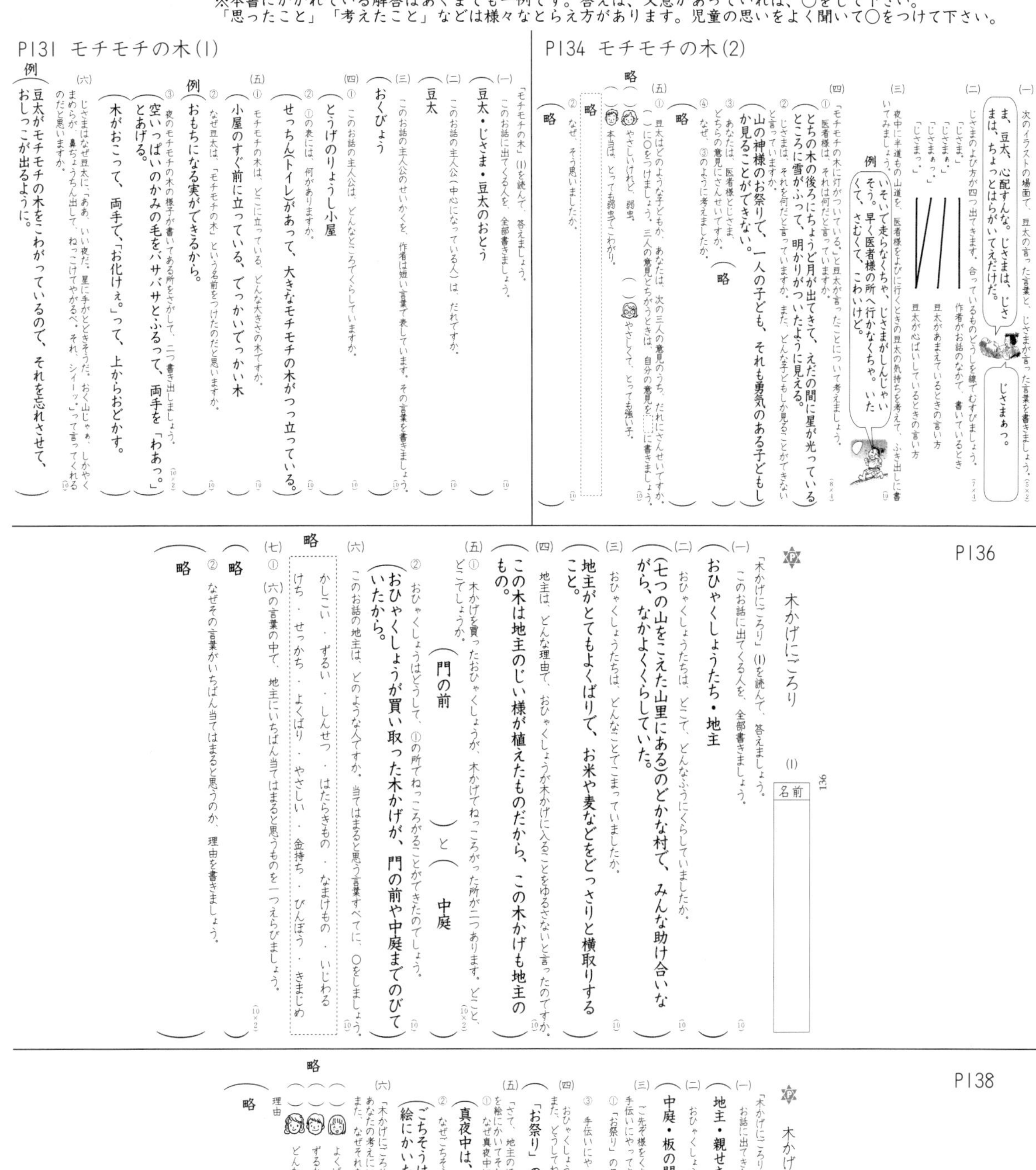

※本書にかかれている解答はあくまでも一例です。答えは、文意があっていれば、○をして下さい。
「思ったこと」「考えたこと」などは様々なとらえ方があります。児童の思いをよく聞いて○をつけて下さい。

P131 モチモチの木(1)

「モチモチの木」(1)を読んで、答えましょう。

(一) このお話に出てくる人を、全部書きましょう。(10)
（豆太・じさま・豆太のおとう）

(二) このお話の主人公（中心になっている人）は、だれですか。(10)
（豆太）

(三) このお話の主人公のせいかくを、作者は短い言葉で表しています。その言葉を書きましょう。(10)
（おくびょう）

(四) ① このお話の主人公は、どんなところでくらしていますか。(10)
（とうげのりょうし小屋）

② ①の表には、何がありますか。(10)
（せっちん(トイレ)があって、大きなモチモチの木がつっ立っている。）

(五) ① モチモチの木は、どこに立っている、どんな大きさの木ですか。(10)
（小屋のすぐ前に立っている、でっかいでっかい木）

② なぜ豆太は、「モチモチの木」という名前をつけたのだと思いますか。(10)
例（おもちになる実ができるから。）

③ 夜のモチモチの木の様子が書いてある所をさがして、二つ書き出しましょう。(10×2)
（空いっぱいのかみの毛をバサバサとふるって、両手を「わあっ。」とあげる。）

（木がおこって、両手で、「お化けぇ。」って、上からおどかす。）

(六) じさまはなぜ豆太に、「ああ、いい夜だ。星に手がとどきそうだ。おく山じゃぁ、しかやくまめらが、鼻ちょうちん出して、ねっこけてやがるべ。それ、シイーッ。」って言ってくれるのだと思いますか。(10)
例（豆太がモチモチの木をこわがっているので、それを忘れさせて、おしっこが出るように。）

P134 モチモチの木(2)

「モチモチの木」(1)(2)(3)を読んで、答えましょう。

(一) 次のイラストの場面で、豆太の言った言葉と、じさまが言った言葉を書きましょう。(5×2)

ま、豆太、心配すんな。じさまは、じさまは、ちょっとはらがいてえだけだ。

じさまぁっ。

(二) じさまのよび方が四つ出てきます。合っているものどうしを線でむすびましょう。(7×4)

「じさま。」

「じさまぁ。」

「じさまぁっ。」

「じさまっ。」

作者がお話のなかで、書いているとき
豆太があまえているときの言い方
豆太が心ばいしているときの言い方

(三) 夜中に半道もの山道を、医者様をよびに行くときの豆太の気持ちを考えて、ふき出しに書いてみましょう。(10)

例 いそいで走らなくちゃ、じさまがしんじゃいそう。早く医者様の所へ行かなくちゃ。いたくて、さむくて、こわいけど。

(四) 「モチモチの木に灯がついている。」と豆太が言ったことについて考えましょう。(8×4)

① 医者様は、それは何だと言っていますか。
（とちの木の後ろにちょうど月が出てきて、えだの間に星が光っているところに雪がふって、明かりがついたように見える。）

② じさまは、それを何だと言っていますか。また、どんな子どもしか見ることができないと言っていますか。
（山の神様のお祭りで、一人の子ども、それも勇気のある子どもしか見ることができない。）

③ あなたは、医者様とじさま、どちらの意見にさんせいですか。
（略）

④ なぜ、③のように考えましたか。
（略）

(五) ① 豆太はどのような子どもか、あなたは、次の三人の意見のうち、だれにさんせいですか。（　）に○をつけましょう。三人の意見とちがうときは、自分の意見を□に書きましょう。(10)

（　）やさしいけれど、弱虫。

（　）本当は、とっても弱虫でこわがり。

（　）やさしくて、とっても強い子。

略

［略］

② なぜ、そう思いましたか。(10)
（略）

P136

木かげにごろり (1)

名前

「木かげにごろり」(1)を読んで、答えましょう。

(一) このお話に出てくる人を、全部書きましょう。(10)
（おひゃくしょうたち・地主）

(二) おひゃくしょうたちは、どこで、どんなふうにくらしていましたか。(10)
（(七つの山をこえた山里にある)のどかな村で、みんな助け合いながら、なかよくくらしていた。）

(三) おひゃくしょうたちは、どんなことでこまっていましたか。(10)
（地主がとてもよくばりで、お米や麦などをどっさりと横取りすること。）

(四) 地主は、どんな理由で、おひゃくしょうが木かげに入ることをゆるさないと言ったのですか。(10)
（この木は地主のじい様が植えたものだから、この木かげも地主のもの。）

(五) ① 木かげを買ったおひゃくしょうが、木かげでねっころがった所が二つあります。どこと、どこでしょうか。(10×2)
（門の前）と（中庭）

② おひゃくしょうはどうして、①の所でねっころがることができたのでしょう。(10)
（おひゃくしょうが買い取った木かげが、門の前や中庭までのびていたから。）

(六) このお話の地主は、どのような人ですか。当てはまると思う言葉すべてに、○をしましょう。(10)

略

［かしこい・ずるい・しんせつ・はたらきもの・なまけもの・いじわる
けち・せっかち・よくばり・やさしい・金持ち・びんぼう・きまじめ］

(七) ① (六)の言葉の中で、地主にいちばん当てはまると思うものを一つえらびましょう。(10×2)
（略）

② なぜその言葉がいちばん当てはまると思うのか、理由を書きましょう。
（略）

P138

木かげにごろり (2)

名前

「木かげにごろり」(2)を読んで、答えましょう。

(一) お話に出てきた人を全部書きましょう。(10)
（地主・親せきの人たち・おひゃくしょうたち）

(二) おひゃくしょうたちがねっころがった所を、全部書きましょう。(10)
（中庭・板の間）

(三) ご先ぞ様をくようする「お祭り」の日の季節と、その日の天気と、「お祭り」のじゅんびの手伝いにやってきた人を書きましょう。(10×3)

① 「お祭り」の日の季節（秋のはじめ）
② その日の天気（晴れ）
③ 手伝いにやってきた人（親せきの人たち）

(四) おひゃくしょうたちが、中庭いっぱいにねっころがったのは、「お祭り」の日のいつごろですか。また、どうしてねっころがることができたのですか。(15)
（「お祭り」の日の夕方で、中庭いっぱいに木かげができていたから。）

(五) 「さて、地主のほうは真夜中になって、このままではご先ぞ様に申しわけないと、ごちそうを絵にかいてそなえたということです。」と書いてあります。

① なぜ真夜中にしたのですか。(10)
（真夜中は、木かげがないから。）

② なぜごちそうを絵にかいたのですか。(10)
（ごちそうは全部、おひゃくしょうたちが食べてしまったので、絵にかいた。）

(六) 「木かげにごろり」のお話を読んで、感想を三人に短い言葉でまとめてもらいました。あなたの考えにいちばん合っていると思う人を一つえらんで、（　）に○をつけましょう。また、なぜそれをえらんだのか、理由を書きましょう。(5)

略

（　）よくばりをすると損をする。

（　）ずるかしこい人は、かならずこらしめられる。

（　）どんなにこまったことでも、みんなが力を合わせれば、かい決する。

理由 (10)
（略）

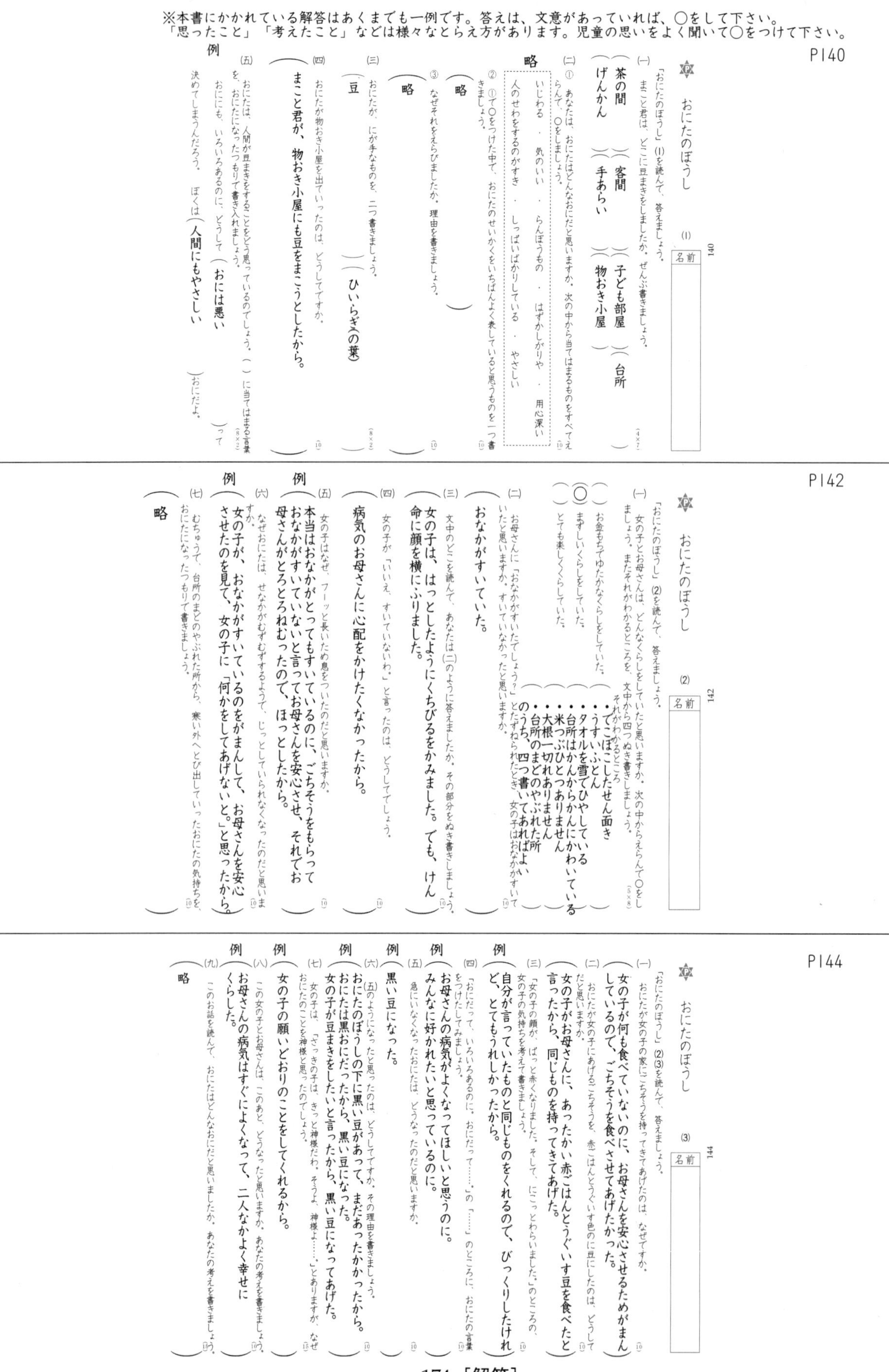

※本書にかかれている解答はあくまでも一例です。答えは、文意があっていれば、○をして下さい。
「思ったこと」「考えたこと」などは様々なとらえ方があります。児童の思いをよく聞いて○をつけて下さい。

P140

おにたのぼうし

(1) 140 名前

「おにたのぼうし」(1)を読んで、答えましょう。

(一) まこと君は、どこに豆まきをしましたか。ぜんぶ書きましょう。(4×7)

（茶の間）（客間）（子ども部屋）（台所）
（げんかん）（手あらい）（物おき小屋）

(二) ① あなたは、おにたはどんなおにだと思いますか。次の中から当てはまるものをすべてえらんで、○をしましょう。⑩

いじわる ・ 気のいい ・ らんぼうもの ・ はずかしがりや ・ 用心深い
人のせわをするのがすき ・ しっぱいばかりしている ・ やさしい

略

② ①で○をつけた中で、おにたのせいかくをいちばんよく表していると思うものを一つ書きましょう。⑩

（略）

③ なぜそれをえらびましたか。理由を書きましょう。⑩

（略）

(三) おにたが、にが手なものを、二つ書きましょう。(8×2)

（豆）（ひいらぎ(の葉)）

(四) おにたが物おき小屋を出ていったのは、どうしてですか。⑩

（まこと君が、物おき小屋にも豆をまこうとしたから。）

(五) おにたは、人間が豆まきをすることをどう思っているのでしょう。（　）に当てはまる言葉を、おにたになったつもりで書き入れましょう。(8×2)

例
おににも、いろいろあるのに、どうして（おには悪い）って決めてしまうんだろう。ぼくは（人間にもやさしい）おにだよ。

P142

おにたのぼうし

(2) 142 名前

「おにたのぼうし」(2)を読んで、答えましょう。

(一) 女の子とお母さんは、どんなくらしをしていたと思いますか。次の中からえらんで○をしましょう。またそれがわかるところを、文中から四つぬき書きしましょう。(5×8)

（　）お金もちでゆたかなくらしをしていた。
（○）まずしいくらしをしていた。
（　）とても楽しくくらしていた。

それがわかるところ
（・でこぼこしたせん面き）
（・うすいふとん）
（・タオルを雪でひやしている）
（・台所はかんからかんにかわいている）
（・米つぶひとつありません）
（・大根一切れありません）
（・台所のまどのやぶれた所）
のうち、四つ書いてあればよい

(二) お母さんに「おなかがすいたでしょう？」とたずねられたとき、女の子はおなかがすいていたと思いますか。すいていなかったと思いますか。⑩

（おなかがすいていた。）

(三) 文中のどこを読んで、あなたは(二)のように答えましたか。その部分をぬき書きしましょう。⑩

（女の子は、はっとしたようにくちびるをかみました。でも、けん命に顔を横にふりました。）

(四) 女の子が「いいえ、すいていないわ。」と言ったのは、どうしてでしょう。⑩

（病気のお母さんに心配をかけたくなかったから。）

(五) 女の子はなぜ、フーッと長いため息をついたのだと思いますか。⑩

例
（本当はおなかがとってもすいているのに、ごちそうをもらっておなかがすいていないと言ってお母さんを安心させ、それでお母さんがとろとろねむったので、ほっとしたから。）

(六) なぜおにたは、せなかがむずむずするようで、じっとしていられなくなったのだと思いますか。⑩

例
（女の子が、おなかがすいているのをがまんして、お母さんを安心させたのを見て、女の子に「何かをしてあげないと。」と思ったから。）

(七) むちゅうで、台所のまどのやぶれた所から、寒い外へとび出していったおにたの気持ちを、おにたになったつもりで書きましょう。⑩

（略）

P144

おにたのぼうし

(3) 144 名前

「おにたのぼうし」(2)(3)を読んで、答えましょう。

(一) おにたが女の子の家にごちそうを持ってきてあげたのは、なぜですか。⑩

（女の子が何も食べていないのに、お母さんを安心させるためがまんしているので、ごちそうを食べさせてあげたかった。）

(二) おにたが女の子にあげるごちそうを、赤ごはんとうぐいす色のに豆にしたのは、どうしてだと思いますか。⑩

（女の子がお母さんに、あったかい赤ごはんとうぐいす豆を食べたと言ったから、同じものを持ってきてあげた。）

(三) 「女の子の顔が、ぱっと赤くなりました。そして、にこっとわらいました。」のところの、女の子の気持ちを考えて書きましょう。⑩

例
（自分が言っていたものと同じものをくれるので、びっくりしたけれど、とてもうれしかったから。）

(四) 「おにだって、いろいろあるのに。おにだって……。」の「……」のところに、おにたの言葉をつけたしてみましょう。⑩

例
（お母さんの病気がよくなってほしいと思うのに。みんなに好かれたいと思っているのに。）

(五) 急にいなくなったおにたは、どうなったのだと思いますか。⑩

例
（黒い豆になった。）

(六) (五)のようになったと思ったのは、どうしてですか。その理由を書きましょう。⑩

例
（おにたのぼうしの下に黒い豆があって、まだあったかかったから。おにたは黒おにだったから、黒い豆になった。女の子が豆まきをしたいと言ったから、黒い豆になってあげた。）

(七) 女の子は、「さっきの子は、きっと神様だわ。そうよ、神様よ……。」とありますが、なぜおにたのことを神様と思ったのでしょう。⑮

例
（女の子の願いどおりのことをしてくれるから。）

(八) この女の子とお母さんは、このあと、どうなったと思いますか。あなたの考えを書きましょう。⑩

例
（お母さんの病気はすぐによくなって、二人なかよく幸せにくらした。）

(九) このお話を読んで、おにたはどんなおにだと思いましたか。あなたの考えを書きましょう。⑮

（略）

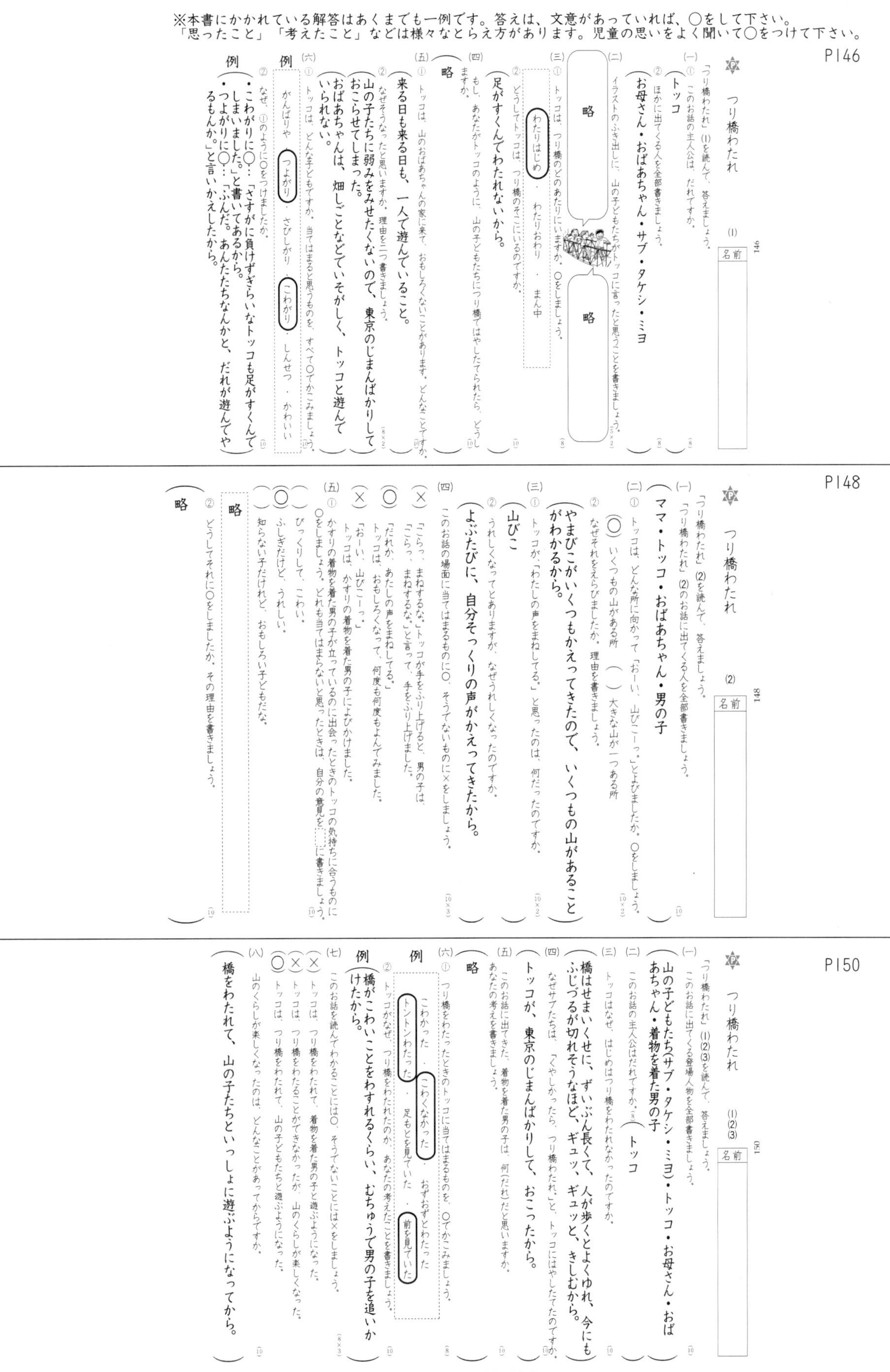

※本書にかかれている解答はあくまでも一例です。答えは、文意があっていれば、○をして下さい。
「思ったこと」「考えたこと」などは様々なとらえ方があります。児童の思いをよく聞いて○をつけて下さい。

P146

つり橋わたれ (1)

146 名前

「つり橋わたれ」(1)を読んで、答えましょう。

(一) ① このお話の主人公は、だれですか。(8)

（トッコ）

② ほかに出てくる人を全部書きましょう。(8)

（お母さん・おばあちゃん・サブ・タケシ・ミヨ）

(二) イラストのふき出しに、山の子どもたちがトッコに言ったと思うことを書きましょう。(5×2)

略　略

(三) ① トッコは、つり橋のどのあたりにいますか。○をしましょう。(8)

わたりはじめ・わたりおわり・まん中

② どうしてトッコは、つり橋のそこにいるのですか。(10)

（足がすくんでわたれないから。）

(四) もし、あなたがトッコのように、山の子どもたちにつり橋ではやしたてられたら、どうしますか。(10)

（略）

(五) ① トッコは、山のおばあちゃんの家に来て、おもしろくないことがあります。どんなことですか。(10)

（来る日も来る日も、一人で遊んでいること。）

② なぜそうなったと思いますか。理由を二つ書きましょう。(8×2)

（山の子たちに弱みをみせたくないので、東京のじまんばかりしておこらせてしまった。）

（おばあちゃんは、畑しごとなどでいそがしく、トッコと遊んでいられない。）

(六) ① トッコは、どんな子どもですか。当てはまると思うものを、すべて○でかこみましょう。(10)

例　がんばりや・**つよがり**・さびしがり・**こわがり**・しんせつ・かわいい

② なぜ、①のように○をつけましたか。(10)

例（・こわがりに○…「さすがに負けずぎらいなトッコも足がすくんでしまいました。」と書いてあるから。
・つよがりに○…「ふんだ。あんたたちなんかと、だれが遊んでやるもんか。」と言いかえしたから。）

P148

つり橋わたれ (2)

148 名前

「つり橋わたれ」(2)を読んで、答えましょう。

(一) 「つり橋わたれ」(2)のお話に出てくる人を全部書きましょう。(10)

（ママ・トッコ・おばあちゃん・男の子）

(二) ① トッコは、どんな所に向かって「おーい、山びこーっ。」とよびましたか。○をしましょう。(10×2)

（○）いくつもの山がある所　（　）大きな山が一つある所

② なぜそれをえらびましたか。理由を書きましょう。

（やまびこがいくつもかえってきたので、いくつもの山があることがわかるから。）

(三) ① トッコが、「わたしの声をまねしてる。」と思ったのは、何だったのですか。(10×2)

（山びこ）

② うれしくなってとありますが、なぜうれしくなったのですか。

（よぶたびに、自分そっくりの声がかえってきたから。）

(四) このお話の場面に当てはまるものに○、そうでないものに×をしましょう。(10×3)

（×）「こらっ、まねするな。」トッコが手をふり上げると、男の子は、「こらっ、まねするな。」と言って、手をふり上げました。

（○）「だれか、あたしの声をまねしてる。」トッコは、おもしろくなって、何度も何度もよんでみました。

（×）「おーい、山びこーっ。」トッコは、かすりの着物を着た男の子によびかけました。

(五) ① かすりの着物を着た男の子が立っているのに出会ったときのトッコの気持ちに合うものに○をしましょう。どれも当てはまらないと思ったときは、自分の意見を[　]に書きましょう。(10)

（　）びっくりして、こわい。
（○）ふしぎだけど、うれしい。
（　）知らない子だけれど、おもしろい子どもだな。

略

② どうしてそれに○をしましたか。その理由を書きましょう。(10)

（略）

P150

つり橋わたれ (1)(2)(3)

150 名前

「つり橋わたれ」(1)(2)(3)を読んで、答えましょう。

(一) このお話に出てくる登場人物を全部書きましょう。(10)

（山の子どもたち(サブ・タケシ・ミヨ)・トッコ・お母さん・おばあちゃん・着物を着た男の子）

(二) このお話の主人公はだれですか。(8)（トッコ）

(三) トッコはなぜ、はじめはつり橋をわたれなかったのですか。(10)

（橋はせまいくせに、ずいぶん長くて、人が歩くとよくゆれ、今にもふじづるが切れそうなほど、ギュッ、ギュッと、きしむから。）

(四) なぜサブたちは、「くやしかったら、つり橋わたれ。」と、トッコにはやしたてたのですか。(10)

（トッコが、東京のじまんばかりして、おこったから。）

(五) このお話に出てきた、着物を着た男の子は、何(だれ)だと思いますか。あなたの考えを書きましょう。(10)

（略）

(六) ① つり橋をわたったときのトッコに当てはまるものを、○でかこみましょう。(8)

例　こわかった・**こわくなかった**・おずおずとわたった・**トントンわたった**・足もとを見ていた・**前を見ていた**

② トッコがなぜ、つり橋をわたれたのか、あなたの考えたことを書きましょう。(10)

例（橋がこわいことをわすれるくらい、むちゅうで男の子を追いかけたから。）

(七) このお話を読んでわかることには○、そうでないことには×をしましょう。(8×3)

（×）トッコは、つり橋をわたれて、着物を着た男の子と遊ぶようになった。
（×）トッコは、つり橋をわたることができなかったが、山のくらしが楽しくなった。
（○）トッコは、つり橋をわたれて、山の子どもたちと遊ぶようになった。

(八) 山のくらしが楽しくなったのは、どんなことがあってからですか。(10)

（橋をわたれて、山の子たちといっしょに遊ぶようになってから。）

著者
堀越　じゅん　　大阪府公立小学校　元教諭

羽田　純一　　　京都府公立小学校　元教諭

平田　庄三郎　　京都府公立小学校　元教諭　他４名

企画・編集者・著者
原田　善造　　　わかる喜び学ぶ楽しさを創造する教育研究所　著者代表

参考文献
・光村図書　「国語３年（上）わかば（下）あおぞら」
・東京書籍　「新編新しい国語　３年（上）（下）」
・教育出版　「ひろがる言葉　小学国語　３年（上）（下）」
・学校図書　「みんなと学ぶ小学校国語　３年（上）（下）」
・大阪書籍　「小学国語３年（上）（下）」
・文部科学省　[資料] 平成 17 年「PISA 調査の公開問題例」
・　〃　　[資料] 平成 17 年「TIMSS 調査の公開問題例」
・　〃　　平成 19 年度　全国学力・学習状況調査の問題 小学校国語Ａ・国語Ｂ
・経済界　　日本語翻訳版「フィンランド国語教科書　小学３年生〜小学５年生」

短文・長文・PISA 型の力がつく
まるごと読解力　文学作品　小学３年

2008 年 4 月 2 日　　第 1 刷発行
2010 年 1 月 1 日　　第 2 刷発行

著者　　　：堀越 じゅん　羽田 純一　原田 善造　平田　庄三郎　他 4 名による共著
企画・編集　：原田 善造
イラスト　　：山口 亜耶

発行者：岸本 なおこ
発行所：喜楽研（わかる喜び学ぶ楽しさを創造する教育研究所）
〒 604-0827 京都府京都市中京区高倉通二条下ル瓦町 543-1
TEL 075-213-7701　FAX075-213-7706
印刷：株式会社イチダ写真製版

ISBN：978-4-86277-014-1　★　Printed in Japan